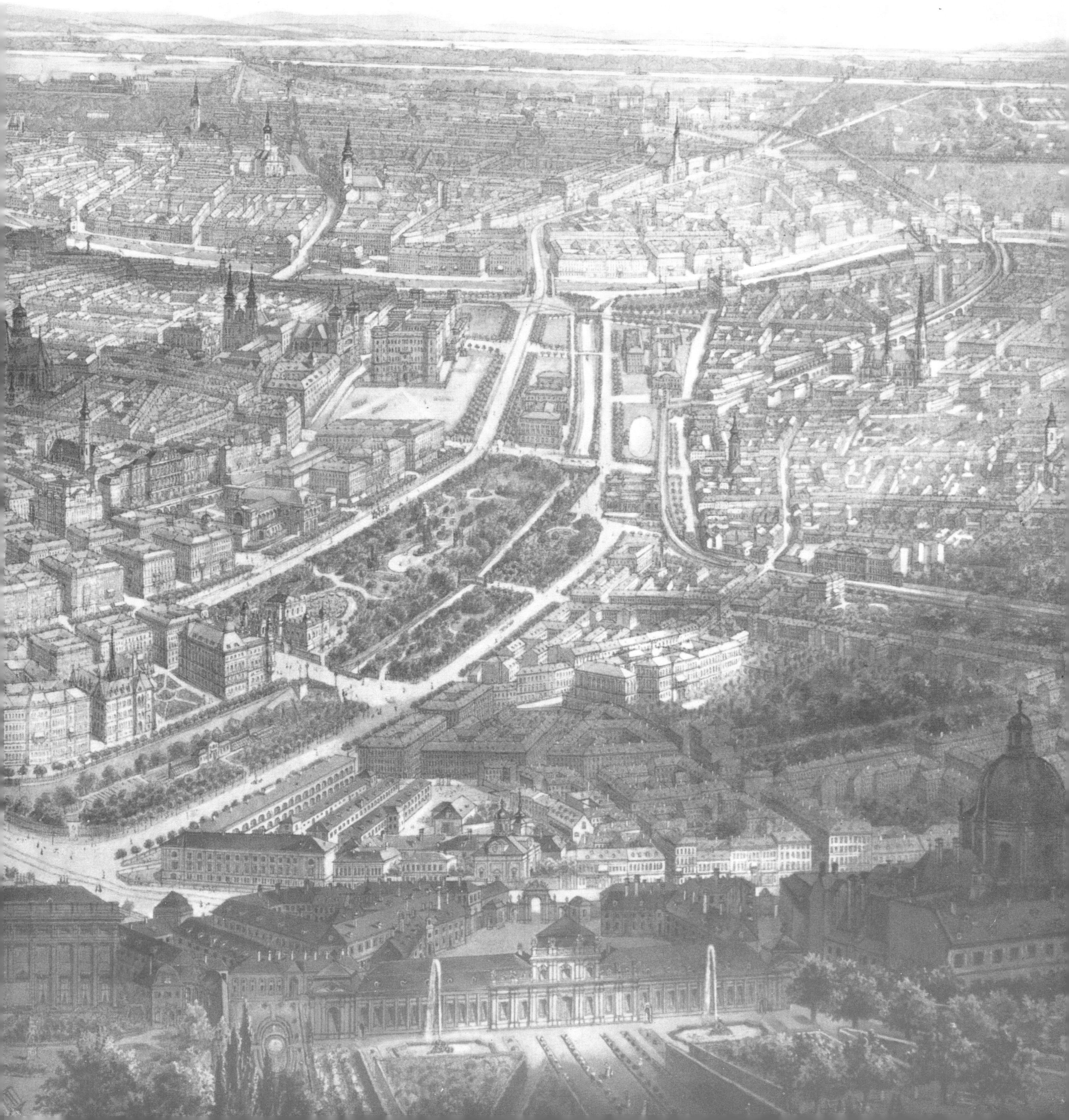

WIENER
PALAIS

WIENER PALAIS

WOLFGANG KRAUS • PETER MÜLLER

BLANCKENSTEIN

Inhalt

EINLEITUNG 5

STADTPALAIS 16
   Hofburg 18
   Palais Porcia 28
   Erzbischöfliches Palais 30
   Palais Starhemberg 34
   Palais Collalto 38
   Palais Lobkowitz 40
   Palais Liechtenstein 46
   Palais Harrach 54
   Palais Mollard-Clary 58
   Palais Esterházy 62
   Palais Batthány 66
   Winterpalais des Prinzen Eugen 70
   Palais Caprara 78
   Palais Batthány-Schönborn 82
   Palais Questenberg-Kaunitz 86
   Palais Daun-Kinsky 88
   Palais Neupauer-Breuner 94
   Palais Bartolotti-Partenfeld 98
   Palais Fürstenberg 100
   Palais Wilczek 104
   Palais Erdödy-Fürstenberg 106
   Palais Rottal 108
   Palais Dietrichstein 114
   Palais Fries-Pallavicini 116
   Albertina 122
   Palais Pálffy 128
   Palais Modena 130
   Palais Coburg 134

GARTENPALAIS 136
   Favorita 138
   Gartenpalais Liechtenstein 144
   Schloß Hetzendorf 150
   Schloß Schönbrunn 156
   Augartenpalais 164
   Palais Schwarzenberg 168
   Palais Strozzi 176
   Palais Schönburg 178
   Palais Schönborn 180
   Palais Auersperg 184
   Palais Trautson 190
   Belvedere 196
   Palais Rasumofsky 208
   Palais Clam-Gallas 212
   Palais Metternich 214

RINGSTRASSENPALAIS 218
   Palais Todesco 220
   Palais Württemberg 224
   Palais Schey 228
   Palais Erzherzog Ludwig Viktor 230
   Palais Erzherzog Wilhelm 234
   Palais Larisch 238
   Palais Lützow 240
   Palais Epstein 242
   Palais Henckel-Donnersmarck 246
   Palais Ephrussi 248
   Palais Falkenstein 252
   Palais Rothschild 254

Einleitung

Wien ist reich an Palästen wie nur wenige Städte der Welt. Wohl hat es viele seiner Palastbauten durch gesellschaftlichen Wandel, Krieg und Bauspekulation eingebüßt, doch ist der Palast – oder, in der gebräuchlicheren französischen Form, das Palais – noch heute ein selbstverständliches Element des Wiener Stadtbildes. Zumeist als Wohnsitz eines Herrschers oder einer Adelsfamilie errichtet, ist das Palais ein repräsentatives Gebäude, in dem sich Reichtum, Liebe zur Kunst und Anspruch auf gesellschaftlichen Rang ausdrücken. Die reiche Fülle dieser Meisterwerke der profanen Baukunst verdankt Wien seiner historischen Rolle als Residenzstadt erst der römisch-deutschen, dann der österreichischen Kaiser und der Anziehung, die der kaiserliche Hof auf adelige Familien aus allen Teilen des Heiligen Römischen Reiches, aus den habsburgischen Ländern und aus anderen europäischen Ländern ausübte. Besonders in der glorreichsten Epoche der österreichischen Geschichte, im Hochbarock, entstand eine in ihrer Dichte und künstlerischen Qualität einzigartige Konzentration von Adelspalais.

Die Dezimierung dieses einst überreichen Palastbestandes in den letzten eineinhalb Jahrhunderten hat vielschichtige Ursachen. Die glanzvolle Kulisse barocker Prachtentfaltung wurde mit dem Verlust ihres gesellschaftlichen Nährbodens ihrer Existenzgrundlage beraubt. Für spätere Generationen wurde in der Blütezeit des barocken Palastbaues, die in das späte 17. und das beginnende 18. Jahrhundert fällt, zuviel „Unnützes", zuviel unverwertbare Dekoration gebaut. Der Barockstil war in Ungnade gefallen, sein enormer Platzbedarf wurde als Verschwendung betrachtet. In besonderem Maße betraf dies die Gartenpalais. Die wachsende Stadt benötigte im 19. Jahrhundert viel neuen Wohnraum, und die ausgedehnten Gartenanlagen boten sich für eine Verbauung geradezu an. Von den einstmals rund 400 Gartenpalästen, die sich rings um den alten Stadtkern aneinandergereiht hatten, sind heute vier Fünftel verschwunden; die erhaltenen haben bis auf wenige Ausnahmen ihre weitläufigen Gärten mitsamt dem phantasievollen architektonischen Inventar verloren.

Die Stadtpalais boten günstigere Voraussetzungen für eine zeitgemäße Nutzung. Sie wurden zwar immer seltener als privater Familiensitz verwendet, doch die stets expandierende Bürokratie sicherte in vielen Fällen ihren Bestand. Bereits Kaiserin Maria Theresia machte das Winterpalais des Prinzen Eugen in der Himmelpfortgasse zum Amtsgebäude. Bis heute haben eine Reihe von Ministerien und zahlreiche Ämter ihren Sitz in repräsentativen Palais verschiedener Epochen. Auch die Ringstraßenpalais, die in der zweiten Hälfte des 19. Jahrhunderts entstanden, haben als feudaler Wohnsitz eines nobilitierten Großbürgertums ausgedient. Ihre Umwandlung in Bürohäuser, Ämter oder Hotels hatte eine weitgehende Zerstörung der originalen Strukturen und Interieurs zur Folge. Die kaiserlichen Paläste Wiens dagegen sind, auch ohne Hof und kaiserliche Hofhaltung, in ihrer historischen Erscheinung erhalten und gerade deswegen heute Touristenattraktionen von höchster Anziehungskraft.

Die siedlungsgeschichtliche und städtebauliche Entwicklung Wiens läßt sich aus der Vogelschau oder anhand des Stadtplans deutlich ab-

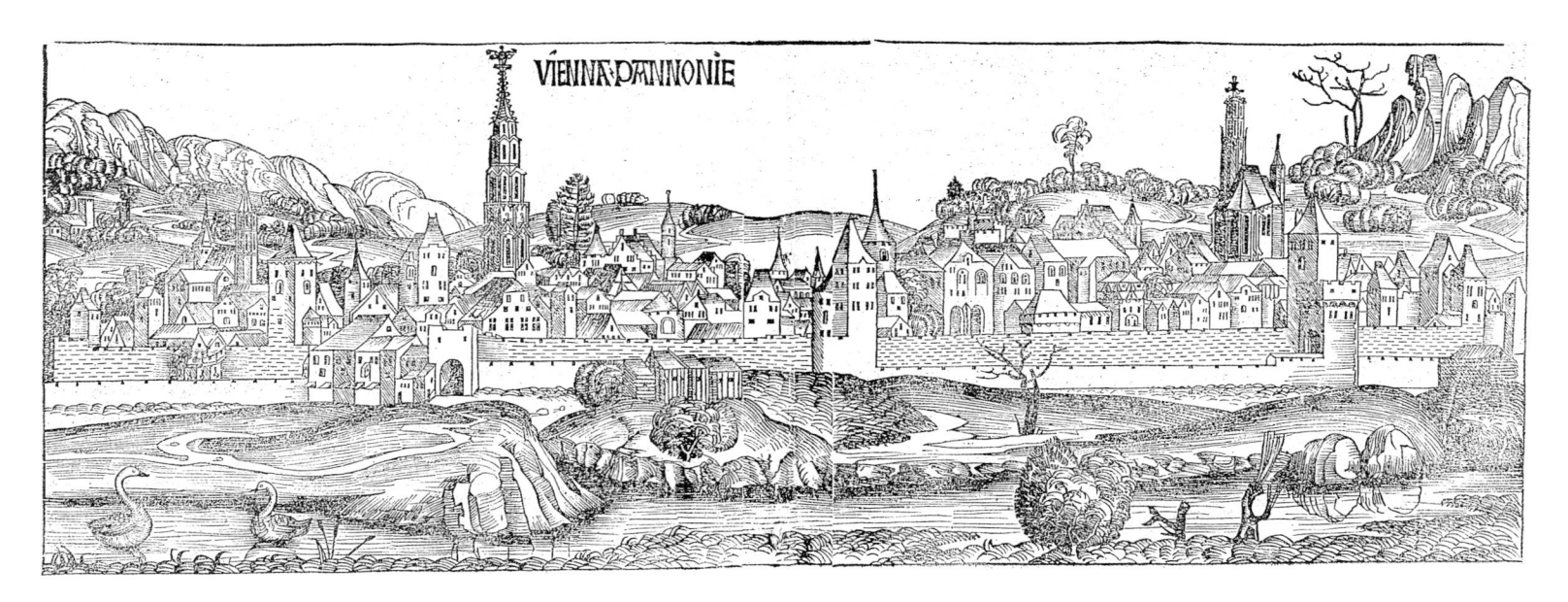

Wien von Norden, Holzschnitt der Weltchronik von H. Schedel, 1493.E2

lesen. Das römische Militärlager, das Ende des 1. Jahrhunderts entstand, bildete den Kern der späteren Stadt. Ein Jahrtausend später erlebte Wien als babenbergische Herzogsstadt seine erste Blüte. Mit der ersten großen Erweiterung über die Ausmaße des Römerlagers hinaus erhielt es die typische Stadtstruktur des 12. Jahrhunderts, wie man sie im mitteleuropäischen Bereich allenthalben noch findet. Stephanskirche und Schottenkloster, die zu dieser Zeit entstanden, machten den Rang einer landesfürstlichen Residenz sichtbar. Neu angelegt wurden auch die Stadtbefestigungen; ihr großzügig bemessener Umfang ermöglichte später den Habsburgern einen Ausbau der Stadt innerhalb des Wehrringes.

Das Erbe der Babenberger trat der Böhmenkönig Ottokar II. an; er legte 1275 den Grundstein zur späteren Hofburg. Nur ein Jahr später fiel die Stadt dem deutschen König Rudolf von Habsburg zu, der bald darauf seinen Sohn Albrecht zum Landesherrn in Österreich machte.

Um die Mitte des 15. Jahrhunderts war das Stadtbild Wiens von zahlreichen Sakralbauten und stattlichen Bürgerhäusern geprägt, die den Rang und die Macht von Klerus und Bürgertum demonstrierten. Die älteste Beschreibung Wiens stammt aus jener Epoche; Enea Silvio Piccolomini, der spätere Papst Pius II., verfaßte sie 1438: „Wien wird von einem Mauerring, der zweitausend Schritte lang ist, eingeschlossen; es hat bedeutende Vorstädte, die von breiten Gräben und Wällen umgeben sind. Aber auch die Stadt selbst hat einen mächtigen Graben und davor einen sehr hohen Wall. Hinter dem Graben kommen die dicken hohen Mauern mit zahlreichen Türmen und Vorwerken, wie sie für die Verteidigung geeignet sind." Antonio de Bonfini schwärmte in seinem 1485 für den Ungarnkönig Matthias Corvinus verfaßten topographischen Werk: „Die eigentliche Stadt liegt wie ein Palast inmitten der sie umgebenden Vorstädte", und er meinte, Wien gehöre „gewiß unter die schönsten Städte der Barbaren".

Der selbständige, wohlhabende und selbstbewußte Bürgerstand, besonders seine weltoffenen Händler und Kaufleute, prägte damals das Bild der Stadt. Die schmalen und hohen Häuser dienten Wohn- und Geschäftszwecken zugleich. Tiefe Kellergewölbe boten zusätzlichen Lagerraum für Wein und andere Waren; sie waren in der immer mehr zunehmenden räumlichen Beengtheit von großem Nutzen. Die zahlreichen Kirchen- und Klosterbauten traten aus der geschlossenen Hauslandschaft hervor.

Die Blüte der Bürgerstadt Wien fand in der ersten Hälfte des 16. Jahrhunderts ein jähes Ende. Die Katastrophe begann mit dem verheerenden Stadtbrand des Jahres 1525, dem fast die Hälfte der Stadt zum Opfer fiel; ein Jahr darauf wurde die Bürgerschaft durch die neue Stadtordnung, die die alten Stadtrechte ablöste, praktisch entmachtet und unter die Vormundschaft des Landesfürsten gestellt. Das Türkenjahr 1529 wurde zu einem besonderen Schicksalsjahr für Wien. Die Belagerung der Stadt konnte zwar glücklich abgewehrt werden, doch die türkische Bedrohung blieb bestehen. Ihre Folge war eine hundertfünfzig Jahre andauernde Stagnation in der Stadtentwicklung, die sich vor allem aus der beständigen Sorge um die ausreichende Verteidigung der Stadt ergab. Ferdinand I., der seine Residenz und die wichtigsten Hofämter endgültig nach Wien verlegte, entschloß sich, eine neue, zeitgemäße Befestigung errichten zu lassen. Zu diesem Zweck berief er die bedeutendsten Fachleute Europas zu sich. Die fortifikatorische Tätigkeit, die Mittel und Arbeitskräfte band, hemmte das ganze übrige Baugeschehen auf lange Zeit. Wie sehr Wien gegenüber anderen europäischen Städten ins Hintertreffen geriet, zeigte sogar die Residenz des Herrschers selbst, die auch nach ihrem Ausbau und der Neugestaltung der Fassaden im Stil der Zeit ihren mittelalterlichen Festungscharakter nicht verleugnen konnte. Der klobige Vierkanter mit seinen wehrhaften Ecktürmen und dem umgebenden Wassergraben mußte den hochherrschaftlichen Ansprüchen genügen. Wien wurde in jener Zeit eine rückständige, arme und vernachlässigte Stadt. In dieser ungünstigen politischen und wirtschaftlichen Situation, die durch die religiösen Konflikte in der Folge der Reformation noch verschärft wurde, konnte die Renaissance nur in geringem Maße das Stadtbild beeinflussen. Immerhin wurde in der Ära Ferdinands die Stallburg und in jener Maximilians II. das Schloß Neugebäude vor den Toren Wiens errichtet.

Die Stallburg neben der alten Burganlage ließ Ferdinand als Residenz für seinen aus Spanien heimgekehrten Sohn erbauen. Nach seinem Tod zog dieser als Maximilian II. in die Hofburg; seine noch unvollendete Residenz – mit ihrem dreistöckigen Arkadenhof wohl der bedeutendste Renaissancebau Wiens – diente nun als Hofstallgebäude. Der in Spanien aufgewachsene Maximilian verfügte über ein ausgeprägtes Sensorium für die neuen Strömungen der Wissenschaft, des Geisteslebens und der Kunst. Entsprechend seiner neuzeitlich humanistischen Gesinnung und seiner Aufgeschlossenheit für die großartigen Kunstschöpfungen Italiens wollte er als Renaissancefürst seine Stellung in einem bedeutenden Bauwerk dokumentiert sehen. 1569 wurde im Südosten der Stadt, im heutigen Stadtbezirk Simmering, mit dem Bau des Neugebäudes begonnen. Das riesige Vorhaben konnte erst unter Kaiser Rudolf II. 1587 von Pietro Ferrabosco zum Abschluß gebracht werden. Schon der Name „Neugebäude" signalisierte die Abkehr von alten Traditionen, wie sie in dem ganz nahe gelegenen kaiserlichen Jagdschloß Ebersdorf verkörpert waren. Mit dem Neugebäude eröffnete sich tatsächlich eine neue Welt, die man in der Enge und Weltabgeschiedenheit Wiens nicht gekannt hatte. Die Wahl des Terrains, die ungewohnt großzügigen Dimensionen, der immense Aufwand an Dekor- und Bildhauerarbeiten, die Gestaltung der weitläufigen Gärten, die verschwenderisch anmutenden Wasserspiele, die exotische Tier- und Pflanzenwelt, all der Luxus setzte Wien in Erstaunen. Die Anlage, von der heute nur noch kahle Mauern erhalten sind, die die einstige Pracht kaum erahnen läßt, galt als die bedeutendste und größte „Villa suburbana" nördlich der Alpen. Mit diesem Lustgebäude wurde das kaiserliche Kunstinteresse, bislang auf die Sammeltätigkeit beschränkt, nun auch in der Architektur wirksam.

Das Neugebäude, Stich von Johann Adam Delsenbach nach Joseph Emanuel Fischer von Erlach.

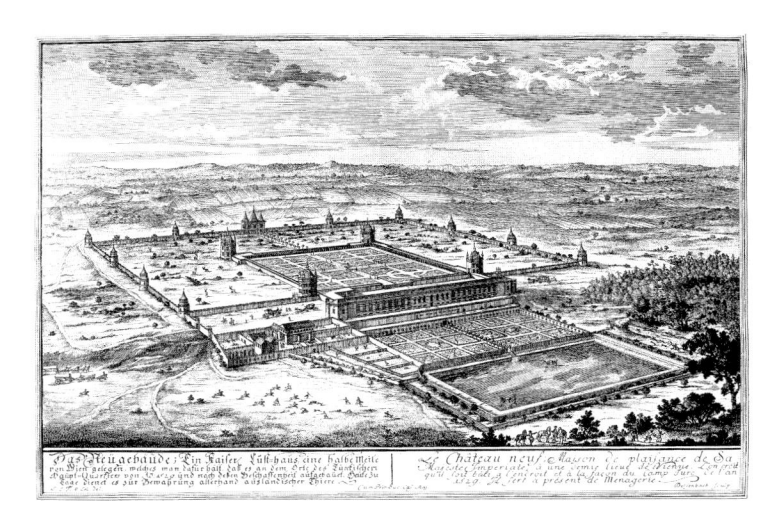

Rudolf II. sah sich durch die Raumnot der Residenz auch zu einem weiteren Ausbau der Hofburg gezwungen. An der Stelle des alten Cillierhofes ließ er von Ferrabosco einen freistehenden Vierflügelbau errichten. Dieser „Rudolfinische Trakt" – heute Amalienburg genannt – wurde von erstrangigen italienischen Künstlern ausgestattet, später aber mehrfach verändert.

Die lange Periode der Disharmonie zwischen dem Herrscherhaus und dem überwiegenden Teil des Adels erklärt dessen geringe Präsenz in der Residenzstadt. Man zog es vor, sich auf die eigenen kleineren oder größeren Besitzungen zu konzentrieren, und erfreute sich am weitgehend autonomen Leben im eigenen Herrschaftsbereich. Der hohe Adel nahm zwar seine Aufgaben bei den Sitzungen und Beratungen der Landstände wahr, mied aber im übrigen den urbanen Bereich soweit wie möglich. Diese Tendenz zur Stadtflucht ist ein typisches Phänomen jener Zeit; das Landleben, die Naturbeobachtung rückten in den Mittelpunkt der Interessen, die Jagd wurde ein beliebter Zeitvertreib.

Wie schon der Stil der Renaissance, so fand auch die Barockkunst ihren Weg nach Wien von Italien aus. Ihre Anfänge hatte sie in Rom, wo sie sich ziemlich harmonisch aus dem vorangegangenen Stil entwickelte. Anders als dieser sollte jedoch die neue Kunst in Wien die günstigsten Voraussetzungen vorfinden und eine tiefe Wirkung ausüben, die das Gesicht der Stadt erneuerte.

Das Barockzeitalter Wiens begann unter der Herrschaft Kaiser Leopolds I., dem die Hofburg mit der Errichtung des Leopoldinischen Traktes ihren frühbarocken Ausbau verdankt. Dieses Zeichen einer repräsentationsbetonten fürstlichen Hofhaltung traf zusammen mit gravierenden Veränderungen im politischen, wirtschaftlichen, gesellschaftlichen und religiösen Bereich. Die absolutistisch-zentralistischen Intentionen des Herrschers, die entrückende Feierlichkeit des spanischen Hofzeremoniells, die Vergabe von Hofämtern an Mitglieder des Adels, alles wirkte zusammen, eine neue Anziehungskraft des Hofes auf den Adel zu schaffen.

Die Kluft zwischen den Ständen nahm zu, zum Nachteil des Bürgertums, doch zum Vorteil des Adels. Mit der Beseitigung der Religionskonflikte durch die vom Kaiserhaus betriebene und nunmehr erfolgreich abgeschlossene Gegenreformation waren die Hindernisse für einen Aufstieg des Adels aus dem Wege geräumt. Vor allem die Verleihung höchster Ämter an Mitglieder angesehener Adelsfamilien förderte die Umwandlung Wiens von der Bürger- zur Adelsstadt. Im Zuge der Gegenreformation hatte Wien einen ungeheuren Aufschwung auf dem sakralen Bausektor erlebt. Nun begann auch der Adel, bedeutende Bauvorhaben in Angriff zu nehmen. Es mangelt nicht an großen Vorbildern. Nicht nur Rom und Paris waren der österreichischen Metropole weit voraus. Der Salzburger Erzbischof Wolf Dietrich von Raitenau hatte bereits 1596 mit dem Neubau der Salzburger Residenz nach dem Muster eines römischen Adelspalastes begonnen, der neue Dom wurde in den ersten Jahren des 17. Jahrhunderts von einem Schüler Palladios, Vincenzo Scamozzi, entworfen. Der mächtige Erzbischof verwandelte das mittelalterliche Salzburg zum „Rom des Nordens". Die italienische Kunst beherrschte nun auch das neue Baugeschehen Wiens.

Die adeligen Palastbauten der Familien Dietrichstein, Abensperg-Traun, Hoyos, Liechtenstein, Strattmann und Starhemberg leiteten eine völlige Veränderung des Wiener Stadtbildes ein. Das noch immer vorherrschende schmale giebelbekrönte Bürgerhaus der mittelalterlichen Tradition wurde ohne Übergang durch den breiten, gravitätisch wirkenden Stadtpalast abgelöst. Die Errichtung eines einzigen Palastes kostete oft fünf bis sechs Bürgerhäuser. In der im Inneren der Festungsmauern äußerst beengten Stadt – der Umfang der Befestigungsanlagen war ja seit den Tagen der Babenberger unverändert – unterstrich die Breitenausdehnung der neuen Paläste mit bis zu zwanzig oder gar dreißig Fensterachsen ihren besonderen Luxus und war gleichzeitig eine souveräne Machtdemonstration. Der fürstliche Architekturtheoretiker Karl Eusebius von Liechtenstein hat in seinem Traktat von 1678 daher auch festgehalten: „Denn was brachtig ist in einem Gebäu, wil ein Lang haben – und jehe lenger, jehe vornehmer – dan dieses ist das greste Ansehen und Herrlichkeit, eine große Anzahl der Fenster und der Seilen zu sehen." Charakteristisch für seine Zeit war die Ablehnung französicher Vorbilder und die völlige Hinwendung zur italienischen Kunst: „Welschland in denen Gebäuden übertrifft die gantze Welt, und also solcher Manier mehr als keiner anderen zu folgen, den ihr Ahrt ist schen und brachtig und majestetisch."

Es waren auch durchwegs italienische Bau- und Ausstattungskünstler, die in Wien tätig waren: Lucchese, Carlone, Tencala, Rossi, Gabrieli, Martinelli und viele andere. Die römische Palastkunst entwickelte sich jedoch an vielen der Wiener Palais zu einer differenzierten formalen Eigenständigkeit, Resultat der Anpassung an lokale Bedingungen und der Berücksichtigung persönlicher Wünsche der Auftraggeber. Abweichungen vom klassischen römischen Palastbau ergaben sich trotz der monotonen Reihung gleicher Achsen und der massigen Körperhaftigkeit aus dem Gebrauch andersartigen Baumaterials – Ziegel und Putz statt behauenem Stein –, aus einer geradezu maßlosen Ausdehnung in die Breite, die sich mit vertikalem Aufstreben vereinigte, und aus einer größeren Gliederungsvielfalt. Dadurch erhielten die Bauten einen eigenständigen, österreichischen Akzent. Die Abweichung vom klassischen Vorbild setzte sich auch hinter den Fassaden fort. Die Grandezza Roms, seine ernste, würdevolle Distinktion wurde in Wien profaner, sinnlicher und im Laufe der Zeit auch unschematischer und lebendiger.

Der Höhepunkt barocker Kunstentfaltung jedoch stand erst bevor. Er wurde durch ein Ereignis von größter Tragweite eingeleitet: durch den Sieg über die Türken vor Wien im Jahr 1683. Dieser Sieg beendete das 150 Jahre alte Trauma der existenziellen Bedrohung und die daraus resultierende Stagnation auf allen Linien. Die wirtschaftliche und städtebauliche Rückständigkeit Wiens war auch nach dem frühbarocken Aufschwung noch nicht völlig überwunden. Das Jahr 1683 nun war der glänzende Ausgangspunkt für die nachfolgenden politischen und militärischen Erfolge und für großartige künstlerische Leistungen. Der latenten Gefahr folgte ein enthusiastischer Ausdrucksdrang. Das überragende Resultat dieser Epoche, die mit dem „Heldenzeitalter" der österreichischen Geschichte zusammenfiel, ergab sich aus dem Zusammenwirken vieler Kräfte. Das Kaiserhaus, mit der Machtfülle des höfischen Absolutismus ausgestattet, die zu ungeheurem Reichtum und Einfluß gelangte Aristokratie, die außergewöhnlichen Künstlerpersönlichkeiten, die nun auftraten, und jener Teil des Volkes, der aus der günstigen Wirtschaftslage seinen Nutzen zu ziehen vermochte, sie alle trugen dazu bei, in Wien die international bedeutendsten Leistungen von Kunst und Kultur zu vereinigen. Ihnen verdankte die Stadt einen epochalen Aufschwung.

Als kosmopolitisches geistiges Zentrum, das die Kunstströmungen Italiens, Frankreichs und anderer Kulturkreise aufnahm und verwertete, entfaltete die kaiserliche Residenzstadt eine derartige Anziehung, daß der Besitz eines Stadtpalais für die bedeutenden Adelsfamilien zum Muß wurde. Das beschränkte Platzangebot führte zu einer unvergleichlichen Konzentration der Palastarchitektur: Wien wurde zur Palaststadt. Viele bürgerliche Wohnsitze wurden in die neu entstehenden Vorstadtsiedlungen verlegt. 1730 wurden in der Inneren Stadt 930 Bürgerhäuser gezählt; ihnen standen nicht weniger als 248 adelige Freihäuser gegenüber.

Fürst Johann Adam von Liechtenstein nannte die unerhörte Bauleidenschaft des Adels eine Sucht. Eine interessante Aussage des Fürsten hat Mathias Fuhrmann 1766 aufgezeichnet: „… weil ihm die göttliche Güte große Mittel bescheret, wende er jährlich 30.000 fl. für Allmosen auf, aber nicht für müssige Bettler, die aus Müssiggang Proffession machen, sondern für bedürftige Tagelöhner und Maurer. Er baue nicht aus Ehr-Geiz, in dem er ohne dies mit genugsamen Wohnungen versehen, sondern wegen der Armen, die gern arbeiten, doch nicht allzeit Arbeit finden, habe er ein so kostbares Gebäu über sich genommen." Der Kurfürst von Mainz, Lothar Franz von Schönborn, dagegen sagte: „Das

Bauen ist ein Teufelsding, wenn man damit angefangen, kann man danach nicht mehr aufhören!"

Der hochbarocke Stadtpalast gewinnt im Äußeren gegenüber dem älteren Bautypus eine größere Individualisierung des Gliederungssystems und eine neue Vielfalt im Gestaltungsrepertoire. Auch die Bauplastik erlebt nun einen Höhepunkt. Der allergrößte Prunk aber entfaltet sich im Inneren der Gebäude. Die Organisation des Barockpalastes wird zum Spiegelbild zeittypischer Bedürfnisse. War es früher die Fassade, der die wichtigste repräsentative Funktion zukam, so wird nun der Innenraum zur glanzvollen Selbstdarstellung vorgezogen. Dieser durch und durch barocke Anspruch wird bereits durch das besonders aufwendig gestaltete Portal eingeleitet; Wappenkartuschen bezeugen Rang und Herkunft des Bauherrn, allegorische Figuren nehmen Bezug auf seine rühmlichen Eigenschaften. Dem gewölbten Vestibül folgt das eigentliche Entrée: die weit ausgreifende, überaus repräsentativ gestaltete Treppenanlage mit freskierten Plafonds und überreichem plastischem Schmuck an den Wänden und entlang der Brüstungen. Das Treppenhaus soll den Besucher auf den Glanz der nun folgenden Säle, Galerien und Salons einstimmen.

Lady Montagu, die Gemahlin des englischen Botschafters in Konstantinopel, hielt sich im Jahr 1716 in Wien auf. In einem ihrer Reisebriefe schildert sie die Pracht der adeligen Wohnungen Wiens: „Sie bestehen gewöhnlich aus einer Reihe von acht oder zehn großen Zimmern, alle mit ausgelegter Arbeit, Türen und Fenster reich an Bildhauerarbeit und vergoldet, selbst bei höheren Beamten eine Ausmöblierung, wie man sie anderswo kaum in Palästen regierender Fürsten findet. Ihre Zimmer sind mit den schönsten Niederländer-Tapeten behangen, mit ungeheuer großen Spiegeln in silbernen oder mit Silber verzierten brillantierten Glasrahmen, japanischen Tischen, schweren reichen Stühlen, Betten etc., mit Fenstervorhängen geziert, die von dem schwersten Damast und beinahe ganz mit goldenen Borten bedeckt oder gestickt sind. Endlich sieht man darin auch herrliche Gemälde, Vasen von japanischem Porzellan, kunstreiche Uhren und große Kronleuchter von Bergkrystall. Ich habe auch die Ehre gehabt, von verschiedenen Kavalieren und hohen Staatsbeamten zur Tafel geladen zu werden, und ich muß ihnen Gerechtigkeit widerfahren lassen, daß der gute Geschmack und die Pracht ihrer Tafel vollkommen mit ihren schönen Geräten übereinstimmt. Mehr als einmal wurde ich mit wenigstens fünfzig Gerichten bewirtet, die alle in Silber aufgetragen und wohl zubereitet waren, diesen folgte ein Nachtisch in dem schönsten chinesischen Porzellan."

Das Seufzen der hohen Herrschaften über die eigene Baulust ist durchaus verständlich; es blieb ja nicht allein bei der Errichtung eines neuen Stadtpalais, sondern es wurden gleichzeitig die großen Schlösser auf dem Lande neu gebaut oder umgestaltet, und mit ihnen die diversen Patronatskirchen. In Wien wurde überdies zweifach gebaut: Neben den Stadtpalais wurden außerhalb der Befestigungsanlagen rings um die Stadt die Gartenpalais errichtet. Die kleinen Ansiedlungen nahe der Stadtmauer waren wegen der Türkengefahr entfernt worden; so war ein breiter, lange Zeit unverbauter Streifen entstanden, der landwirtschaftlich genutzt wurde, vor allem für Obstkulturen und Weinbau. Hier boten sich nun, im Gegensatz zur Enge innerhalb der Stadt, ausreichende Flächen für die Gartenpalais, die man im Sommer bezog. Auch von der Pracht der neu entstandenen Vorstädte war Lady Montagu sehr beeindruckt: „Ich habe nie etwas so Vollkommenes, Angenehmes und Reizendes gesehen als die Wiener Vorstädte. Sie sind sehr umfangreich und bestehen fast gänzlich aus schönen Palästen, die wegen ihrer Lage und Bauart zum Entzücken sind."

Der Gartenpalast unterscheidet sich vom Stadtpalast durch eine intimere, heiterere und weniger zeremoniöse formale Gestaltung. Die Entwicklung des barocken Wiener Gartenpalais beginnt mit dem ab 1691 nach dem Entwurf von Martinelli errichteten Palais Liechtenstein in der Roßau. Bei diesem noch ganz und gar italienisch anmutenden Bau dominiert die Massenwucht des kubischen Baukörpers und die strenge, prägnante Gliederung. In seiner großzügigen Raumkonzep-

Das Gartenpalais Liechtenstein in der Roßau, Blick zum Gartenbelvedere. Gemälde von Bernardo Bellotto.

tion bahnt sich allerdings schon eine neue revolutionäre Baugesinnung an, die im Gartenpalast des Hochbarocks zur vollen Entfaltung kommt. Plastizität, größere Dynamik in der Grundriß- und Fassadengestaltung haben nun eine leichte, fröhliche und entmaterialisierte Architektur zum Ergebnis. Glanzvoller Höhepunkt in der Raumfolge ist der oft runde oder ovale Festsaal, überkuppelt oder überwölbt und mit farbenprächtigen Deckengemälden ausgestattet. Die Sala terrena bildet den harmonischen Übergang vom geschlossenen zum freien Festraum, zum Garten, der wesentlicher Bestandteil in einem überwältigenden Gesamtkunstwerk ist.

Der barocke Garten ist ein streng reglementierter, programmatisch gestalteter Freiraum, der sich mit dem Gebäude zur vollkommenen Einheit ergänzt. Seine Räumlichkeit ergibt sich durch die streng geschnittenen Seitenalleen, Hecken und Treillagen. Rechts und links von der Hauptachse, die jene des Palais fortsetzt, liegen die Parterres, die in ihrer reichen Ornamentik und Farbigkeit an Teppiche erinnern. Im Boskettenbereich, wo die Bepflanzung mit Bäumen und Hecken dominiert, wird der Barockgarten zur kapriziösen Inszenierung mit vielen Überraschungsmomenten wie Heckentheatern, Labyrinthen, Bowling-greens und Lattenportalen. Ein wichtiges Gestaltungselement bildet das Wasser in Form von Kaskaden, Fontänen, Bassins, Wassertreppen und Wasserspielen. Niveauunterschiede, infolge des hügeligen Wiener Terrains häufig gegeben, werden durch Rampen und Treppenanlagen bewältigt. Den architektonischen Charakter des Gartens, seine „Raumillusion", unterstreicht der reiche Figurenschmuck. Die Krönung der Gartenarchitektur bildet das Belvedere, meist ein luftiger Bau, dekorativer Blickfang auf der höchsten Erhebung des Gartens. Orangerien und Glashäuser, Kapellen und Volieren ergänzen das architektonische Programm.

Die barocken Gartenanlagen Wiens sind heute fast ausnahmslos zerstört. Zum Großteil fielen sie dem ungeheuren Anwachsen der Stadt im 19. Jahrhundert zum Opfer. Das Areal des Althanschen Gartenpalais in der Ungargasse etwa wurde in 32 Parzellen geteilt. Die verbliebenen Gartenreste zeigen nichts mehr von der Gartenkunst des Barocks. Nur beim Schloß Belvedere und in Schönbrunn ist sie noch anschaulich dokumentiert.

Ihren Höhepunkt erreichte die barocke Wiener Palastarchitektur in den Schöpfungen für das Kaiserhaus und für den siegreichen Feldherrn Prinz Eugen von Savoyen. Die Hofburg erfuhr unter Kaiser Karl VI. ihre endgültige Umwandlung von der Festung zum Palast. Reichskanzleitrakt, Hofbibliothek und Winterreitschule verliehen dem Kaisersitz seinen majestätischen Glanz. Der Neubau des durch die Türken zerstörten Schlosses Schönbrunn wurde bereits unter Leopold I. begonnen. Nach dem ursprünglichen Entwurf Johann Bernhard Fischer von Erlachs hätte Schönbrunn das Schloß Versailles an Größe und Pracht übertroffen. Allein der grandiose, ja geradezu phantastische Plan wurde nicht realisiert. An seiner Stelle kam Fischers zweiter, bescheidenerer Entwurf zur Ausführung. Dieser Bau wurde jedoch nicht gänzlich vollendet. Kaiser Karl VI. bevorzugte als Sommerresidenz die Favorita auf der Wieden und war überdies mit seiner Idee eines österreichischen Escorial in Klosterneuburg beschäftigt. Erst das Interesse Kaiserin Maria Theresias und der von ihr veranlaßte Umbau durch Nikolaus Pacassi sollten die Arbeiten am Schloß Schönbrunn zum glücklichen Abschluß bringen.

Prinz Eugen von Savoyen war Bauherr eines Stadt- und eines Gartenpalastes, die zu den wichtigsten Werken des österreichischen Barocks zählen: des Winterpalais in der Himmelpfortgasse und des Schlosses Belvedere. Es ist nur zu natürlich, daß dieser außergewöhnliche Mann, mutig und begabt, vielseitig und gebildet, jedes Mittelmaß verachtete. So hielt er es auch als Bauherr und Mitschöpfer dieser großartigen künstlerischen Leistungen. Es war seine erklärte Absicht, nach seinen außerordentlichen militärischen und politischen Erfolgen auch an der ästhetischen Neugestaltung Wiens mitzuwirken, was ihm in seiner Stellung als Gegenpol zum Kaiserhaus glänzend gelang. Sein Leibarchitekt war Johann Lukas von Hildebrandt, jener des Kaiserhauses Fischer von Erlach. Die beiden großen Architekten standen als die herausragenden Künstlerpersönlichkeiten ihrer Zeit im anspornenden Wettstreit.

Johann Bernhard Fischer von Erlach, 1656 in Graz geboren, kam nach eineinhalb Jahrzehnten Ausbildung im Kreise Berninis in Rom im Alter von dreißig Jahren nach Wien, wo sich der Ruf seiner außergewöhnlichen Begabung schnell verbreitete. Bald wurde er von den führenden Adelsfamilien in Dienst genommen. Graf Gundacker Althan, der Freund Kaiser Karls VI. und spätere Generalhofbaudirektor, sollte sein wichtigster Mentor werden. Fischer von Erlach wurde der Schöpfer aller Paläste des baufreudigen Grafen, die heute sämtlich verschwunden sind. Zu Fischers Hauptwerken zählten die Aufträge für den kaiserlichen Hof: Schloß Schönbrunn, die Hofbibliothek und die Hofstallungen. Mit der Karlskirche gelang ihm sein bedeutendstes sakrales Werk. 1696 geadelt und 1705 zum kaiserlichen Oberhofingenieur bestellt, wandelte Fischer von Erlach den strengen italienischen Duktus in eine sehr dynamische und phantasiereiche persönliche Form um. Sein Werk bildet eine Synthese und Individualisierung der verschiedenen barocken Strömungen in Europa.

Johann Lukas von Hildebrandt kam 1668 in Genua als Sohn deutscher Eltern zur Welt. Wie Fischer wurde auch er in Rom ausgebildet; sein Lehrmeister war Carlo Fontana. 1696 kam er nach Wien, wurde 1701 kaiserlicher Hofingenieur und 1720 in den Reichsadelsstand erhoben. Seine bedeutendsten Auftraggeber waren Prinz Eugen und die gräfliche Familie Schönborn, für die er das Wiener Gartenpalais errichtete und am Schloß Pommersfelden in Franken und an der Würzburger Residenz arbeitete. Zu seinen wichtigsten Sakralbauten zählen die Peterskirche und die Piaristenkirche in Wien sowie der Neubau des Stiftes Göttweig in Niederösterreich. Hildebrandts Schöpfungen gelten ihrer schwebenden Belebtheit, ihres feingliedrigen Gestaltungsreichtums, der ornamentalen Vielfältigkeit wegen als Meisterwerke einer „vergeistigten Materie".

Während der Regierungszeit Kaiserin Maria Theresias kündigten sich neue geistige und künstlerische Strömungen aus dem Westen Europas an. In diese Zeit fiel der Umbau von Schönbrunn durch Pacassi, den vertrauten Architekten der Kaiserin. Das Schloß wurde dadurch, vor allem in seiner Innenausstattung, zu einem Hauptwerk des österreichischen Rokokos, das sich von der französischen Richtung durch größere Ernsthaftigkeit und eine programmatischere Konzeption unterschied, jedoch die sinnliche und verfeinerte Geschmackskultur der Franzosen nebst ihrer Vorliebe für Orientalismen beibehielt.

Die langsamen, schließlich so nachhaltig wirkenden Veränderungstendenzen fanden im reformfreudigen Kaiser Josef II. einen eifrigen Förderer. Aufklärung und Liberalisierung griffen um sich, eine allgemeine Intellektualisierung trat an die Stelle prunkvoller Machtinszenierung. Auf allen Gebieten machte sich dies bemerkbar, so auch in der Palastarchitektur und der Gartengestaltung. Es setzte sich der Klassizismus durch, der sich bereits in der späten Barockzeit angekündigt hatte. Die Palais dieser Epoche sind gering an Zahl, ihre künstlerische Qualität ist aber umso exquisiter, wenngleich ihre kühle Eleganz bis heute von der österreichischen Mentalität als zu fremdartig, zu distanziert empfunden wird. Zu den wichtigsten Vertretern der klassizistischen Baukunst zählen neben Johann Ferdinand Hetzendorf von Hohenberg und Josef Kornhäusel drei Franzosen, Isidor Canevale, Louis von Montoyer und Pierre Charles de Moreau. Hohenberg ist der Schöpfer der Gloriette in Schönbrunn und des Palais für die reichsgräfliche Familie Fries am Josefsplatz. So wie die Fries waren nun zu großem Reichtum gekommene, neugeadelte Handels- und Bankiersfamilien häufig die potentesten Bauherrn. Montoyer erhielt die Aufträge zur Umgestaltung des Palais Tarouca für Herzog Albert von Sachsen-Teschen und zur Errichtung des glanzvollen Zeremoniensaals in der Hofburg. Sein bedeutendstes Werk aber ist das Gartenpalais für den russischen Gesandten Andreas Kyrillowitsch Fürst Rasumofsky.

Das Revolutionsjahr 1848 brachte für Wien, wie für ganz Europa, eine epochale Veränderung der gesellschaftlichen Strukturen. Das Bürgertum setzte sich gegen das alte Feudalsystem durch und beendete die Vorherrschaft des Adels. Die ungeheuren gesellschaftlichen, politischen und sozialen Umwälzungen, Ergebnis einer sich seit langem anbahnenden Entwicklung, die nun so plötzlich zum Durchbruch kam, leiteten auch die größte Veränderung des Wiener Stadtbildes seit der Barockzeit ein.

Mit einem Handschreiben an den Innenminister, das am Weihnachtstag des Jahres 1857 auf der ersten Seite der „Wiener Zeitung" im Wortlaut veröffentlicht wurde, verordnete der junge Kaiser Franz Joseph die Schleifung der „Umwallungen und Fortifikationen" zum Zwekke einer Verbindung der Inneren Stadt mit den bereits 1850 eingemeindeten Vorstädten. Die Stadtbefestigung hatte längst ausgedient, und es mangelte an Raum. Mit seinem Schreiben setzte der Kaiser den Beginn einer neuen Epoche, er veranlaßte das größte städtebauliche Ereignis jener Zeit in Europa und ließ damit Wien wieder zur Weltstadt werden.

Das Projekt zur Verbauung des frei werdenden breiten Gürtels rings um die Innere Stadt, des Ringstraßenareals, fand die besten Voraussetzungen vor. Der Monarchie war daran gelegen, durch den prächtigen Ausbau der Residenzstadt vorangegangene politische Mißerfolge vergessen zu lassen und ihre Stärke zu demon-

Der Zeremoniensaal in der Hofburg, kolorierte Lithographie nach Rudolf v. Alt.

strieren. Die neue großbürgerliche Gesellschaft drängte nach standesgemäßer Selbstdarstellung. Und schließlich galt es, die erkämpften Rechte des Revolutionsjahres auch baulich umzusetzen, in Einrichtungen der beginnenden Demokratie wie auch des Bildungs-, Kultur- und Vereinswesens.

Der alte Adel zog sich mehr und mehr in seine Stadtpaläste und auf seine Landsitze zurück, seines historischen Ranges, seiner gesellschaftlichen Stellung und Vorbildwirkung bewußt, aber auch seines sinkenden politischen Einflusses. Von wenigen Ausnahmen abgesehen, blieb die Aristokratie demonstrativ unter sich und verschloß sich gegenüber der emporgekommenen Gesellschaftsschicht. Das reiche Großbürgertum dagegen ließ nichts unversucht, um die Schranke zum Adel abzubauen. Als erfolgreichstes Mittel erschien die Nobilitierung, ein Wunsch, dem Kaiser Franz Joseph häufig nachkam (schließlich brachten die Nobilitierungstaxen beträchtliche Summen ein). Der erhoffte Erfolg jedoch blieb aus. Das Wort: „Ich bitt' um Verzeihung, ich bin nicht von der Freyung!" karikiert die Situation des neuen Adels, der vergeblich nach einer Verschmelzung mit dem alten strebte. Die hingebungsvolle Überzeichnung, in der die „Ringstraßenbarone" ihre Vorbilder imitierten, und die betonte Zurschaustellung ihres ungeheuren Reichtums, die als „fiktive Schaufensterpracht", als Kompensation sozialer Minderwertigkeitskomplexe abgekanzelt wurde, waren nicht dazu angetan, die Standesunterschiede zu überbrücken.

Mit dem „Ringstraßenpalais" erlebte Wien nach der Barockzeit eine zweite Blüte der Palastarchitektur. Die Ringstraße, von Anfang an als „via triumphalis" des Kaiserhauses konzipiert, wurde durch die Privatpaläste der Erzherzöge Wilhelm und Ludwig Viktor, durch jene der alten Adelsfamilien Württemberg, Hoyos, Kinsky und durch das noble Adeligen-Casino sozusagen hoffähig. In künsterischer Hinsicht entwickelte die Ringstraßenepoche eine prägnante Stilform bis zum qualitativen Zenit. Ihre Schöpfungen, von den Zeitgenossen bewundert, haben jedoch im Urteil der Nachwelt lange keine Anerkennung gefunden. Der Historismus wurde erst spät als eigenständiger Kunststil akzeptiert und in seiner Bedeutung und Schönheit erkannt. In der ersten Hälfte des 20. Jahrhunderts wurde er, ähnlich wie der Barockstil hundert Jahre zuvor, geringgeschätzt bis zur Ablehnung.

Ausschlaggebend waren dafür die Opposition der neuen Kunst der Jahrhundertwende mit ihrer völlig veränderten Geschmackskultur, sein sozialgeschichtlicher Makel und nicht zuletzt auch funktionelle Probleme. Die Bewertung des Historismus als „Stil der Stillosigkeit" (so Egon Friedell in seiner „Kulturgeschichte der Neuzeit") forderte natürlich ihren Tribut. Die veränderte Nutzung der privaten Ringstraßenpalais tat das ihre, und so sind originale Ringstraßeninterieurs, Denkmale einer sehr charakteristischen Wohnkultur, heute eine besondere Rarität.

Typisches Merkmal des Ringstraßenstils ist die geschichtsreflektierende Formensprache bei gleichzeitiger Berücksichtigung zeitgemäßer Herstellungstechniken, Ansprüche und Bedürfnisse unter Wahrung einer historisch begründeten Stilsymbolik: Für den sakralen und kommunalen Repräsentationsbau wählte man den Stil der Gotik, für das Privatpalais Renaissance und römisches Frühbarock. In dem halben Jahrhundert der Ringstraßenepoche wandelte sich das äußere Erscheinungsbild des Ringstraßenpalais beträchtlich. In der frühen romantischen Phase des Historismus dominiert die ruhige, streng und flächig wirkende Fassade mit kleinteiligem, feinst

Der Schwarzenbergplatz mit dem Palais Erzherzog Ludwig Viktor (links). Chromolithographie von Franz Alt.

Die Bibliothek im Palais Dumba. Aquaqrell von Rudolf v. Alt, 1887.

gearbeitetem Dekor. In der klassischen Ära wird die Fassadengliederung dynamischer, vielfältiger und reliefhafter, um schließlich in eine verwirrende Überladenheit überzugehen, in der bereits secessionistische Elemente auftauchen.

In seinen repräsentativen Aspekten wurde der Barockpalast zum Vorbild genommen. Portal, Vestibül und Treppenhaus wurden ähnlich prunkvoll ausgeführt. Im Mittelpunkt des Ringstraßenpalais aber standen die Salons. Ihre gesellschaftliche Bedeutung wurde schon in der Fassadengestaltung durch die Betonung der Beletage zur Schau getragen. Die Forderung nach dem Gesamtkunstwerk, zu dem alle Kunstsparten gleichberechtigt beitrugen, kam in den Salons besonders deutlich zum Ausdruck. Kassettierte Decken mit eingelassenen Gemälden, große Luster, Lambris, schwere Vorhänge und Lambrequins gehörten ebenso zum Ringstraßensalon wie einige in den Raum komponierte Sitzgruppen; Palmen und große Makartbouquets, farbenprächtige Teppiche und Kleinodien der verschiedensten Epochen und Kulturkreise ergänzten die Ausstattung.

An der Spitze der Architekten des Historismus standen Gottfried Semper, Karl von Hasenauer, August Sicard von Sicardsburg, Eduard van der Nüll, Theophil von Hansen und Heinrich von Ferstel. Sie alle waren vorwiegend mit der Errichtung der öffentlichen Monumentalbauten beschäftigt, die entlang der Ringstraße entstanden. Nur die beiden letztgenannten wurden auch mit wichtigen privaten Palaisbauten beauftragt. Zu den meistbeschäftigten Palaisarchitekten zählten August Schwendenwein Ritter von Lonauberg und Johann Romano Ritter vom Ringe – sein Adelsprädikat bezieht sich auf seine Tätigkeit an der Ringstraße. Die ganze Künstlergesellschaft aber wurde von einer Malerpersönlichkeit überstrahlt: von Hans Makart, dem „göttlichen Zauberer", der in der Wohnkultur ebenso tonangebend war wie in der Malerei.

Unter Kaiser Franz Joseph wurde die letzte Ausbauphase der Hofburg eingeleitet. Die Pläne Sempers und Hasenauers für ein monumentales Kaiserforum an der Ringstraße konnten nur zum Teil realisiert werden. Mit der Neuen Burg und den beiden Hofmuseen ist dennoch ein gewaltiges Werk entstanden. Dem Umstand, daß es ein Torso geblieben ist, verdanken wir neben anderen Vorzügen die exzellente Ablesbarkeit der Entstehungsgeschichte der gesamten Anlage, zu der jede Stilepoche der Wiener Palastarchitektur das ihre beigetragen hat. Die Hofburg zeigt sich dem heutigen Betrachter als vielgestaltiger Komplex, dessen Baugeschichte sich über mehr als sechs Jahrhunderte erstreckt. Wie sich die kaiserliche Residenz vom Wehrbau zum Palast wandelte, so entwickelte sich Wien von der engen, ummauerten Bürgerstadt zur Stadt der Paläste. Die Wiener Palais sind die sichtbaren Zeugen einer großen und bewegten Geschichte. In ihrer individuellen Vielfalt prägen sie das Gesicht der österreichischen Hauptstadt, die nicht zuletzt ihretwegen zu den schönsten Städten der Welt zählt.

16

Stadtpalais

Hofburg

Im Jahr 1275 begann nach einer zeitgenössischen Chronik der Böhmenkönig Ottokar II., der damalige Landesherr in Österreich, mit der Errichtung einer Burg an der Stadtmauer Wiens nahe dem Widmertor. Schon im Jahr darauf mußte er Burg und Stadt an den deutschen König Rudolf von Habsburg abtreten. Die Landesherrschaft fiel an die Habsburger; auch unter ihnen blieb die Burg Wiener Residenz. Der aus Ottokars Bau hervorgegangene älteste Kern der späteren Hofburg ist der vierflügelige Trakt um den sogenannten Schweizerhof (die Bezeichnung geht auf die Schweizergarde zurück, die um die Mitte des 18. Jahrhunderts im Dienste des Kaisers Franz I. Stephan von Lothringen, des Gemahls Maria Theresias, stand). Ursprünglich besaß dieser Wehrbau vier mächtige Ecktürme und einen Wassergraben, der zum Teil noch erkennbar ist. Von der mittelalterlichen Burg hat sich auch die gotische Burgkapelle erhalten. Sie wurde 1296 erstmals erwähnt, Kaiser Friedrich III. ließ sie 1447 bis 1449 erweitern und umgestalten. Ihre Außenwände sind heute größtenteils durch Zubauten verdeckt; der gotische Chorabschluß ist im Kapellenhof noch zu sehen.

Ferdinand I., der 1533 seine Residenz von Prag nach Wien verlegte, ließ die Burg zum Rennaissanceschloß umgestalten und im Inneren repräsentative Wohnräume einrichten. 1552/53 entstand das prachtvolle Schweizertor. Der erste große Erweiterungsbau der Burg, die Stallburg,

*Vorhergehende Seiten:
Heraldische Fresken im Gewölbe des
Schweizertores (links); Blick über den
Volksgarten auf die Burganlage mit
der Amalienburg, dem Leopoldinischen
Trakt und der Michaelerkuppel.*

*Gotische Heiligenfiguren in der
Burgkapelle.*

wurde unter Kaiser Ferdinand für seinen aus Spanien zurückgekehrten Sohn Erzherzog Maximilian errichtet. Die Außenfassade des fast quadratischen vierflügeligen Schlosses ist ungegliedert; der Innenhof dagegen besitzt in allen drei Stockwerken großartige offene Arkadengänge. Da Maximilian nach seiner Thronbesteigung im Jahr 1564 in die alte Hofburg einzog, wurden hier die Hofstallungen untergebracht. Lange Zeit diente die Stallburg auch als kaiserliche Gemäldegalerie. Heute sind in dem Gebäude die seit 1745 hier bestehende Hofapotheke und die Stallungen der Spanischen Hofreitschule untergebracht.

Die Amalienburg zwischen dem Inneren Burgplatz und dem heutigen Ballhausplatz wurde im Auftrag Kaiser Rudolfs II. 1575 begonnen; den Entwurf lieferte Pietro Ferrabosco, der ab 1581 den Bau der ursprünglich freistehenden Vierflügelanlage mit trapezförmigem Hof leitete. In der zweiten Hälfte des 17. Jahrhunderts wurde das oberste Geschoß aufgesetzt und der Uhrturm in seiner heutigen Form errichtet. Der Name Amalienburg geht auf die Gemahlin Kaiser Josefs I. zurück, der der Trakt als Witwensitz diente. In einem Teil der Räume residierte während des Wiener Kongresses der Zar Alexander I., ein anderer wurde später von Kaiserin Elisabeth, der Gemahlin Kaiser Franz Josephs, bewohnt.

Leopold I., der erste „Barockkaiser", entschloß sich zu einem großzügigen Ausbau der Hofburg. Nach dem Vorbild der Münchener Residenz ließ er 1660 bis 1666 ein repräsentatives Gebäude errichten, das die Alte Burg mit der Amalienburg verband. Der von Philibert Lucchese geplante, ungewöhnlich langgestreckte Leopoldinische Trakt wurde schon bald nach seiner Vollendung ein Raub der Flammen. In den folgenden Jahren wurde er nach dem Entwurf von Pietro Tencala erneuert; dabei erhielt die Fassade ihre heutige Erscheinung. Kaiserin Maria Theresia und Kaiser Josef II. bewohnten Appartements im Leopoldinischen Trakt. In ihren prunkvoll eingerichteten Gemächern befindet sich heute der Amtssitz des österreichischen Bundespräsidenten.

Der großartigste Barockbau im Bereich der Hofburg ist die Hofbibliothek, deren Errichtung Kaiser Karl VI. 1721 in Auftrag gab. Mit der Planung wurde Johann Bernhard Fischer von Erlach betraut, die Ausführung übernahm sein Sohn Joseph Emanuel. 1726 war der Bau im Äußeren vollendet; die endgültige Fertigstellung dauerte bis 1735. Die Hofbibliothek ist ein Höhepunkt der Wiener Barockarchitektur und die Krönung im Schaffen Fischer von Erlachs, sein letztes und auch sein grandiosestes Werk. Die Hauptfront wird von dem als selbständiger Pavillonbau konzipierten Mittelrisalit mit seinem mächtigen Kuppeldach dominiert. Die Monumentalität der Fassade setzt sich im Inneren fort: Die beiden

*Das Schweizertor über dem
alten Burggraben.*

*Der Arkadenhof der
Stallburg.*

Der prachtvolle Prunksaal der Hofbibliothek.

Der Innere Burgplatz mit dem Denkmal für Kaiser Franz II., dahinter die Amalienburg (links); der Leopoldinische Trakt (unten).

Hauptgeschosse nimmt zur Gänze ein einziger riesenhafter Raum ein, der Prunksaal, der zu den schönsten Bibliothekssälen der Welt zählt.

Ab 1763 führte Nikolaus Pacassi bauliche Sicherungsmaßnahmen durch, die durch Fundamentsetzungen erforderlich geworden waren. Zugleich paßte er die zu beiden Seiten anschließenden Gebäude in Höhe und Fassadengestaltung dem Bau Fischer von Erlachs an und verlieh dadurch dem Josefsplatz seine geschlossene Raumwirkung.

Mit der Errichtung des Reichskanzleitraktes, der den Burgplatz nach Nordosten abschließen und die wichtigste Reichsbehörde, den Reichshofrat, aufnehmen sollte, wurde Johann Lukas von Hildebrandt 1723 beauftragt. Drei Jahre später übernahm Joseph Emanuel Fischer von Erlach die Fortführung des Bauvorhabens. Er gestaltete die prachtvolle, langgestreckte Hauptfassade, die durch eine Riesenpilasterordnung und drei kaum vorspringende Portalrisalite mit Balkonen gegliedert ist. Plastische Akzente setzen die die seitlichen Tore flankierenden Herkulesgruppen von Lorenzo Mattielli, die reichen Fensterbekrönungen und die Attikafiguren. Im Reichskanzleitrakt befanden sich die Wohn- und Repräsentationsräume Kaiser Franz Josephs, die den Hauptteil der öffentlich zugänglichen historischen Schauräume bilden.

Der dritte Zubau, den die Hofburg Kaiser Karl VI. verdankt, ist die Winterreitschule. Sie wurde nach den Plänen des jüngeren Fischer von Erlach 1729 bis 1735 auf dem Terrain des „Paradeisgartls" errichtet. Der große Reitsaal mit seiner Säulengalerie und der tempelartigen Hofloge ist als Schauplatz der Vorführungen der Spanischen Hofreitschule weltberühmt. Der gleichfalls von Fischer von Erlach geplante Michaelertrakt, der die Winterreitschule mit dem Reichskanzleitrakt verbinden sollte, blieb unvollendet und wurde erst 1889 bis 1893 in Anlehnung an die barocke Planung durch den Burghauptmann Ferdinand Kirschner fertiggestellt.

Unter Kaiser Franz II. (seit 1804 als Franz I. Kaiser von Österreich) entstand der prachtvolle klassizistische Zeremoniensaal, den Louis von Montoyer 1802 bis 1806 in einem rechtwinklig an das südöstliche Ende des Leopoldinischen Traktes anschließenden Neubau errichtete. Als im Jahr 1809 die französischen Besatzungstruppen aus Wien abzogen, ließ Napoleon die Befestigungen vor der Hofburg sprengen. An ihrer

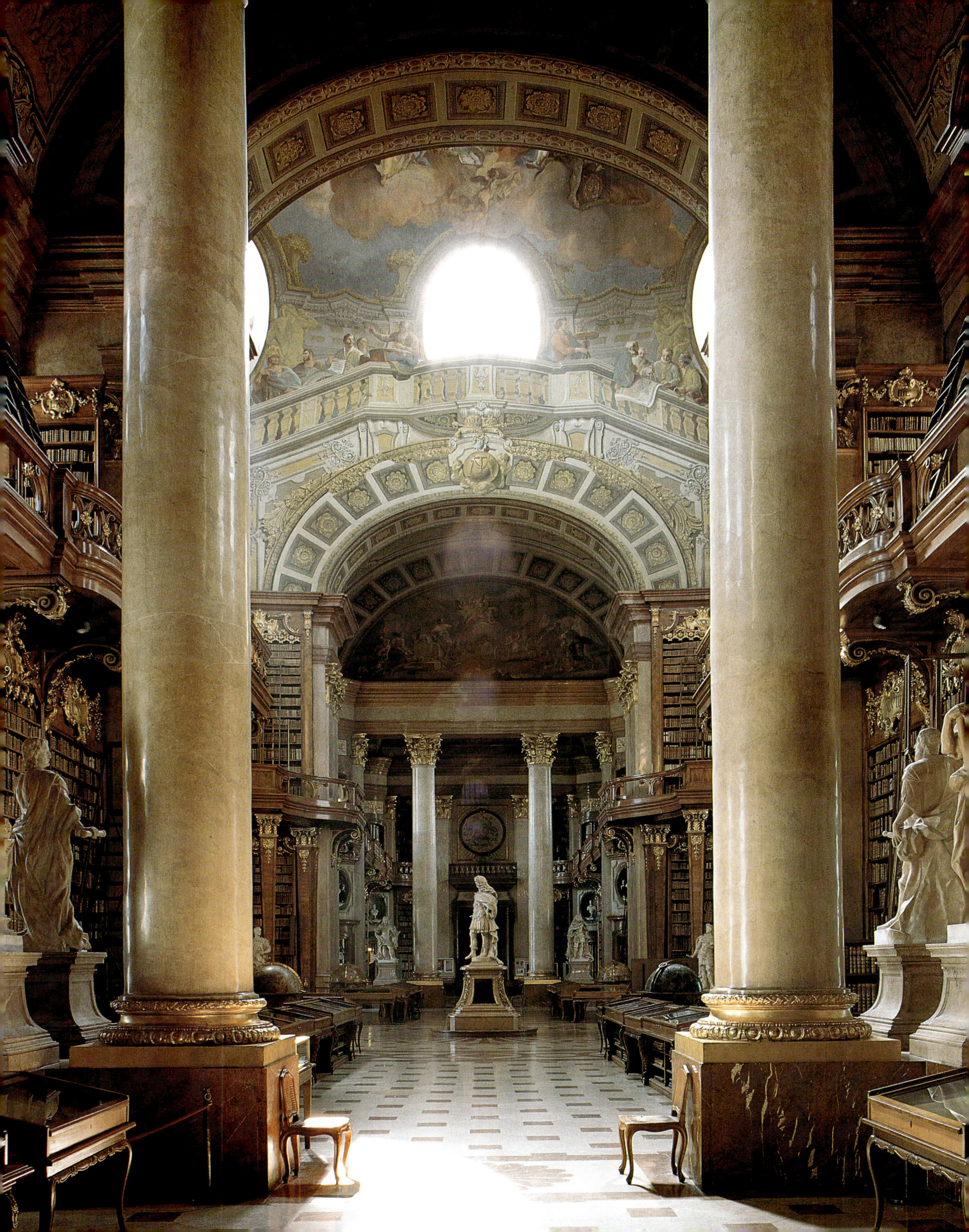

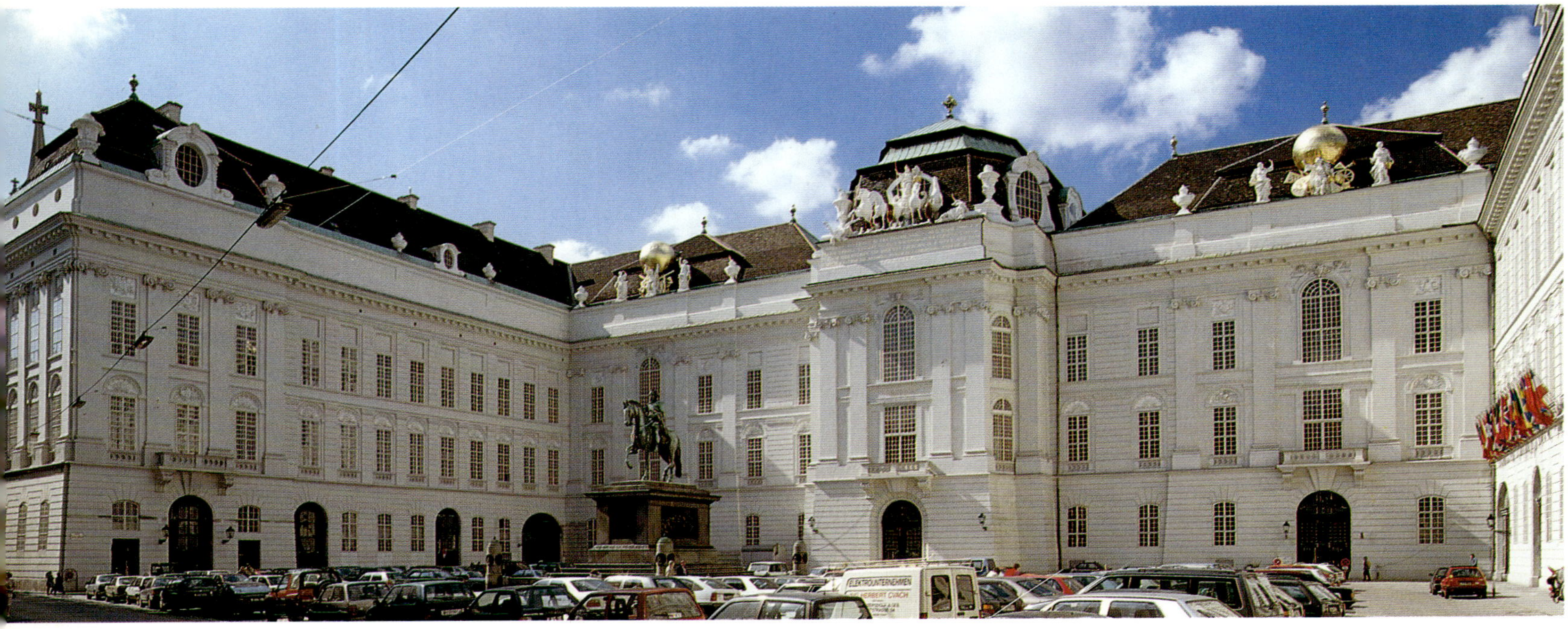

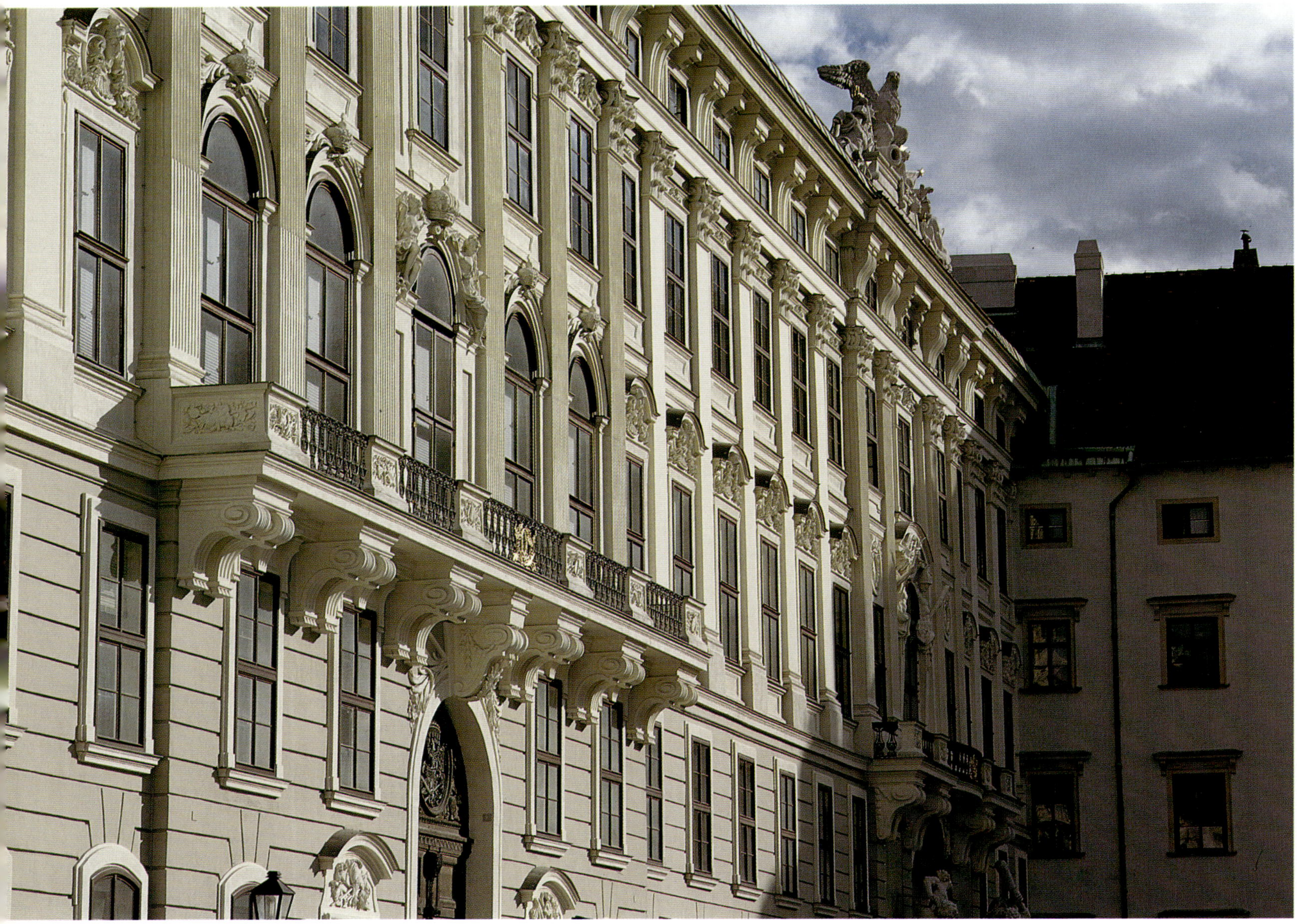

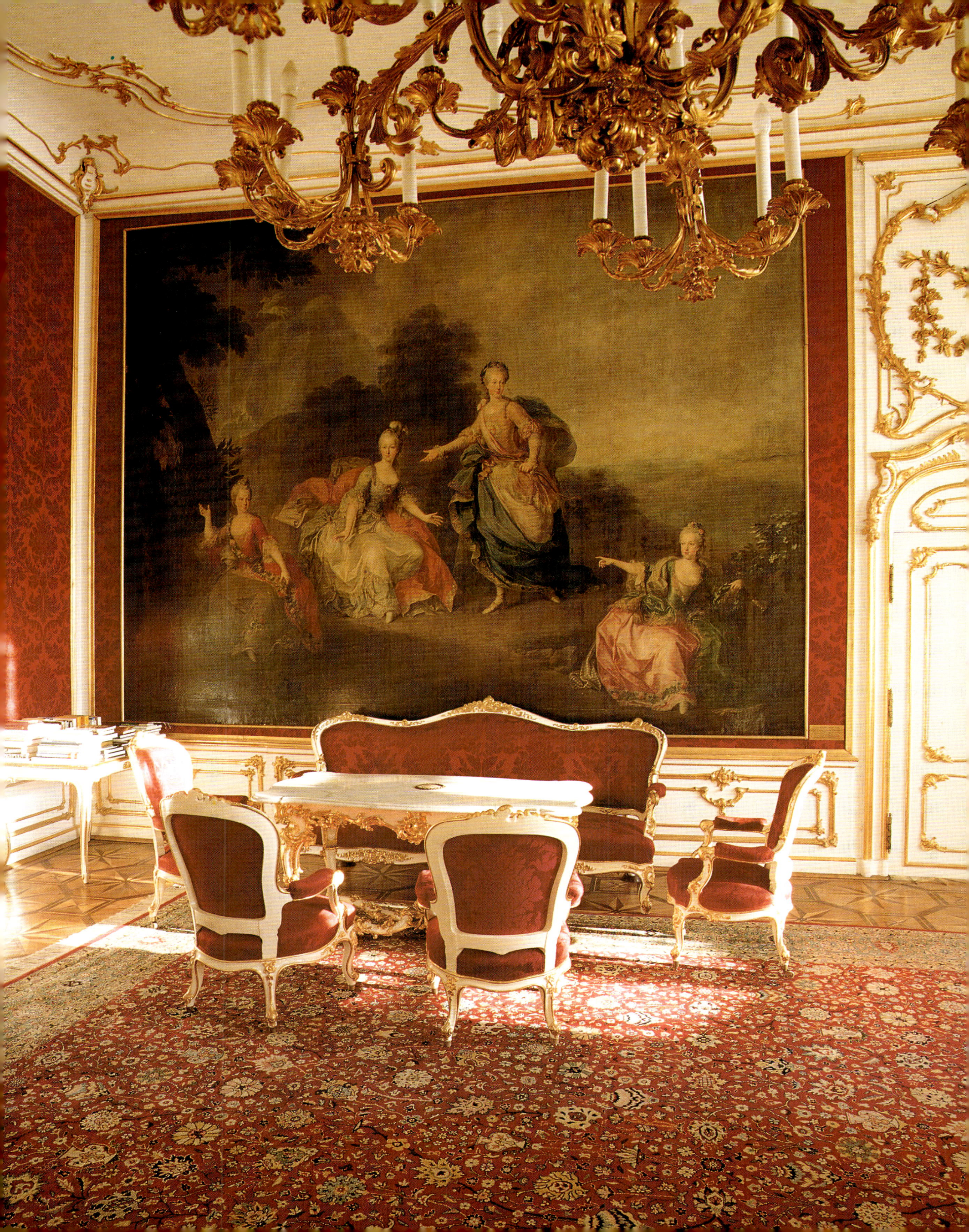

Stelle wurden der Volksgarten und der Kaisergarten (heute Burggarten) angelegt; dazwischen entstand der Äußere Burgplatz mit dem Äußeren Burgtor von Pietro Nobile.

Nach der Schleifung der gesamten Befestigungsanlagen wurde beim Bau der Ringstraße der Entschluß gefaßt, die Hofburg durch ein monumentales Kaiserforum zu erweitern. 1881 wurde der Bau begonnen; die äußerst großzügige Planung durch Gottfried Semper und Karl von Hasenauer wurde schließlich nur in stark reduziertem Ausmaß verwirklicht. Die Arbeiten an der Neuen Burg wurden erst 1913 abgeschlossen. Trotz der großen Schwierigkeiten künstlerischer und finanzieller Art, die den Bau von Anfang an begleiteten, ist ein eindrucksvolles Ergebnis entstanden, das ein Hauptwerk des öffentlichen Monumentalbaus der Ringstraßenepoche darstellt.

Die Wiener Hofburg, deren Entstehungsgeschichte vom 13. bis in das beginnende 20. Jahrhundert reicht, zählt zu den bedeutendsten Zentren der europäischen Geschichte. Die Zeugnisse ihrer großen Vergangenheit als Residenz des Landesherrn, der Könige und der Kaiser sind in der Weltlichen und der Geistlichen Schatzkammer im Schweizertrakt ausgestellt. Heute beherbergt die Hofburg neben der Nationalbibliothek, Museen und vielen anderen Institutionen ein internationales Konferenzzentrum, in dem über die zukünftige Ordnung Europas beraten wird.

Vorhergehende Seiten:
Die Fassade der Hofbibliothek am Josefsplatz und der Reichskanzleitrakt (links). Das Arbeitszimmer des Bundespräsidenten, einst von Kaiser Josef II. bewohnt; das Gemälde zeigt vier Töchter der Kaiserin Maria Theresia als Darstellerinnen in einer Opernaufführung.

Linke Seite:
Das Pietra-dura-Zimmer im Maria Theresien-Appartement des Leopoldinischen Traktes beherbergt die weltweit größte Sammlung an Pietra-dura-Bildern, Steinintarsien, die um die Mitte des 18. Jahrhunderts in Florenz geschaffen wurden.

Hinter den Denkmälern für Erzherzog Karl und Prinz Eugen, denen der Heldenplatz seinen Namen verdankt, erhebt sich die geschwungene Fassade der Neuen Burg.

Palais Porcia

Das Palais Porcia ist eine ausgesprochene Rarität innerhalb der Wiener Palastlandschaft, denn es wurde bereits um das Jahr 1600 errichtet. Das Palais sollte eigentlich die Bezeichnung „Hofkirchen-Losenstein" führen, denn der Fürst Porcia war viel später und nur kurze Zeit Eigentümer des Gebäudes. Der vielfach mit der Errichtung des Palais in Zusammenhang gebrachte spanische Graf Gabriel von Salamanca veranlaßte zwar den Bau des Schlosses Porcia in Spittal an der Drau in Kärnten, als Bauherr des Wiener Palais aber kommt der 1539 verstorbene Graf nicht in Frage. Dies dürfte Georg Andreas Freiherr von Hofkirchen gewesen sein, der sich jedoch mit dem Bau finanziell übernahm, sodaß ihm die verschwägerten Losensteiner unter die Arme greifen mußten. Die Rolle der Familien Hofkirchen und Losenstein für das Palais dokumentieren deren Wappen in der Mitte des zweigeschossigen Arkadenganges im Hof.

Die Architektur des Palais in der Herrengasse und seine dekorativen Attribute entsprechen den typischen Merkmalen des Manierismus. Am deutlichsten wird dies an den Plattenreihen der Fassade, an den Maskerons und dem Zierat im Hofbereich sichtbar. Dieses sehr frühe Stadtpalais ist ein seltenes Beispiel der urbanen adeligen Bau- und Wohnkultur an der Wende vom 16. zum 17. Jahrhundert. Der kaiserliche Doppeladler oberhalb des Portals erinnert an die staatliche Verwendung des Gebäudes seit 1750.

Die schlichte Palaisfassade mit dem Volutenportal.

*Linke Seite:
Ensemble der Palais in der Herrengasse.*

Renaissancearkaden im Hof.

Erzbischöfliches Palais

An der Stelle des heutigen Erzbischöflichen Palais zwischen Stephansplatz, Rotenturmstraße und Wollzeile entstand in der zweiten Hälfte des 13. Jahrhunderts der Pfarrhof von St. Stephan. Nach der Erhebung von St. Stephan wurde die Bezeichnung Propsthof üblich; mit einer weiteren Rangerhöhung wurde das Gebäude zum Bischofshof. 1627 brannte der Bau völlig aus.

Das bischöfliche (seit 1723 erzbischöfliche) Palais wurde unter den Bischöfen Anton Wolfrath und Friedrich Philipp Graf Breuner 1632 bis 1641 nach einem Entwurf von Giovanni Coccapani errichtet. Es erhielt eine schlichte frühbarocke Fassade. Der ursprünglich gotische Kapellenchor, der gegen den Stephansplatz aus der Fassade vorspringt, wurde im Stil des dekorationsfreudigen Frühbarocks erneuert, das Innere der Kapelle wurde mit reichen Stuckverzierungen ausgestattet. Die dem Heiligen Andreas geweihte Kapelle birgt Altäre aus der Augustiner- und der Peterskirche. Der Hof mit teils vermauerten Arkaden wurde durch den Bibliotheksflügel zweigeteilt. An seiner Westseite ist ein monumentaler statuengeschmückter Wandbrunnen eingelassen.

Unter dem Bischof (später Fürsterzbischof) Siegmund Graf Kollonitsch erhielt die Fassade nach 1716 die reichen Stuckdekorationen mit Muschelmotiven über den Fenstern des Hauptgeschosses, die das heutige Erscheinungsbild des Palais bestimmen. Über dem Portal wurde das Kollonitsch-Wappen mit dem erzbischöflichen Hut angebracht.

Über dem arkadengeschmückten Hof des Palais erheben sich die Heidentürme des Stephansdomes.

Die vom Chor der Kapelle durchbrochene Fassade gegen den Stephansplatz.

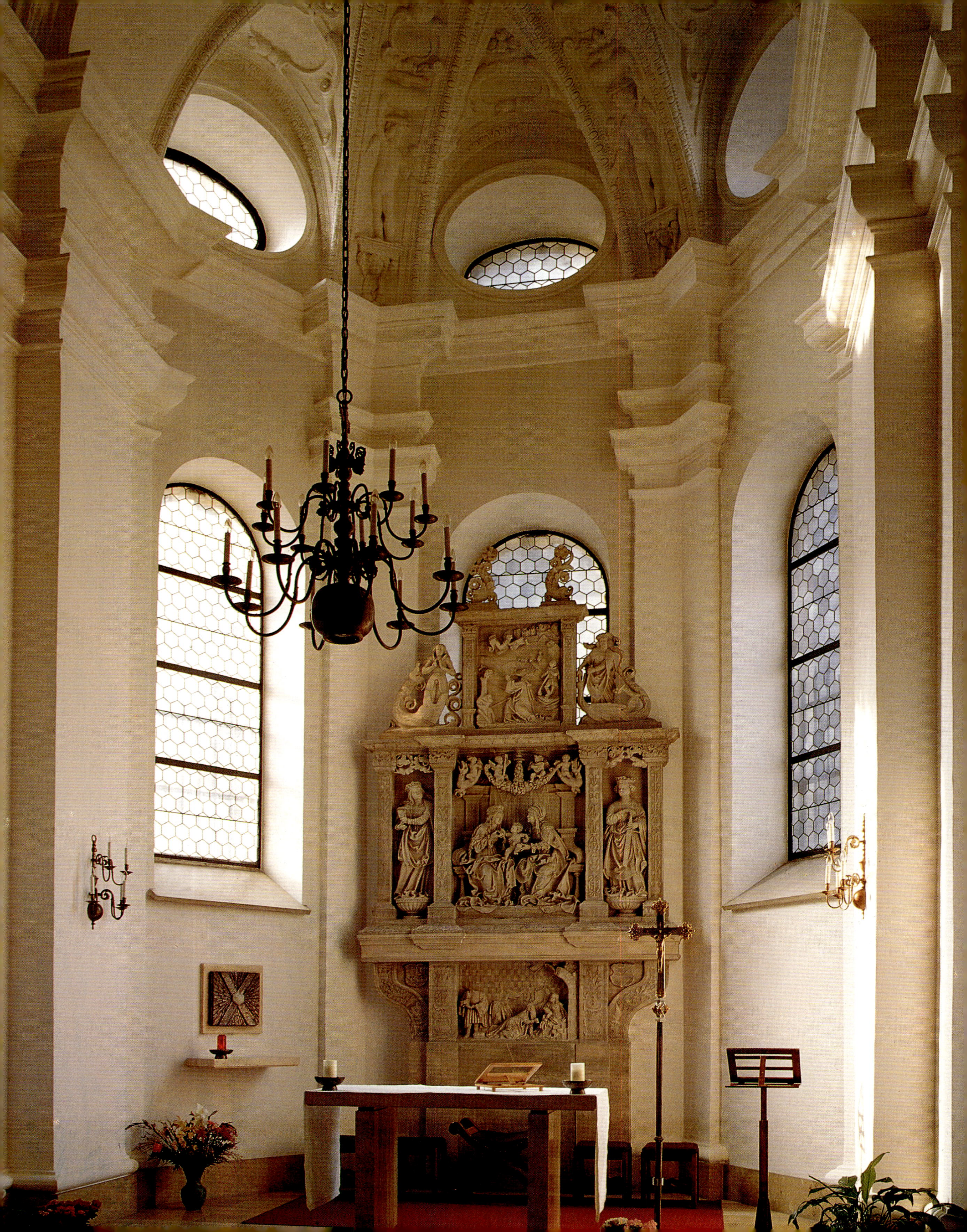

*Linke Seite:
Die Andreaskapelle mit dem
aus der Augustinerkirche
stammenden Armenaltar.*

*Treppenhaus (rechts) und
Bibliothekssaal des
Erzbischöflichen Palais.*

Palais Starhemberg

Seine heutige Gestalt als freistehender Vierflügelbau mit dreizehn Fensterachsen gegen den Minoritenplatz erhielt das Palais Starhemberg erst 1895, als es nach dem Abbruch des Nachbarhauses um drei Achsen nach Westen erweitert wurde. Die neu aufgeführten Fassaden wurden in gänzlicher Angleichung an die bestehende Architektur des Palais ausgeführt; seither steht auch das zuvor asymmetrisch angeordnete Portal in der Mittelachse.

Das Nebenhaus, ein kleines Palais, bestand bereits, als im Jahr 1661 Konrad Balthasar Graf Starhemberg ein Objekt an dieser Stelle erwarb und es durch einen Neubau ersetzen ließ. 1687 ist dieser bereits in fertigem Zustand abgebildet. Im Türkenjahr 1683 war das Palais im Besitz von Ernst Rüdiger Graf Starhemberg, dem Sohn des Bauherrn, der als Stadtkommandant die Verteidigung Wiens gegen die Türken leitete.

Das Starhemberg-Palais zählt neben dem Leopoldinischen Trakt der Hofburg zu den besterhaltenen Architekturwerken des frühen Barocks in Wien. Die monumental, uniform und flächig wirkende Fassade erhält ihre Plastizität durch die schweren, vorspringenden Fensterverdachungen der Hauptgeschosse. Das oberste Mezzaningeschoß ist durch einen stehenden Puttenfries geschmückt, darüber tragen mächtige Konsolen das in den Raum greifende Dach.

Während die Fassade weitgehend unverändert erhalten ist, wurde im Inneren 1784 eine durchgreifende Umgestaltung nach Entwürfen des Architekten Andreas Zach vorgenommen. Die Veränderungen betrafen vor allem den Eingangsbereich, das Treppenhaus, das mit Figuren von Joseph Klieber geschmückt wurde, und die Festräume. Der im Weiß-Gold-Akkord gehaltene Sitzungssaal ist ein bedeutendes Beispiel josephinischer Innenraumgestaltung; die ungemein reichen Deckendekorationen des „Ministerzimmers" und einiger anderer Salons sind auf Wiener Boden einzigartig. Das Palais Starhemberg wurde nach mehrfachem Besitzerwechsel 1871 vom Staat erworben, um das Ministerium für Kultus und Unterricht aufzunehmen, das 1895 die erwähnte Erweiterung durchführen ließ. Heute ist es Sitz der Bundesministerien für Unterricht, Kunst und Sport sowie für Wissenschaft und Forschung.

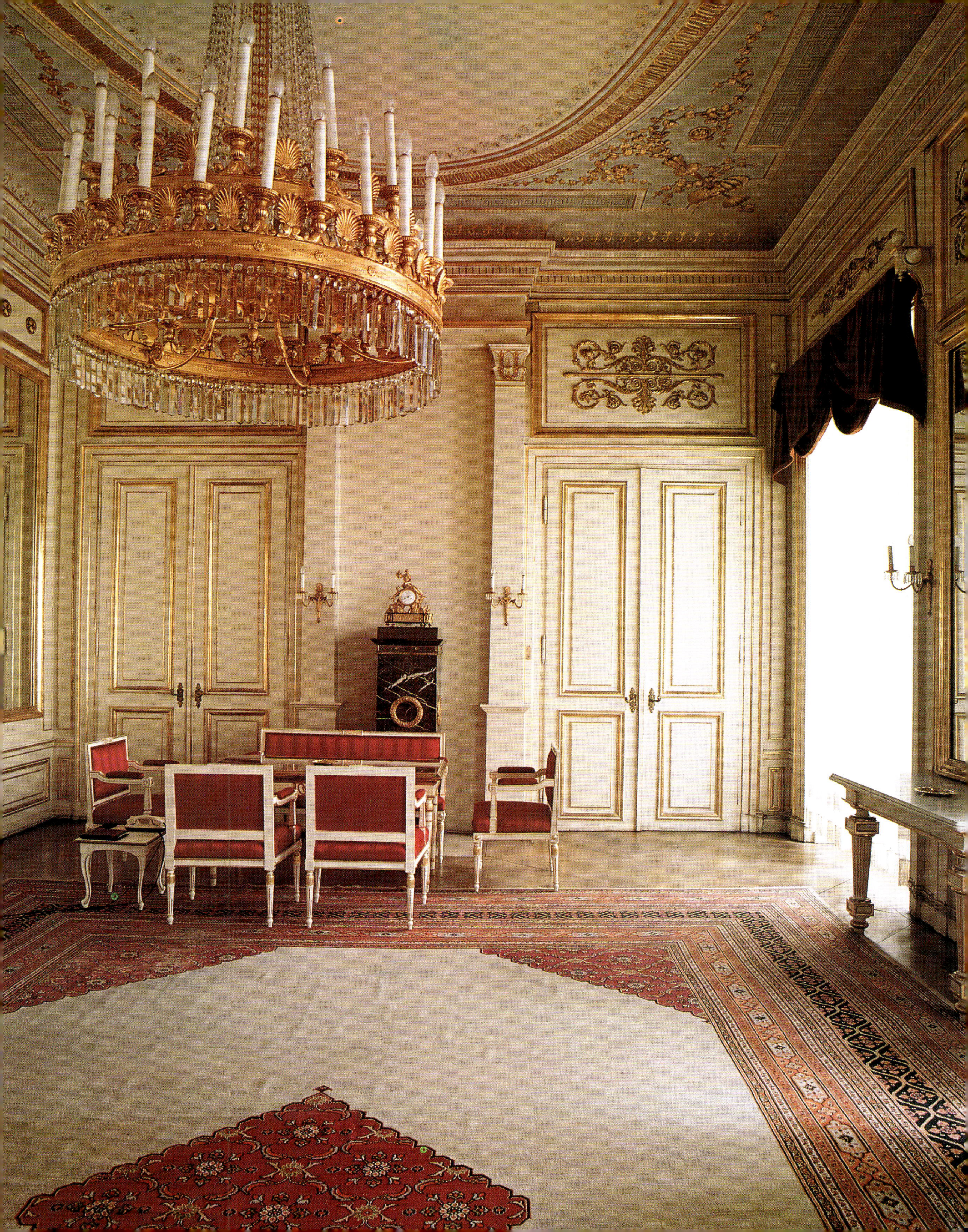

Reich stuckierte und gemalte Decke.

Das „Ministerzimmer" mit seiner qualitätvollen Empireausstattung.

36

*Vorhergehende Seiten:
Gemalte Empiredecke in einem
der Salons (links unten); der
große Sitzungssaal.*

*Der wuchtige Baublock, vom
Minoritenplatz gesehen.*

Palais Collalto

Das Palais Collalto mit seiner dem Platz Am Hof zugewandten fünfachsigen Hauptfassade, das durch einen etwas zurückspringenden Schwibbogen mit der Alten Jesuitenkirche verbunden ist, entstand kurz nach 1671 an der Stelle einiger älterer Häuser. Zuvor befand sich hier der Judengarten, dann unter Ferdinand I. die adelige Landschaftsschule.

Zwischen 1715 und 1725 erhielt das Palais, das den Namen einer alten venezianischen Patrizierfamilie trägt, sein heutiges Aussehen mit dem kleinen vorspringenden Balkon und der großen Pilasterordnung. Der 1804 errichtete langgestreckte Seitentrakt gegen den Schulhof ist mit dem schönsten dreiachsigen Portal ein bedeutendes Beispiel klassizistischer Profanarchitektur in Wien.

Am 8. Oktober 1762 gab der sechsjährige Wolfgang Amadeus Mozart beim Grafen Thomas Vinciguerra Collalto im Palais am Hof sein erstes Konzert in Wien.

Das Palais, gerahmt von den bedeutenden Barockbauten des Platzes Am Hof.

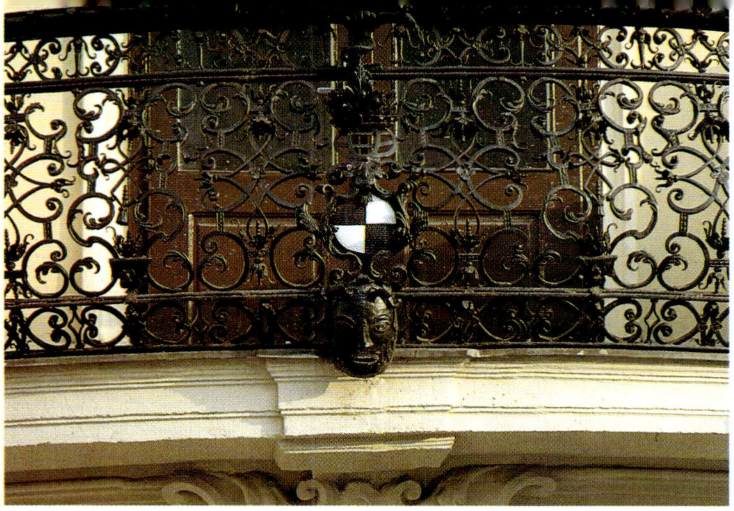

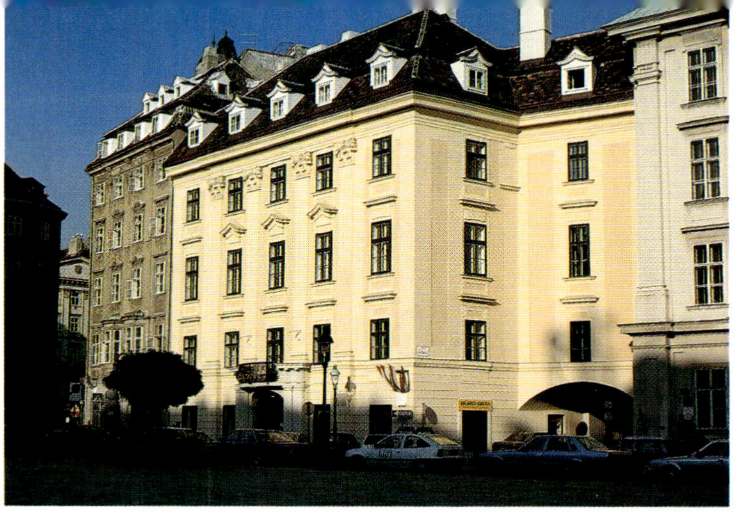

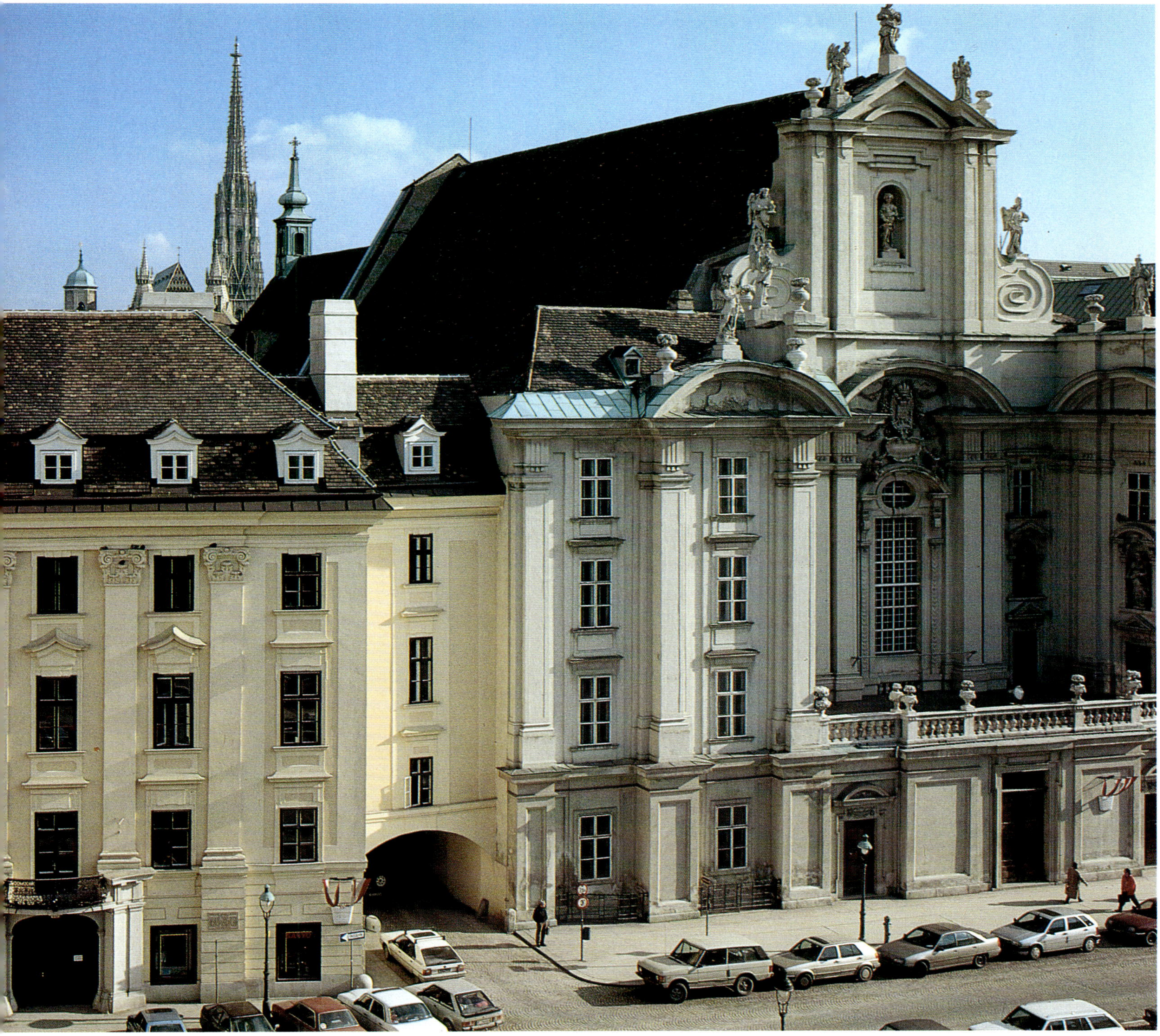

Palais Lobkowitz

Das bald nach dem Sieg über die Türken vor Wien, in den Jahren 1685 bis 1687, auf dem alten Schweinemarkt an der Stelle des Felßschen Hauses und des Dorotheer Badhauses errichtete Palais ist heute unter dem Namen des späteren Besitzer, Fürst von Lobkowitz, bekannt. Bauherr aber war Philipp Sigmund Graf Dietrichstein. Für das Projekt ließ er drei Entwürfe anfertigen, die Peter Strudel, Giovanni Pietro Tencala und ein unbekannter Architekt lieferten. Zur Ausführung gebracht wurde der Entwurf Tencalas. Die langgestreckte Fassade wurde bereits 1710 durch Johann Bernhard Fischer von Erlach verändert. Dieser Umbau folgte dem Trend einer stärkeren Akzentuierung der Risalite. Die bisherige Fassadengliederung hatte sich auf einen kleinteiligen, aber sehr plastischen Dekor beschränkt, dessen gestalterische Höhepunkte die differenzierten Fensterverdachungen und die reich gearbeiteten Konsolen der Dachzone bildeten. Fischer von Erlach setzte nun dem Mittelrisalit eine Attika mit Balustrade und Figuren auf und errichtete einen neuen Portalbau. Das von schräggestellten Pfeilern und toskanischen Säulen gerahmte Tor ist von einem reich profilierten Gebälk und einem von Schlangenvasen flankierten Balkon in Diademform bekrönt. Eine spätere Zutat von Joseph Emanuel Fischer von Erlach ist die von Figuren assistierte Wappenkartusche über dem Portal, in die nach dem Besitzerwechsel das vergoldete Lobkowitz-Wappen eingefügt wurde.

Die tonnengewölbte Einfahrt mit seitlichen Nischen öffnet den Blick auf den Herkulesbrunnen. Das tonnenartige Kreuzgewölbe des Treppenhauses wird von toskanischen Säulen getragen, die Gewölbe selbst sind mit feinem Stuck geschmückt. Im prächtigen Festsaal befindet sich ein schönes Deckengemälde, eine Allegorie der Künste, das dem Hofmaler Jacob van Schuppen zugeschrieben wird. Die Architekturmalereien stammen von Marcantonio Chiarini.

Im Jahr 1753 wurde das Palais von Wenzel Eusebius Fürst von Lobkowitz erworben. Im Festsaal wurde 1804 Ludwig van Beethovens „Eroica" unter der Leitung des Komponisten in einer privaten Veranstaltung uraufgeführt. Diese „heroische" Symphonie widmete Beethoven, von Napoleon, dem er sie ursprünglich zugedacht hatte, enttäuscht, seinem Mäzen Franz Joseph Fürst von Lobkowitz, der ihn großzügig unterstützte. Während des Wiener Kongresses war das Palais Lobkowitz ein beliebter gesellschaftlicher Treffpunkt und Schauplatz großartiger Bälle. Seit 1991 ist das restaurierte Palais Sitz des Österreichischen Theatermuseums.

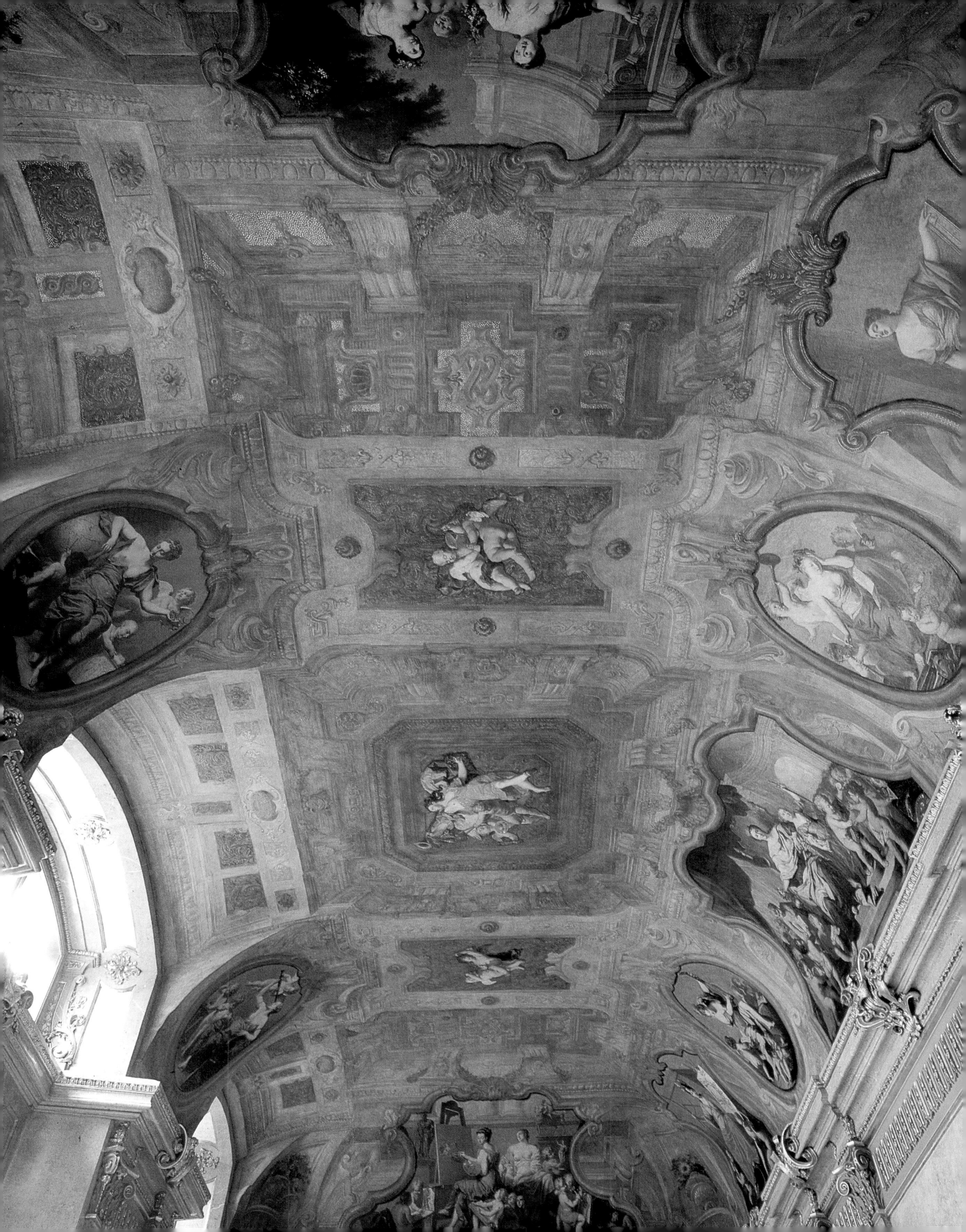

*Vorhergehende Seite:
Das Deckengemälde des
Festsaales.*

*Folgende Seiten:
Detail des Deckengemäldes
im Saal und Treppenhaus
(links); der als Grotte
gestaltete Herkulesbrunnen
in der Einfahrt.*

*Die Hauptfront mit dem von
Johann Bernhard Fischer von
Erlach umgestalteten Portal.*

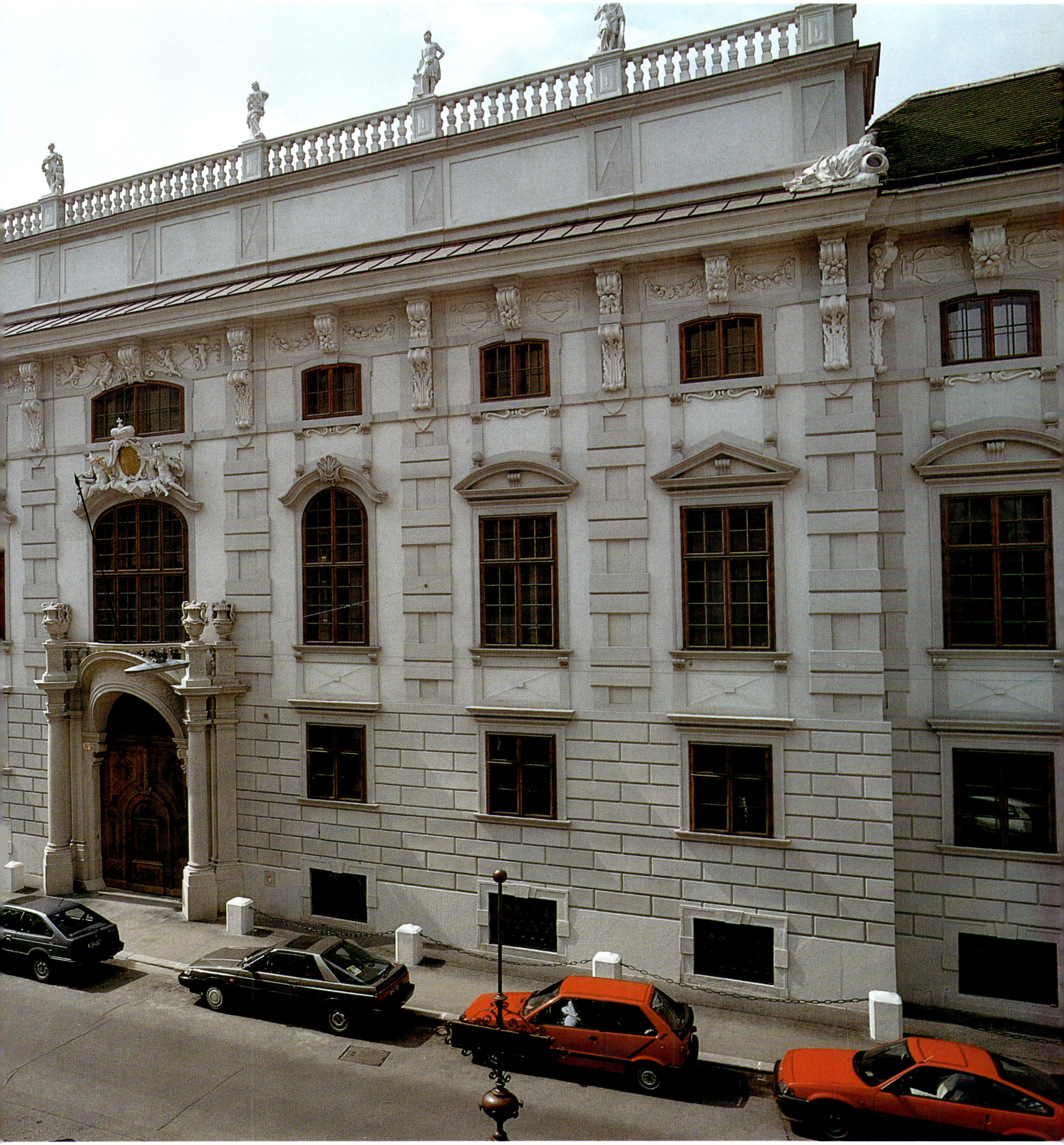

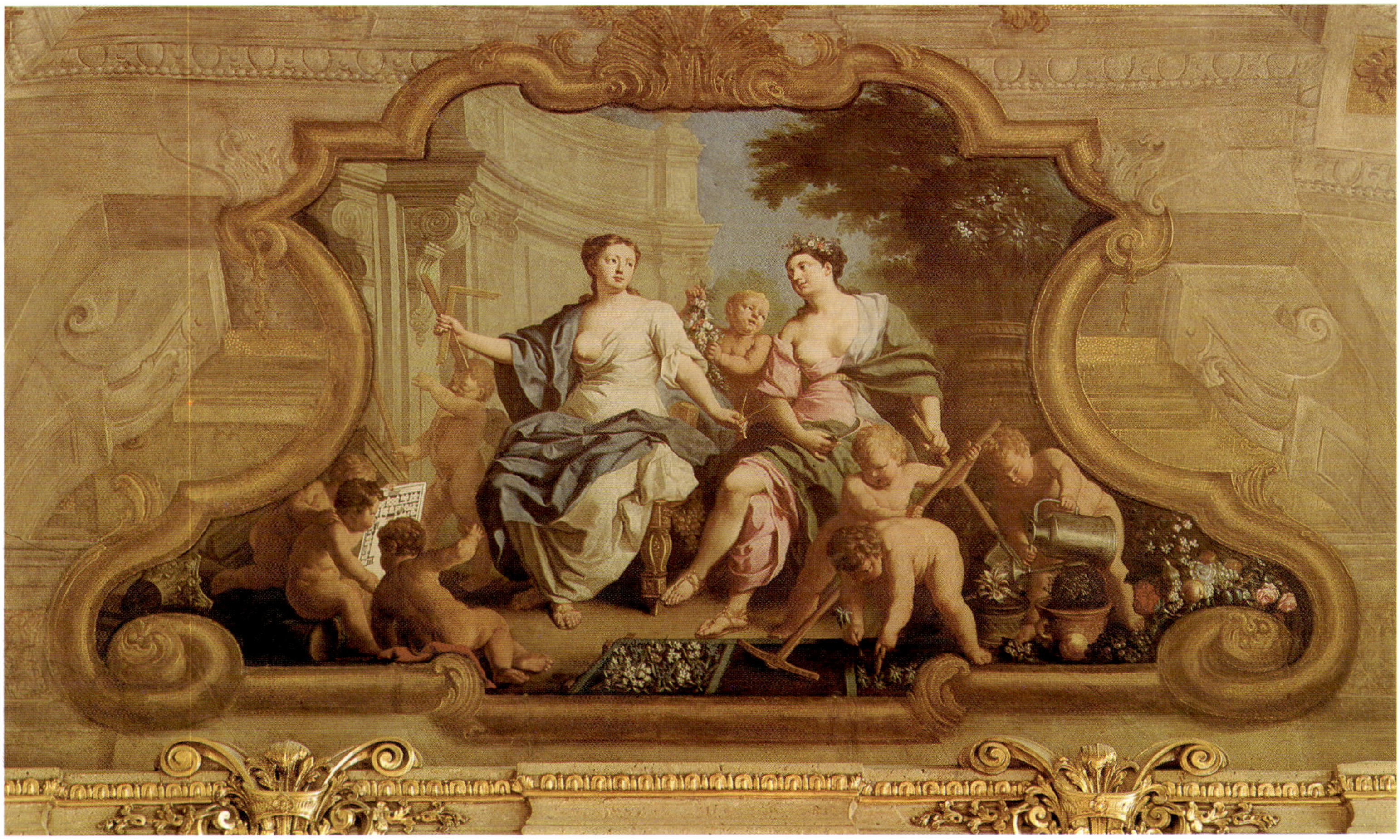

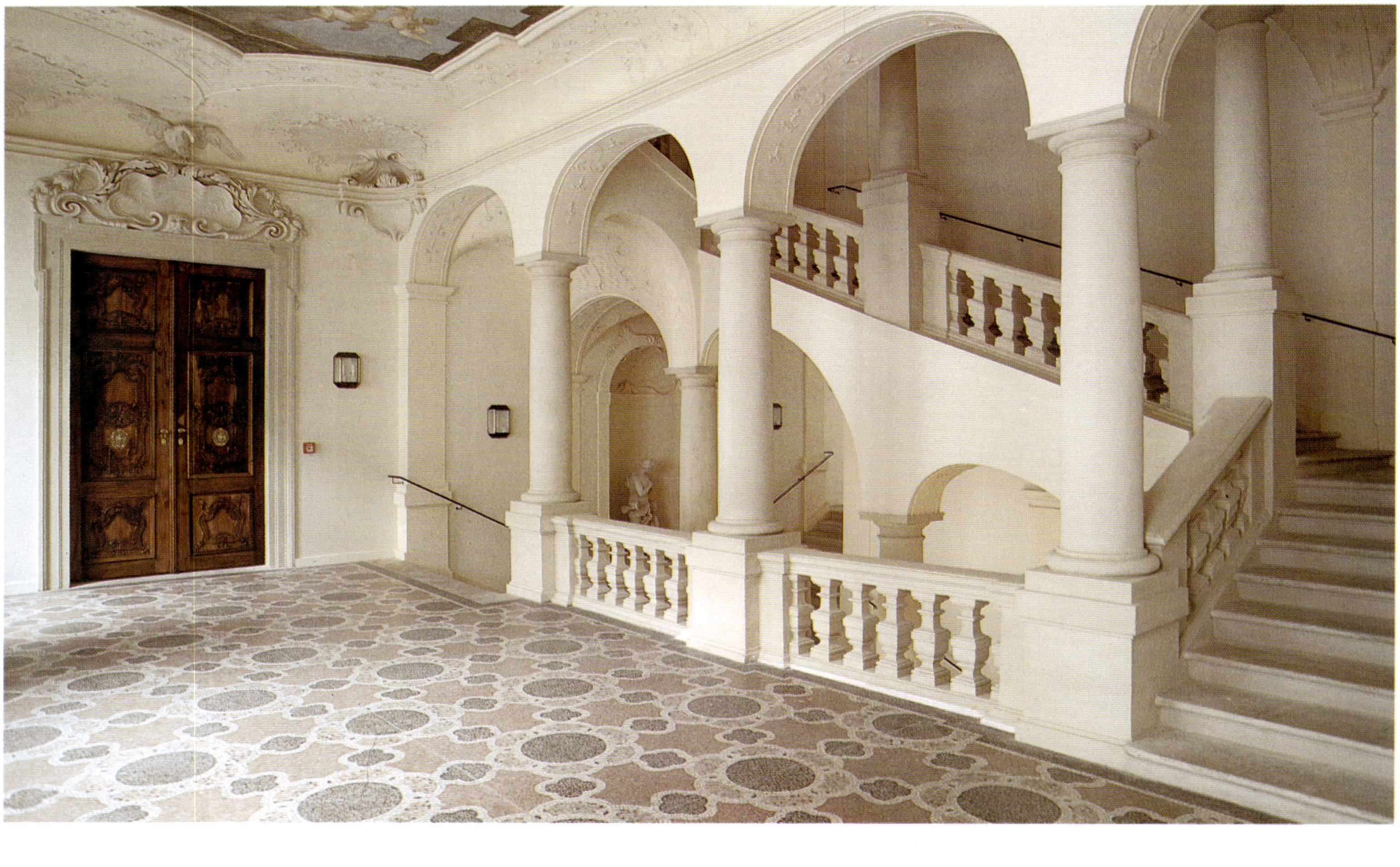

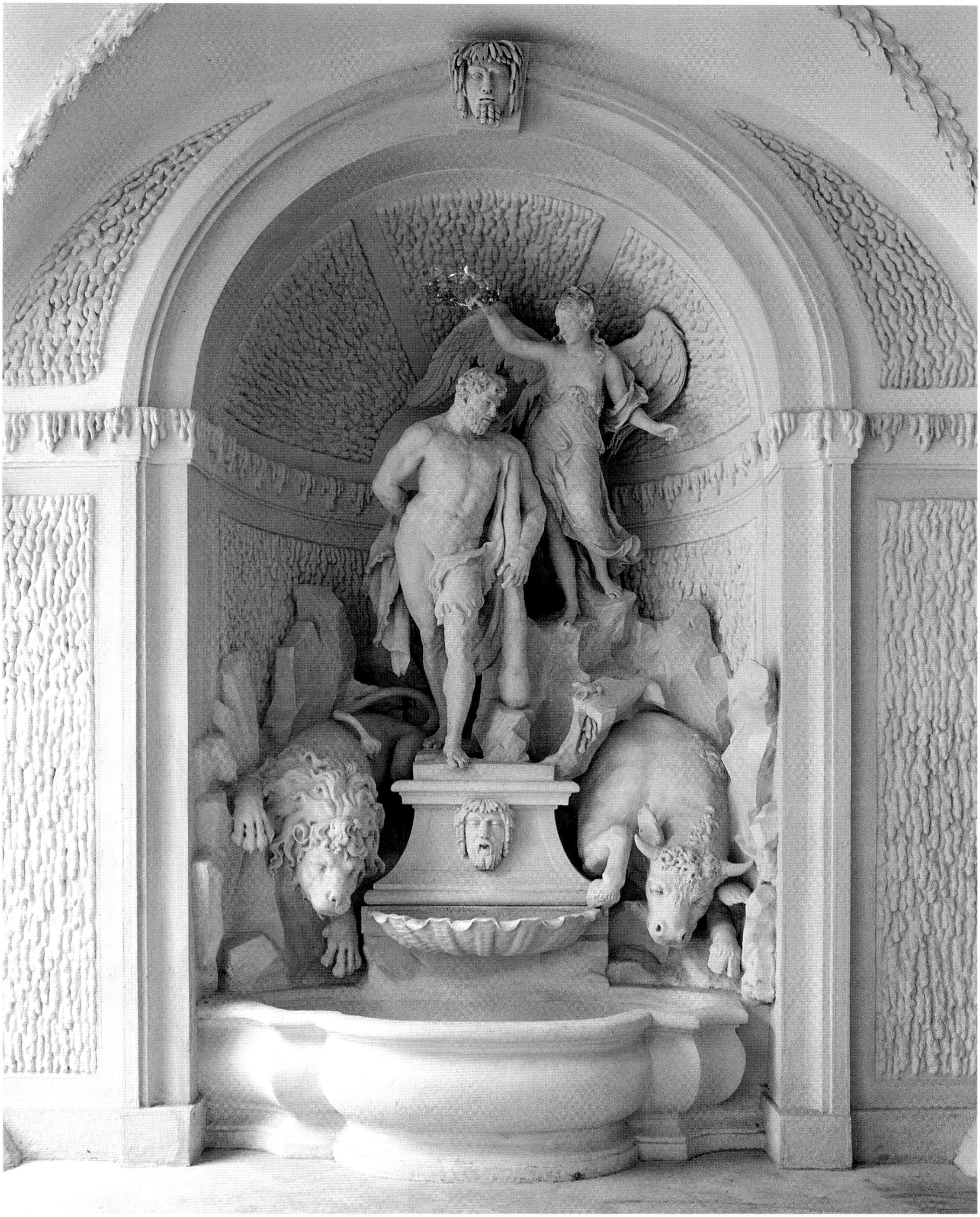

Palais Liechtenstein

Das Stadtpalais Liechtenstein oder Liechtensteinsche Majoratshaus mit seiner monumentalen Hauptfassade in der Bankgasse (früher Vordere Schenkenstraße) entspricht in geradezu klassischer Weise dem strengen formalen Duktus des römischen Barocks. Um den quadratischen Innenhof erheben sich die viergeschossigen Baukörper. Die Schauseite ist durch einen etwas hervorspringenden Mittelrisalit gegliedert. Das mit seinem Säulen- und Figurenschmuck äußerst repräsentativ gestaltete Hauptportal öffnet sich in eine fünfschiffige Einfahrtshalle. Mit Ausnahme der mächtigen Pilasterordnung des Mittelrisalits weisen die Fassaden eine sehr ruhige, fast flächige Gestaltung auf. Wie die großen italienischen Vorbilder strahlt das Liechtenstein-Palais große Würde und Noblesse aus. Dem Gebäude wird aber durch das Hauptportal und das besonders schöne Seitenportal gegen den Minoritenplatz wie auch durch die Figuren auf der Attika ein merklich österreichischer Akzent verliehen.

Mit den Bauarbeiten an dem Palais, zu dem Domenico Martinelli die Pläne lieferte, wurde von dem Maurermeister Antonio Riva im Jahr 1691 oder 1692 begonnen. Der Bauherr, Graf Dominik Andreas Kaunitz, hatte das Areal von der Familie Khevenhüller erworben, die zuvor selbst die Errichtung eines Palais an dieser prominenten Stelle im Herrenviertel geplant hatte. Am 23. April 1694 wechselte das noch nicht über

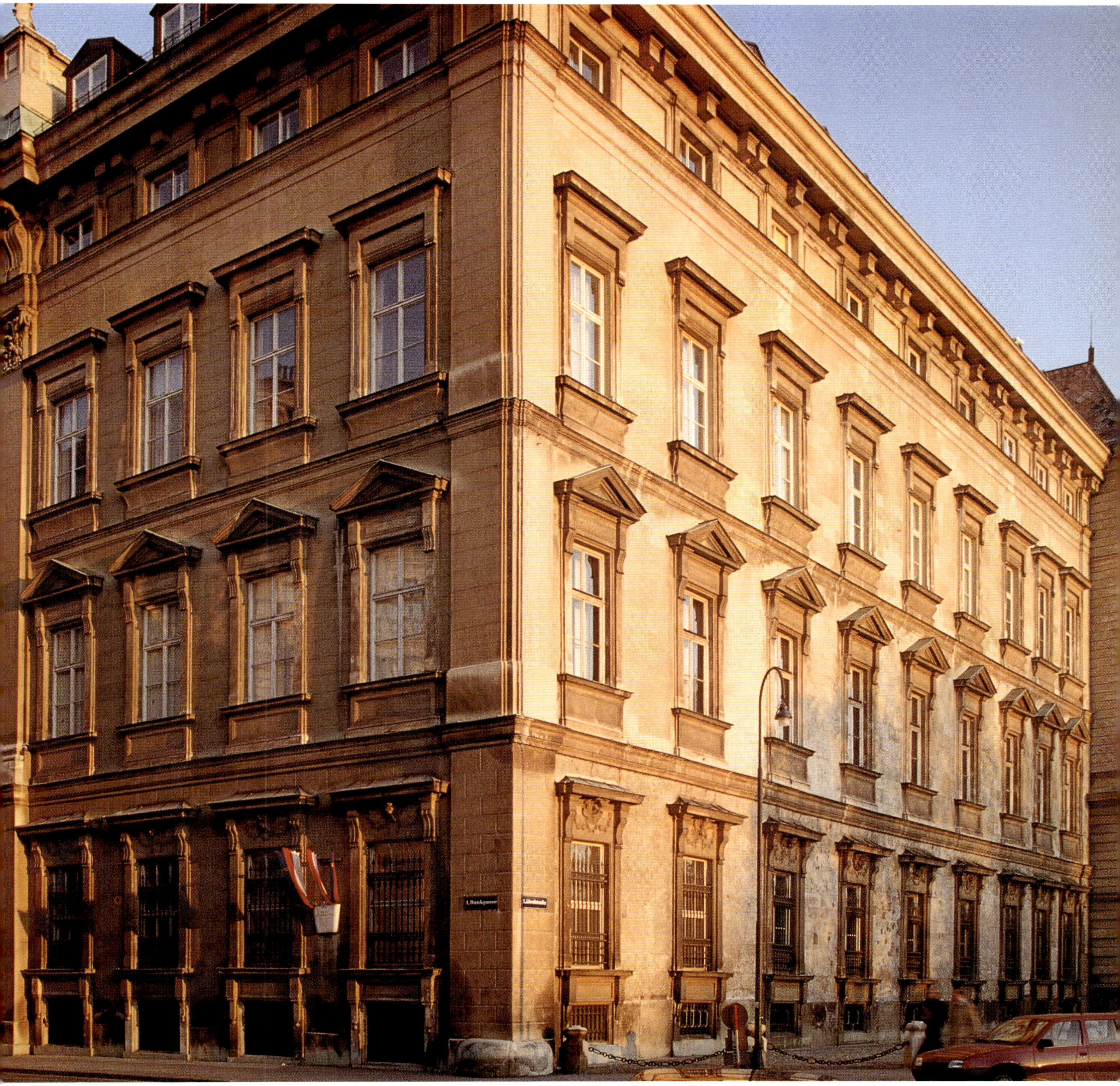
I. Bankgasse

das Erdgeschoß hinaus gediehene Bauwerk den Besitzer. Fürst Hans Adam von Liechtenstein, der neue Bauherr, übertrug die Bauleitung an Gabriele de Gabrieli, der den Bau – mit einigen eigenmächtigen Veränderungen besonders an der Gestaltung des Treppenhauses – bis 1705 vollendete.

An der Ausschmückung des Gebäudes wirkte eine Anzahl sehr bedeutender italienischer Künstler mit. Den reichen Figurenschmuck schuf Giovanni Giuliani, den Stuck Santino Bussi, die (nicht erhaltenen) Deckengemälde Andrea Lanzani.

Von 1836 bis 1847 ließ Fürst Alois von Liechtenstein durchgreifende Veränderungen im Inneren vornehmen. Unter der Leitung von Peter Hubert Devigny wurden die Salons und der große Ballsaal im Stil des „Zweiten Rokokos" umgestaltet. Es handelt sich um die bedeutendsten Interieurs dieser auf das Biedermeier folgenden Stilrichtung in Wien.

Wegen dieser prachtvollen Innenausstattung und der großartigen Kunstsammlungen, die es beherbergte, genoß das Palais Liechtenstein einen legendären Ruf. Aufsehen erregten aber vor allem die bei der Umgestaltung eingebauten technischen Vorrichtungen, die es erlaubten, die Räume in Größe und Höhe zu verändern. Ihre Störungsanfälligkeit erforderte eine ständige Wartung und häufige Reparaturen; im Volksmund trug dies dem Palais die ironische Bezeichnung „Künstlerversorgungshaus" ein. Falls sie aber funktionierten, waren die „Aufzugmaschinen", die beweglichen Wände und Decken sensationelle Novitäten für die verblüfften Besucher. Diese Einrichtungen zeugten von der Aufgeschlossenheit des Fürsten für die revolutionären Errungenschaften der Technik.

Die so bewunderten Prunkräume wurden in den letzten Kriegstagen des Jahres 1945 schwer beschädigt, ebenso das reich ausgeschmückte Treppenhaus, das bis 1976 originalgetreu restauriert werden konnte. Das Liechtensteinsche Majoratshaus ist bis heute die Wiener Residenz des Regierenden Fürsten von Liechtenstein.

Das Hauptportal in der Bankgasse (unten) und das Seitenportal gegen den Minoritenplatz.

48

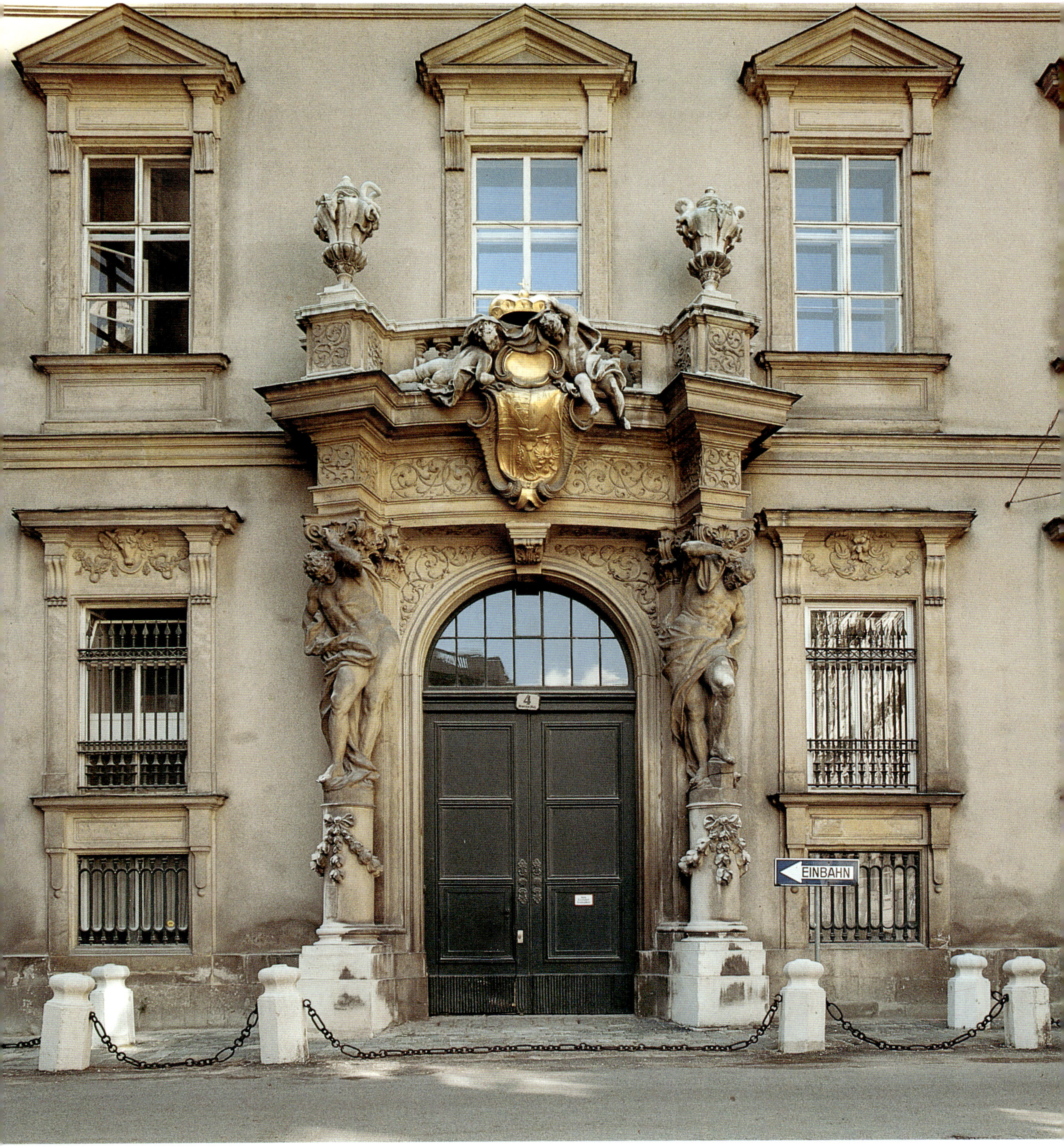
4
EINBAHN

50

51

*Vorhergehende Seiten:
Die Salons bilden in ihrer
stilistischen Vielfalt ein
Raumensemble von höchstem
ästhetischem Raffinement.*

*Das prachtvolle Treppenhaus mit
dem heiteren Figurenschmuck von
Giovanni Giuliani.*

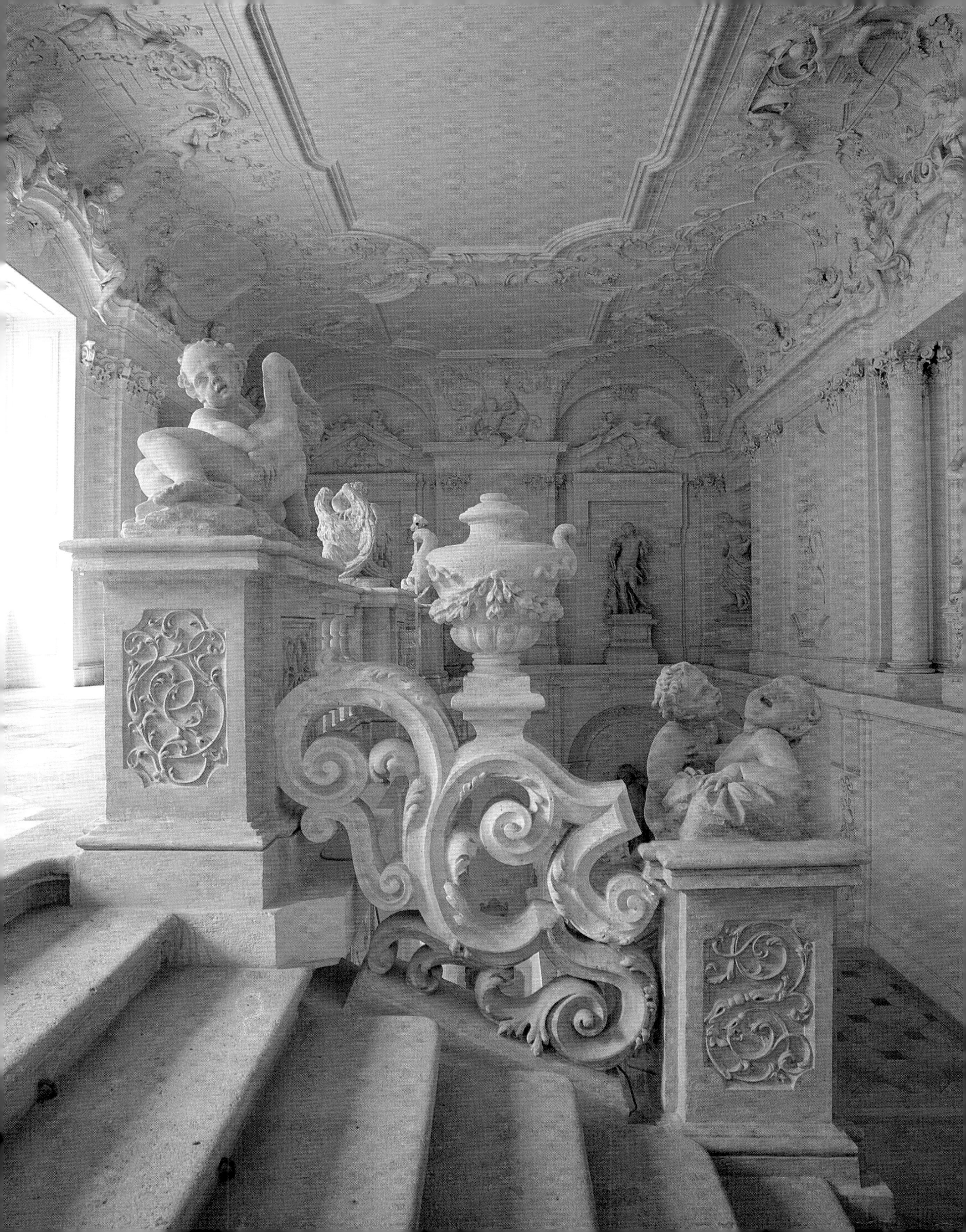

Palais Harrach

Das breit gelagerte Palais Harrach dominiert die aus vielen Darstellungen bekannte Freyung-Vedute. Der Platz ist seit alters mit der Familie Harrach eng verbunden. Bereits um 1600 erwarb der Freiherr (später Reichsgraf) Karl von Harrach ein Haus an dieser Stelle. Er war der Schwiegervater des berühmten Feldherrn Albrecht von Wallenstein, der hier mehrmals wohnte. Das alte Palais Harrach, das durch eine Schenkung in den Besitz der Auersperg gelangt war, brannte während der Türkenbelagerung des Jahres 1683 völlig aus. Die Brandruine wurde von Graf Ferdinand Bonaventura von Harrach zurückgekauft, der nach 1690 von dem eigens aus Rom berufenen Domenico Martinelli das neue Palais errichten ließ. Auf den Harrachschen „Hausarchitekten" Johann Lukas von Hildebrandt, dem der Bau fälschlich zugeschrieben wurde, ging lediglich das „Salettl" zurück, ein Pavillon, der in einer kleinen Gartenanlage auf dem unverbauten Spitz zwischen Freyung und Herrengasse – einem der äußerst seltenen Palaisgärten in der Inneren Stadt – existierte. Dieses Salettl wurde Mitte des 19. Jahrhunderts völlig verändert und im Zweiten Weltkrieg gänzlich zerstört. Auch am Palais selbst entstanden beträchtliche Schäden.

Während die Fassade entlang der Herrengasse im wesentlichen die frühbarocke Gestaltungsform aufweist, wurden die Hauptfassade zur Freyung und die Innenräume stark verändert. Gut erhalten ist die kleine Hauskapelle, deren Deckenfresko Johann Michael Rottmayr zugeschrieben wird. Das Palais Harrach beherbergte bis zum Jahr 1970 eine der bedeutendsten privaten Gemäldesammlungen Wiens, die sich heute, nach einer Gütertrennung, im Harrachschen Schloß Rohrau in Niederösterreich befindet. Ihr Zustandekommen ist eng mit den diplomatischen Funktionen einzelner Familienmitglieder verbunden. Ferdinand Bonaventura erwarb als kaiserlicher Botschafter in Spanien und in Frankreich zahlreiche Gemälde spanischer und französischer Meister, sein Sohn Alois Thomas bereicherte als Vizekönig von Neapel die Wiener Sammlung mit neapolitanischen Werken; auf dessen Sohn Friedrich August wiederum, der Obersthofmeister der Statthalterin der Niederlande war, gehen die flämischen und holländischen Meister zurück.

Ein anderer Graf Harrach, Karl Borromäus, wurde durch humanitäre Verdienste stadtbekannt. Er widmete als Arzt sein Leben der medizinischen Betreuung der Armen. Der mit Goethe und anderen Dichtern und Gelehrten in Verbindung stehende Graf wurde 1814 Primarius im Elisabethinen-Spital auf der Landstraße; er vermachte sein gesamtes Vermögen den Armen Wiens.

Marmorgerahmtes Portal im Treppenhaus mit dem Harrachwappen.

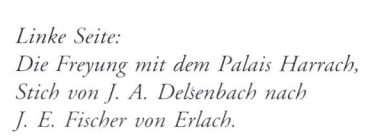

*Linke Seite:
Die Freyung mit dem Palais Harrach, Stich von J. A. Delsenbach nach J. E. Fischer von Erlach.*

Die stuckierten Gewölbe der Vorhalle, darüber die Balustrade des Treppenhauses.

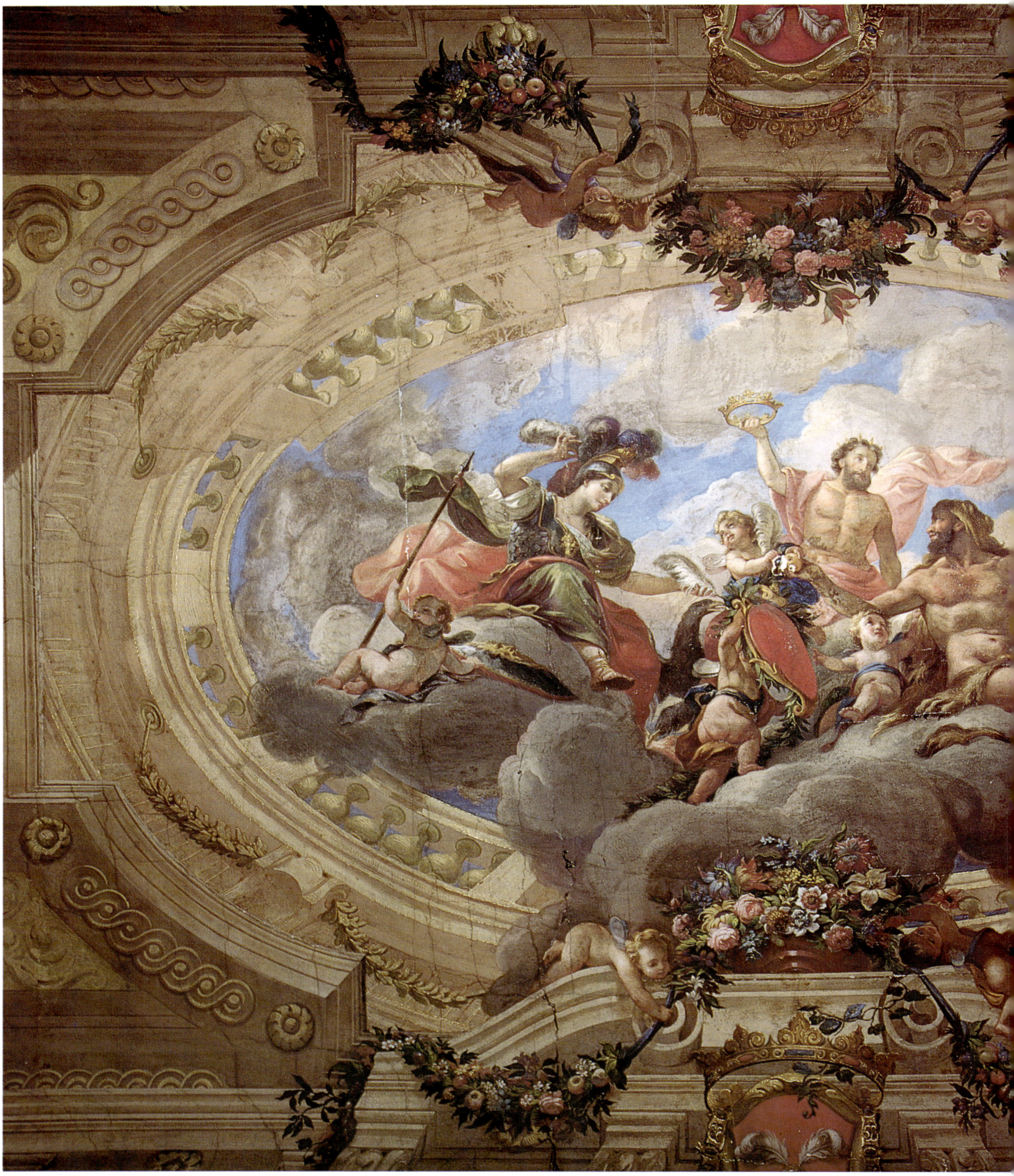

Das barocke Deckenfresko der Galerie zeigt eine mythologische Szene.

Die Hauskapelle zur Maria Immaculata.

Palais Mollard-Clary

In der zweiten Hälfte des 16. Jahrhunderts erwarb der kaiserliche Kämmerer und Oberste Stallmeister Peter von Mollard das Haus in der Herrengasse. Seine fünf Söhne spielten eine gewichtige politische Rolle, besonders Ernst von Mollard, der am Hofe Rudolfs II. wirkte und Statthalter von Niederösterreich war. Lange Zeit stand „hinter jedem Habsburger ein Mollard". Trotz der großen Karrieren, die mit beträchtlichen Schenkungen und der Erhebung in den Reichsgrafenstand verbunden waren, gehörten ständige finanzielle Schwierigkeiten zum Schicksal der Familie. Auch der Umbau des Palais unter Ferdinand Ernst Graf Mollard in den neunziger Jahren des 17. Jahrhunderts ist durch ein Darlehensgesuch dokumentiert. Mit der Planung dieser Arbeiten wurde Domenico Martinelli beauftragt, die Mitwirkung von Domenico Egidio Rossi ist wahrscheinlich. Der schlichte Fassaden- und Portalentwurf Martinellis wurde vom Bauherrn abgelehnt. Möglicherweise wurde die Bauleitung dem tüchtigen Tiroler Baumeister Christian Alexander Oedtl übertragen. Bei der Innengestaltung jedoch wurden Martinellis Pläne realisiert. Eine Schwester Ferdinands war die berühmte „Fuchsin", die Gräfin Fuchs, die Aja, Obersthofmeisterin und Vertraute Kaiserin Maria Theresias, die als einzige Nichthabsburgerin in der Kapuzinergruft bestattet wurde.

Am 29. September 1760 wurde das Palais an den Grafen Wenzel von Clary und Aldringen verkauft. Es sollte bis zum Jahr 1922 im Besitz dieser Familie bleiben. Der ausgezeichnete Ruf der Familie Clary beruhte weniger auf ihrer politischen Tätigkeit als auf ihrer noblen schöngeistigen Gesinnung. In den Jahren um 1780 stellte sich im Palais Mollard-Clary regelmäßig allerhöchster Besuch ein, nämlich die sogenannte „Tischrunde Josefs II.". Zu dieser Gesellschaft gehörten neben dem Kaiser, dem Fürsten Orsini-Rosenberg und General Franz von Lacy die „fünf Fürstinnen" Maria Leopoldine Kaunitz, Josefa Clary, Sidonie Kinsky, Eleonore Liechtenstein und Maria Leopoldine Liechtenstein.

Gegen Ende des 18. Jahrhunderts erfolgte eine Umgestaltung der Palaisfassade. Aus dieser Zeit stammen die beiden turmartigen Eckrisalite und die Riesenpilasterordnung im Mittelteil; außerdem wurden die kunstvollen vergoldeten Ziergitter unterhalb der Fenster des 1. Stockwerks vom Herrschaftssitz Teplitz in Böhmen hierher übertragen. Über dem von Rustikapfeilern gesäumten Tor ist der elegant geschwungene Balkon situiert. In der Zwickeln über dem Torbogen liegen die allegorischen Figuren der Klugheit und der Wachsamkeit. Die Interieurs wurden mehrfach nach dem jeweiligen Geschmack der Zeit verändert. Aus der Zeit um 1700 hat sich die malerische Ausstattung der Galerie des Piano Nobile erhalten. Die direkt auf Putz aufgetragenen Ölmalereien zeigen mythologische Szenen und Puttengruppen; vermutlich handelt es sich um ein Werk des Malers Andrea Lanzani aus Mailand.

Ab 1831 war im dritten Stockwerk des Palais Mollard-Clary die britische Botschaft untergebracht. Der britische Diplomat Sir Horace

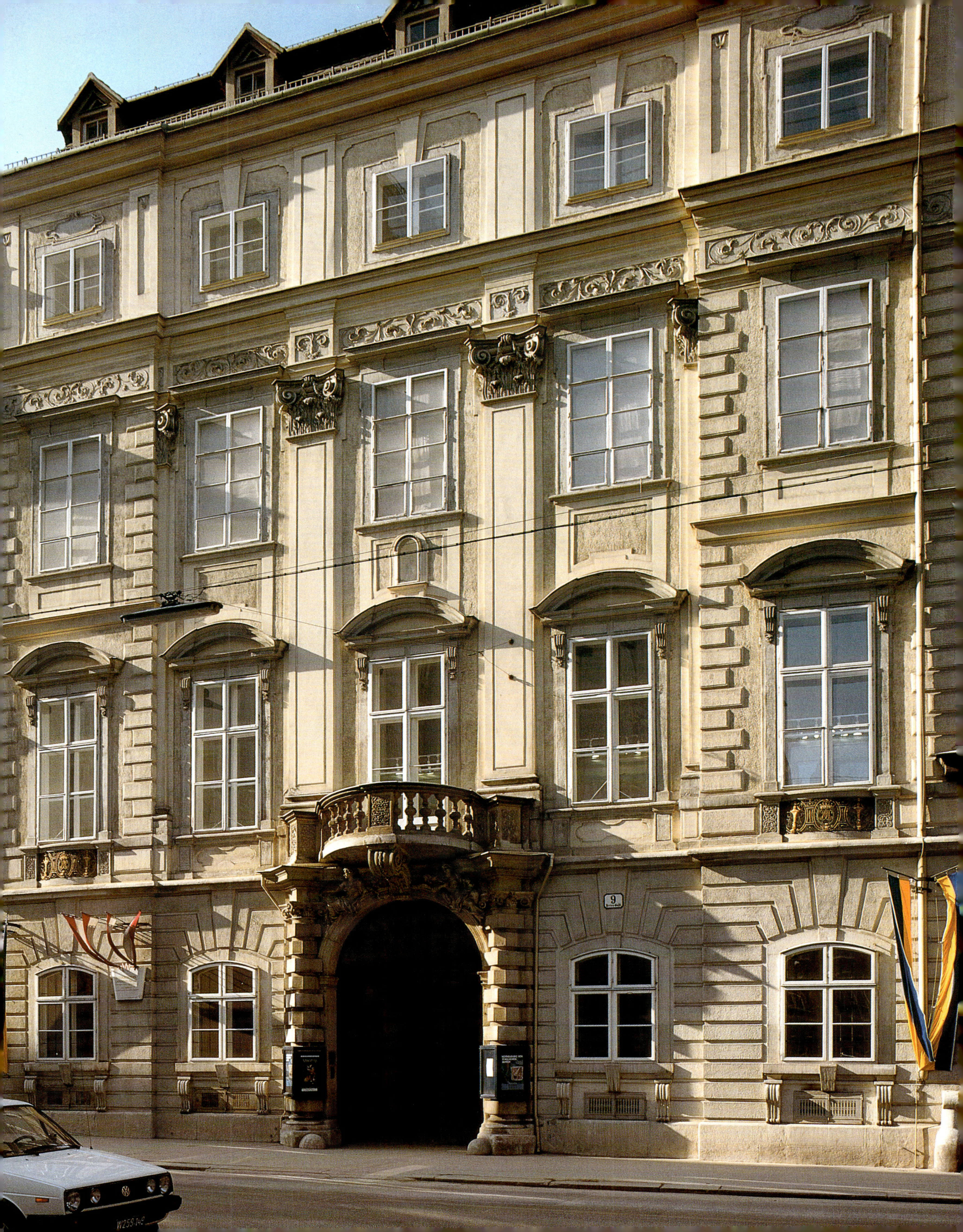
9

Rumpold vermittelt in seinen Memoiren unter dem Titel „Ein Victorianer in Wien" einen interessanten Einblick in das gesellschaftliche Leben Wiens zur Spätbiedermeierzeit.

Seit 1924 ist das Palais Sitz des Niederösterreichischen Landesmuseums.

*Vorhergehende Seite:
Die Palaisfassade mit dem aus der Erbauungszeit erhaltenen Portal.*

Die Galerie mit Ölmalereien auf Goldgrund.

Aus den Beständen des Niederösterreichischen Landesmuseums: Roggendorfer Altar, um 1500.

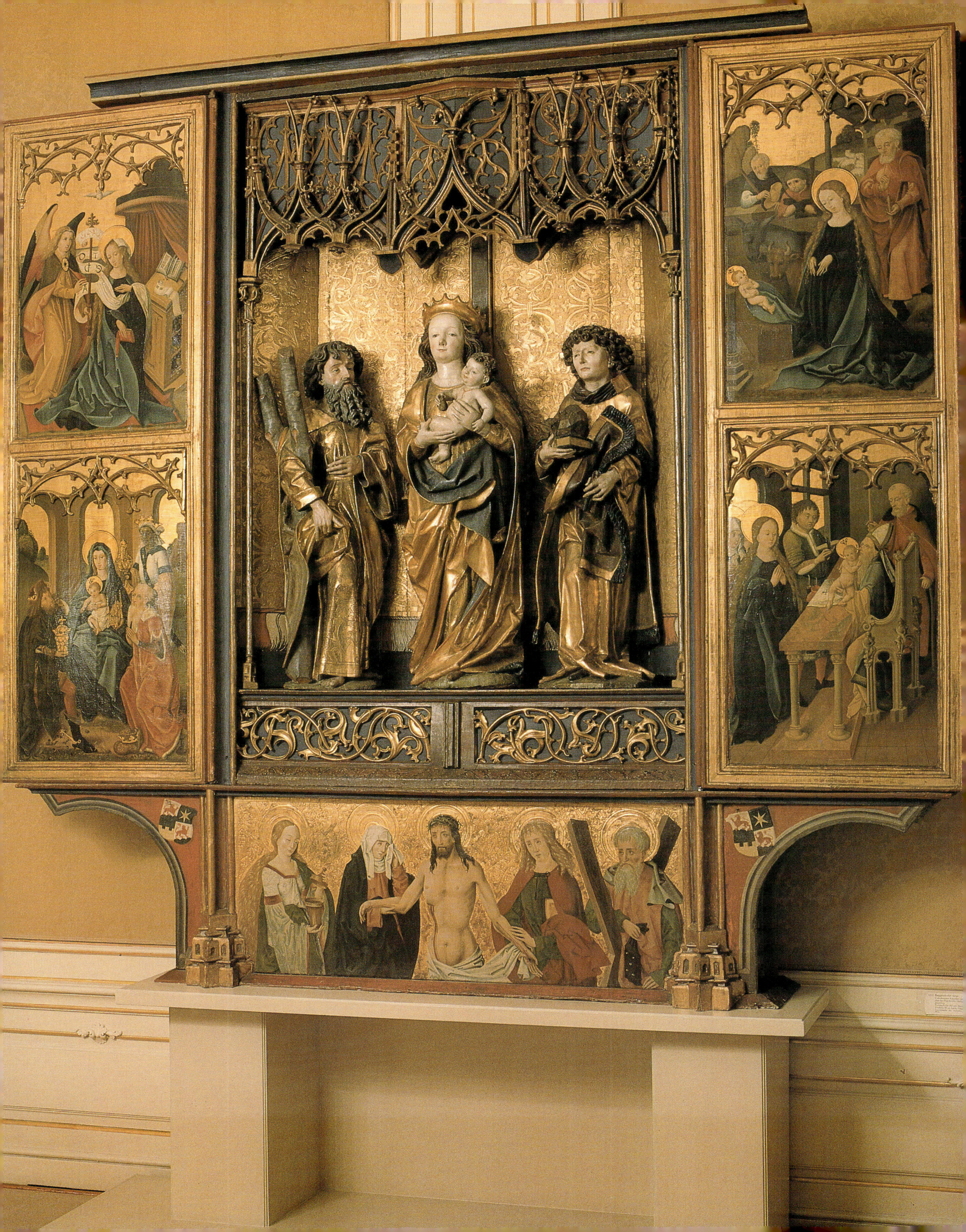

Palais Esterházy

Einer Inschrifttafel im Hof des Palais ist zu entnehmen, daß der Bau im Jahr 1695 „durch den erlauchten Fürsten des hl. röm. Reiches Paul Esterházy, Palatin des Königreiches Ungarn, erworben und zur Ehre der Familie von Grund auf in der heutigen Gestalt erbaut" worden ist. Auf dem Areal standen vordem mehrere Bürgerhäuser. Die ausgewogene, durch eine große Pilasterordnung zusammengefaßte Fassade läßt – trotz mehrfacher Veränderungen – die klassische italienische Barockarchitektur als Vorbild erkennen. Es wird ein Architekt im Umkreis von Giovanni Pietro Tencala als Planverfasser vermutet. Die heute beträchtliche Tiefe des Palais ergab sich durch spätere Zubauten in Richtung Naglergasse.

Den Hauptakzent der Fassade bildet das große Portal in der Mitte. Der darüberliegende Balkon ruht auf schön gearbeiteten Kragsteinen. Das schmiedeeiserne Balkongitter trägt das vergoldete Familienwappen. Auch über dem Mittelfenster ist eine große Wappenkartusche angebracht. Die Kapelle, von außen durch den Turm im Hof kenntlich gemacht, wurde 1699 zu Ehren des hl. Leopold von Kardinal Leopold Graf Kollonitsch geweiht und besitzt eine ansprechende barocke Ausstattung. Die Repräsentationsräume wurden um die Mitte des 18. Jahrhunderts mit Chinoiserien und zartem Stuckdekor geschmückt; ein Saal wurde im Stil des Empire prachtvoll erneuert.

Als Kapellmeister des Hauses Esterházy dirigierte Joseph Haydn regelmäßig im Palais in der Wallnerstraße. In Anwesenheit von Lord Nelson und Lady Hamilton brachte er in der Kapelle seine „Nelsonmesse" zur Aufführung.

Barockes Hauptaltarbild der Hauskapelle mit der Darstellung des hl. Leopold.

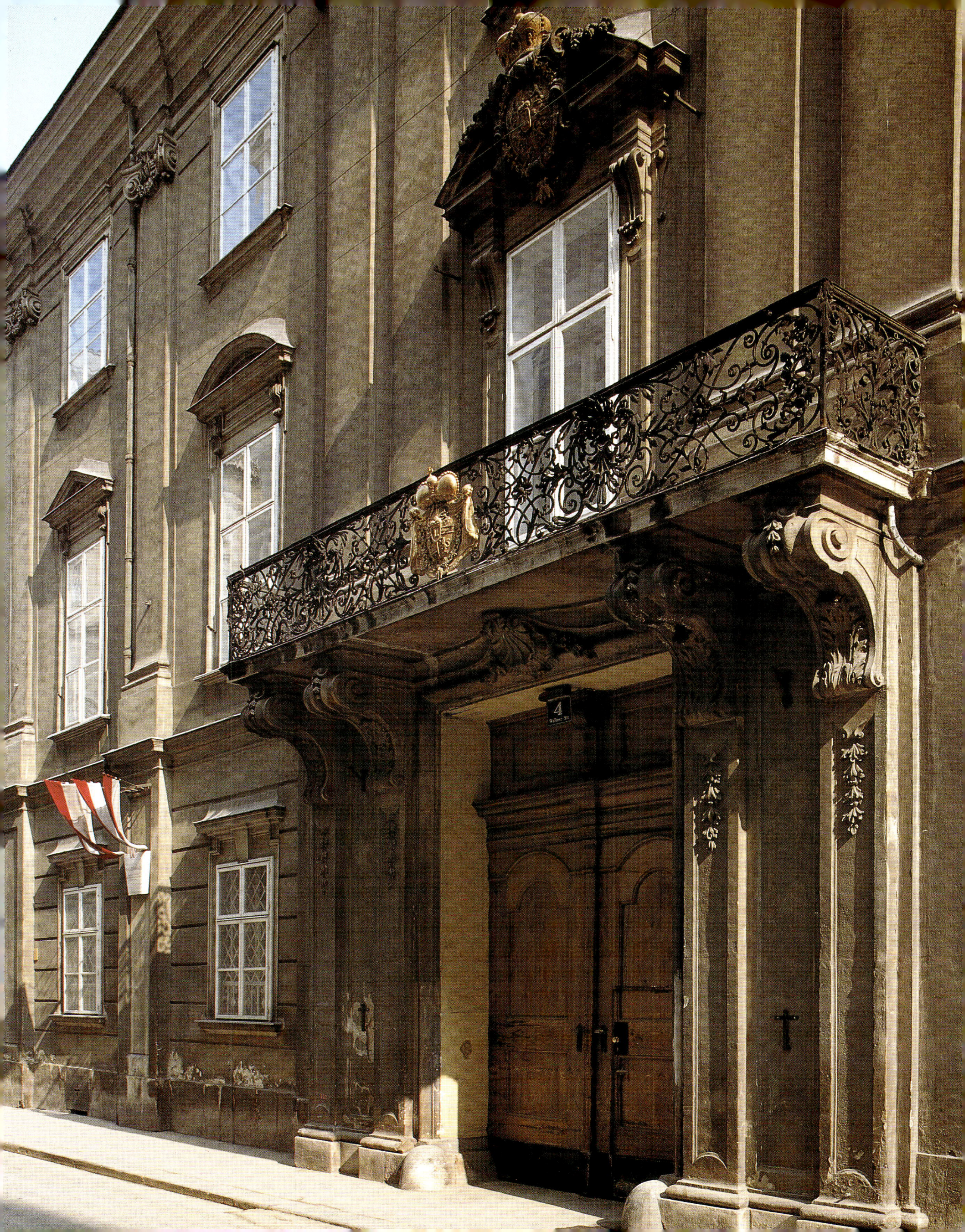
4

64

Der Empiresaal aus dem beginnenden 19. Jahrhundert.

Die Hauptfassade in der Wallnerstraße.

Die Inschrifttafel über dem Hofportal erinnert an die Erbauung des Palais im Jahr 1695.

Palais Batthyány

Die Verwandlung Wiens von der Bürger- zur Adelsstadt hatte im sogenannten Herrenviertel ihre stärksten Auswirkungen. Die dichte Aneinanderreihung der Adelspaläste in diesem Stadtteil nahe der Kaiserlichen Burg ließ den schmalen Bürgerhäusern keine Überlebenschance. Beim Palais Batthyány wurden sogar einige Adelssitze zu einem einzigen Komplex zusammengefaßt. Die baugeschichtliche Entwicklung dieses Ensembles ist trotz der angestrebten Vereinheitlichung noch heute gut ablesbar.

Graf Wolf Andre Orsini-Rosenberg ließ um 1695 sein Palais in der Herrengasse errichten, nachdem ihm das Grundstück vom Kaiserhaus geschenkt worden war. 1716 erfolgte eine Erweiterung durch die Einbeziehung der beiden Nachbarhäuser in der Bankgasse. 1718 erwarb die Erbtochter des Hofkanzlers Theodor Graf von Strattmann und Witwe nach Feldmarschall Adam Graf Batthyány, Eleonore Gräfin Batthyány, den Besitz und ließ den mehrteiligen Komplex von Christian Oedtl vereinheitlichen. Dieser beließ jedoch das prachtvolle Portal in der Herrengasse. In der Art des Fischer von Erlach gestaltet, ist es reich mit Plastiken, einem schmiedeeisernen Balkongitter, Schlangenvasen und Waffentrophäen geschmückt und vom fürstlichen Wappen der Batthyány bekrönt. Ähnlich aufwendig gestaltet ist die Portalzone in der Bankgasse.

Eleonore Gräfin Batthyány (1682–1741), von den Zeitgenossen die „schöne Lori" genannt, war nicht nur ihrer Schönheit wegen äußerst populär. Auch ihre freundschaftlichen Beziehungen zum Prinzen Eugen erregten allgemeines Interesse. Über diese Beziehungen und ihren politischen Einfluß gibt es zahlreiche widersprüchliche Angaben. Fest steht jedenfalls, daß sie und ihre Schwägerin, die Gräfin Strattmann, zum engsten privaten Kreis Prinz Eugens zählten. Noch an seinem letzten Lebenstag soll er mit der Gräfin Batthyány eine Partie Whist gespielt haben. Den beiden Gräfinnen wurde sogar vorgeworfen, daß sie den großen Feldherrn von seinen Pflichten abhielten.

In dem Gebäudeteil an der Ecke Herrengasse-Bankgasse bestand ab der Mitte des 19. Jahrhunderts das Hotel Klomser. Hier ging einer der aufsehenerregendsten Kriminalfälle unseres Jahrhunderts zu Ende: In einem der Hotelzimmer verübte am 25. Mai 1913 der Leiter des k. u. k. Nachrichtendienstes, Oberst Alfred Redl, Selbstmord, nachdem er der Spionage für Rußland überführt worden war.

Das plastisch durchformte Portal ist ein Blickfang in der Palaislandschaft der Herrengasse.

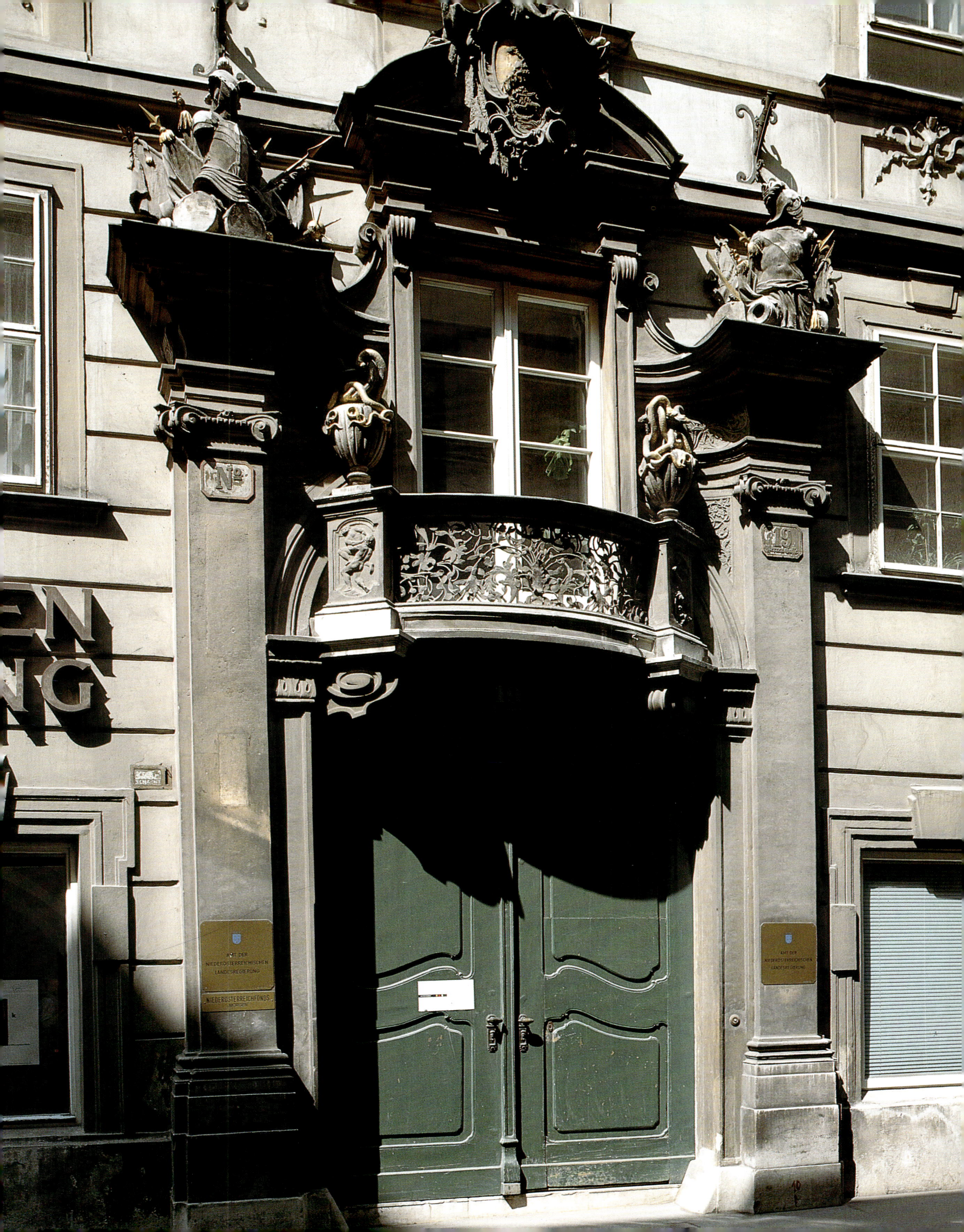
Nº
19

*Das Treppenhaus besitzt feine
Stuckdekorationen (rechte Seite)
und eine zierliche Steinbalustrade.*

*Fassade und Portal in der
Bankgasse.*

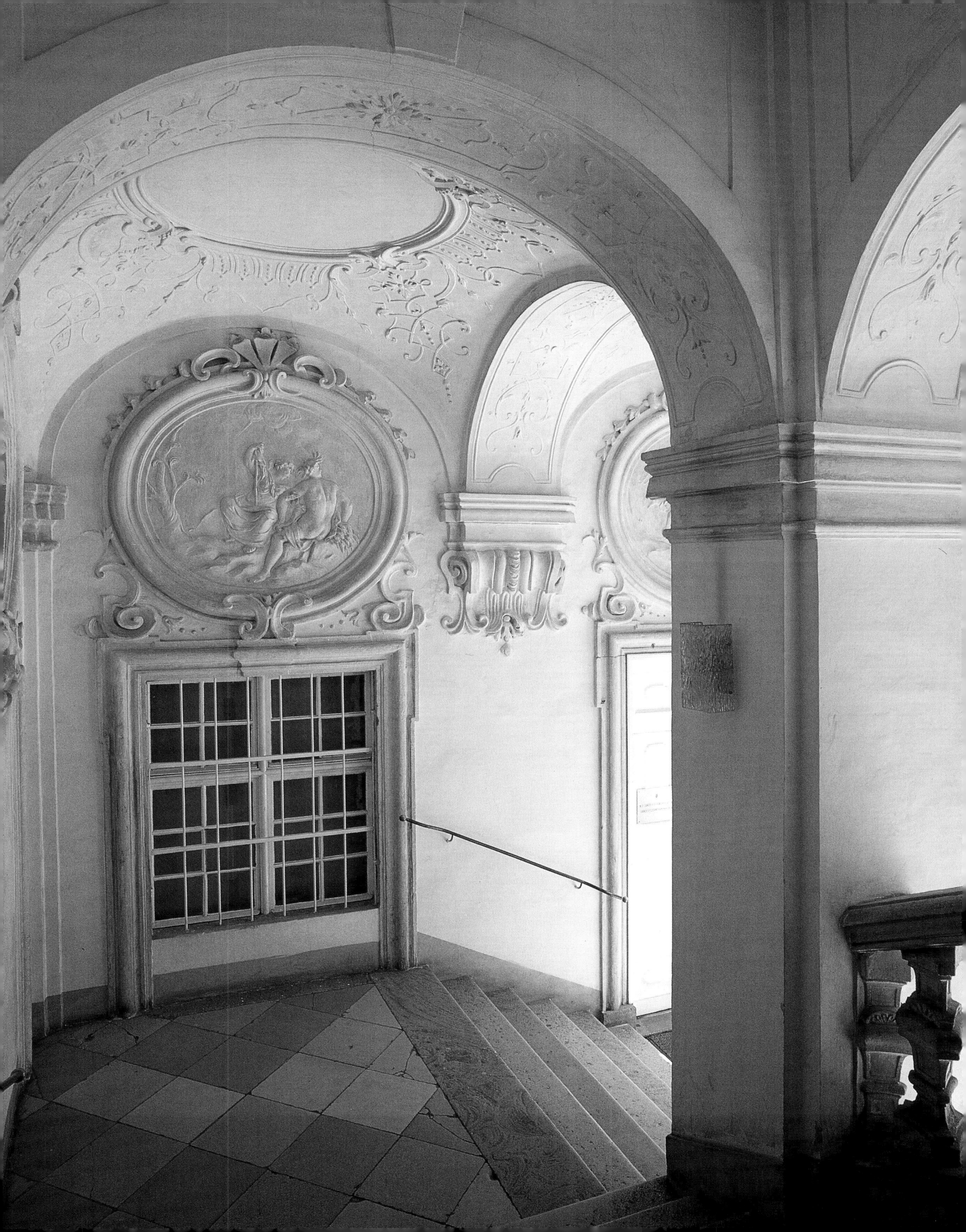

Winterpalais des Prinzen Eugen

In nur zehn Jahren hatte es Prinz Eugen von Savoyen, der 1683 als Volontär ins kaiserliche Heer eingetreten war, bis zum Feldmarschall gebracht und war zu Ruhm, Macht und Reichtum gekommen. Nun galt sein Interesse dem Bau eines repräsentativen Stadtpalais. 1694 erwarb er in der Himmelpfortgasse ein bürgerliches Haus, den Garten des Reichsgrafen Karl Maximilian von Thun und den Herbersteinschen „Stadel"; außerdem hoffte er auf die Möglichkeit, später auch die angrenzenden Bürgerhäuser erwerben zu können. Der siebenachsige Bau, den Johann Bernhard Fischer von Erlach von 1695 bis 1698 auf dem zur Verfügung stehenden Grundstück errichtete, wurde jedenfalls so konzipiert, daß er mit den zu erwartenden Erweiterungen ein einheitliches Ganzes ergab.

In Fischer von Erlach fand der selbstbewußte und außerordentlich kunstinteressierte Prinz einen kongenialen Partner. Die triumphalen militärischen und politischen Erfolge sollten in der Gestaltung des Palais genauso zum Ausdruck kommen wie der ausgeprägte Kunstsinn, die Bildung und der erlesene Geschmack des Bauherrn. Der siegreiche Held Herkules und der Gott der Musen Apollo bestimmten daher auch das ikonologische Programm im Äußeren und im Inneren.

Die Fassade entspricht im wesentlichen der Bautradition des frühen Barocks, die hier mit einer hochbarocken Formensprache verbunden ist. Die risalitlose Fassade ist durch eine kolossale Pilasterordnung gegliedert. Die zweimalige Erweiterung um insgesamt zehn Achsen unterstreicht die Gleichförmigkeit der Fassadengestaltung, die dem monoton wirkenden, langgestreckten Duktus der frühbarocken Palastarchitektur entspricht. Auch die Portale treten nur wenig hervor. Besonders charakteristisch sind die sie flankierenden Relieftafeln und der reiche plastische Schmuck im Bereich der Portale und der Fensterüberdachungen des Hauptgeschosses. Dieses erhebt sich über einem eineinhalb Geschosse hohen Sockel deutlich über das übliche Niveau; dadurch sollte in der engen Gasse ein besserer Lichteinfall in die Prunkräume ermöglicht werden.

Im Jahr 1702 hatte Johann Lukas von Hildebrandt, den Prinz Eugen auf seinen italienischen Feldzügen als Festungsbaumeister kennengelernt hatte, bereits Fischer von Erlach im Dienste des Prinzen abgelöst. Bei den späteren Zubauten, die er ausführte, hielt er sich exakt an die vorgegebene Architektur Fischers, was sicherlich dem Wunsch des Bauherrn entsprach. Der fünfachsige Galerietrakt im Osten wurde 1708/09 errichtet; der Kauf des westlichen Nachbarhauses gelang erst 1719, und 1723/24 entstand der ebenfalls fünfachsige Bibliothekstrakt. Das Ergebnis war eine siebzehnachsige, streng symmetrische Fassade mit drei gleichartig gestalteten Portalen.

Die Repräsentationsräume befinden sich bereits in Fischers Kernbau, ebenso die großartige Prunktreppe. Die Interieurs des Winterpalais wurden von den bedeutendsten Künstlern der Zeit geschaffen. Schon das Vestibül, von Santino

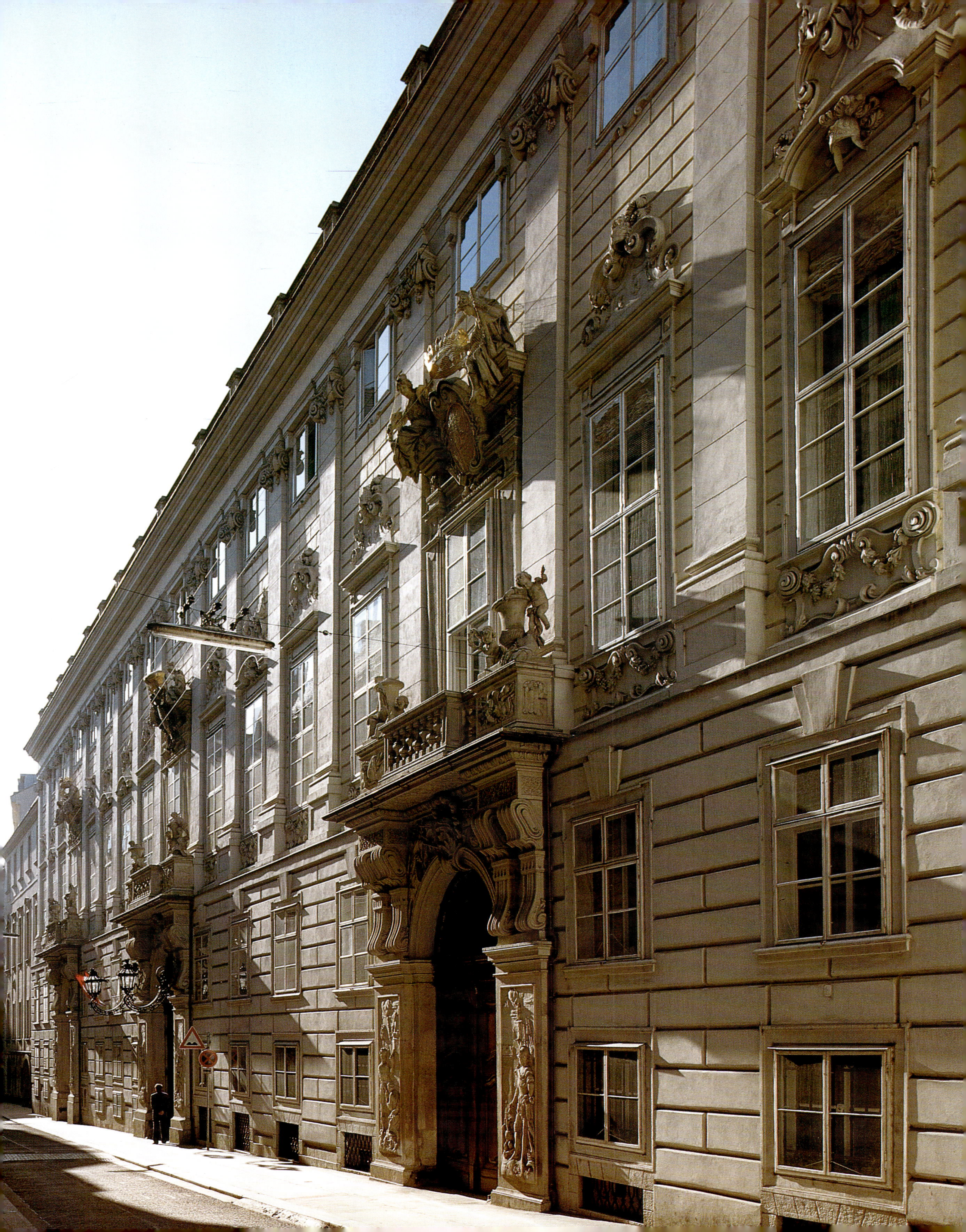

*Rechte Seite:
Das Deckenfresko des Roten Salon von A. Lanzani und M. Chiarini zeigt die Aufnahme des Herkules in den Olymp (oben); der blaue Salon, einst Paradezimmer des Prinzen.*

Bussi reich stuckiert, hatte dem pompösen Zeremoniell der barocken Adelsgesellschaft zu genügen. Die Festlichkeit erfuhr im Treppenhaus mit den mächtigen Atlanten von Giovanni Giuliani eine prunkvolle Steigerung und gipfelte in den Repräsentationsräumen, zu deren Ausstattung eine Vielzahl von Künstlern beitrug. Zu den bedeutendsten Raumschöpfungen zählten das Goldkabinett mit seiner reich geschnitzten und vergoldeten Decke, das Audienz- und das Paradezimmer (heute Roter und Blauer Salon). Andere Räume wurden in späterer Zeit verändert.

Die Ausgestaltung der Salons erfolgte nach einem genauen Dekorationsprinzip, das von den prachtvollen Böden über die vergoldeten und mit Grotesken bemalten Holzlamberien und Türen und die Tapete aus kostbaren Stoffen bis zu den Deckenfresken der Plafonds reichte. Dazu kamen noch gemalte Supraporten, Spiegel und Ölbilder, Kristalluster und Wandleuchter sowie die reiche Möblierung – kurz, so befand Johann Basilius Küchelbecker in seiner 1730 erschienenen „Allerneuesten Nachricht vom Römisch-Kayserlichen Hofe", es sei „an diesem Pallast nichts gesparet worden, welches desselben magnificence befördern können".

Als Prinz Eugen 1736 ohne Nachkommen starb, fiel sein gesamtes Erbe seiner Nichte Victoria von Savoyen zu. Sie verkaufte nach und nach die Schätze, die der Prinz gesammelt hatte. Die berühmte Bibliothek des Winterpalais und die Kupferstichsammlung erwarb Kaiser Karl VI.

Die berühmte Prunktreppe des Winterpalais.

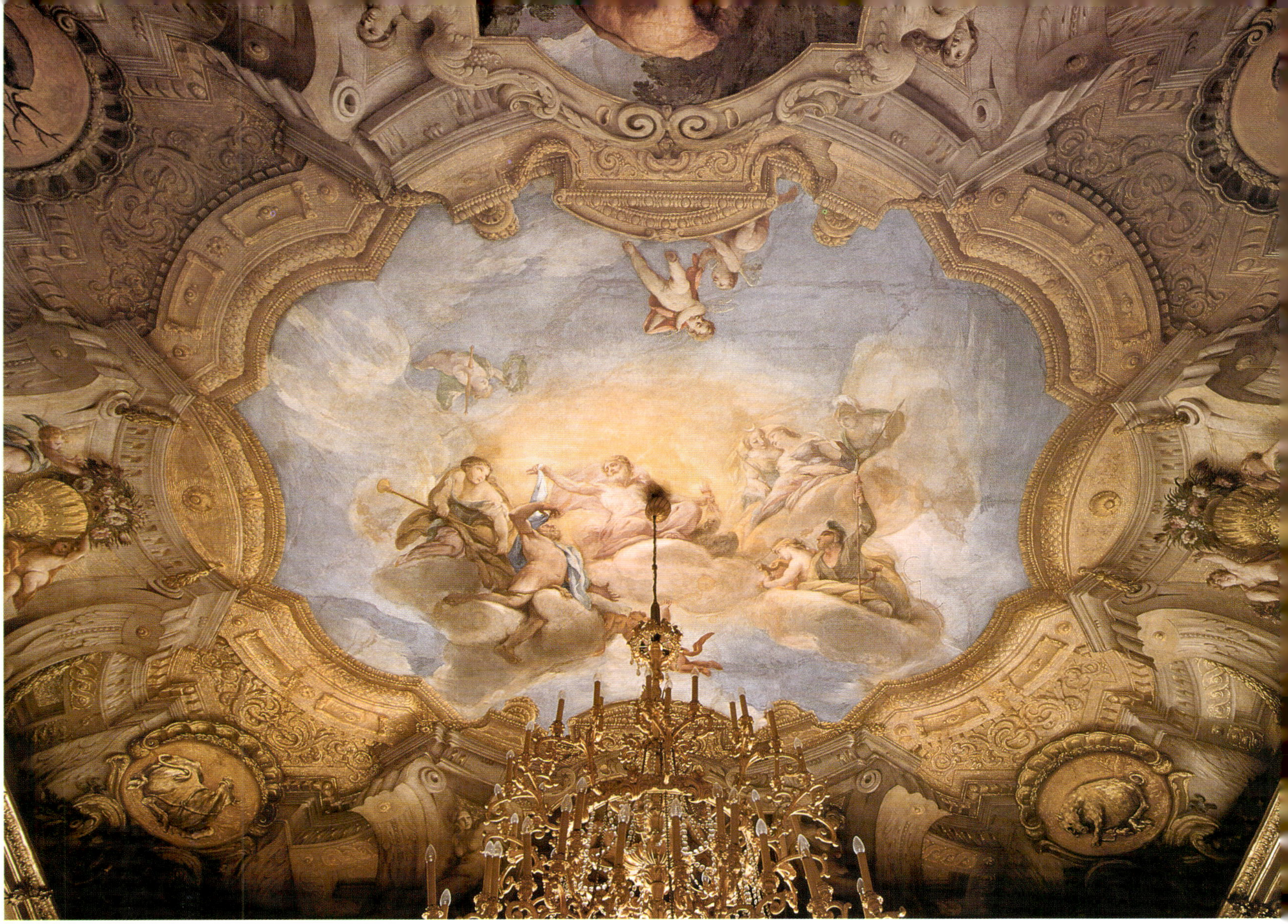

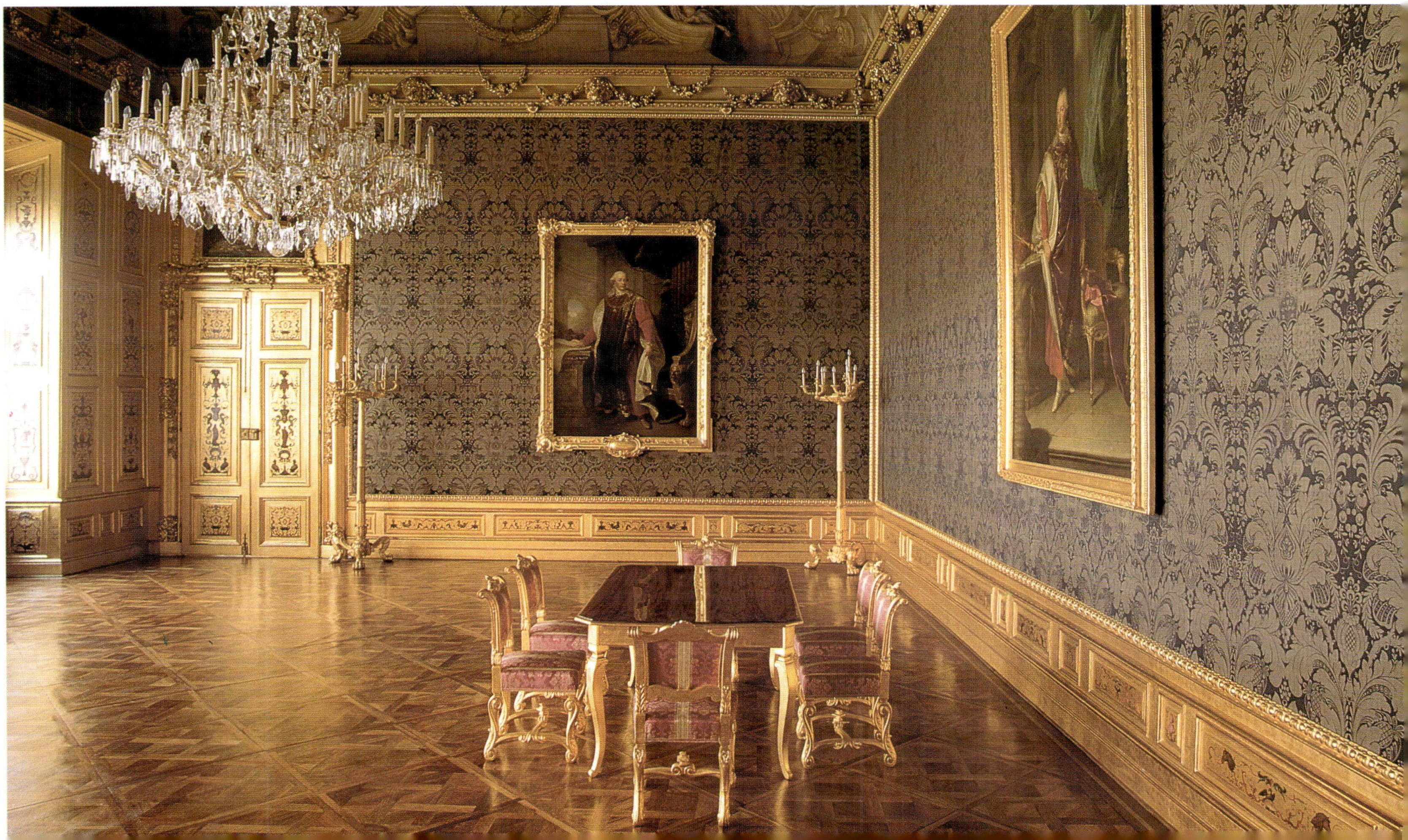

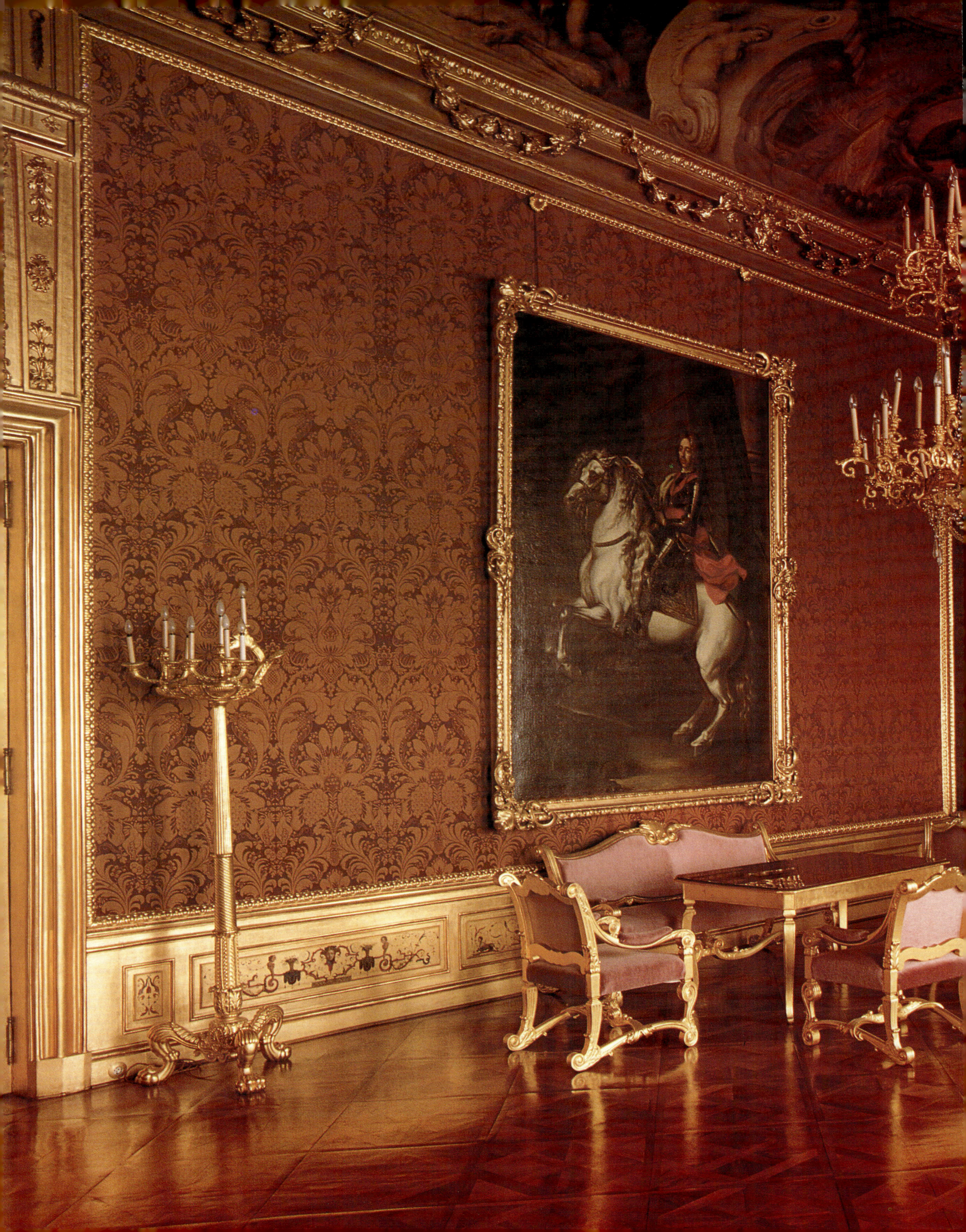

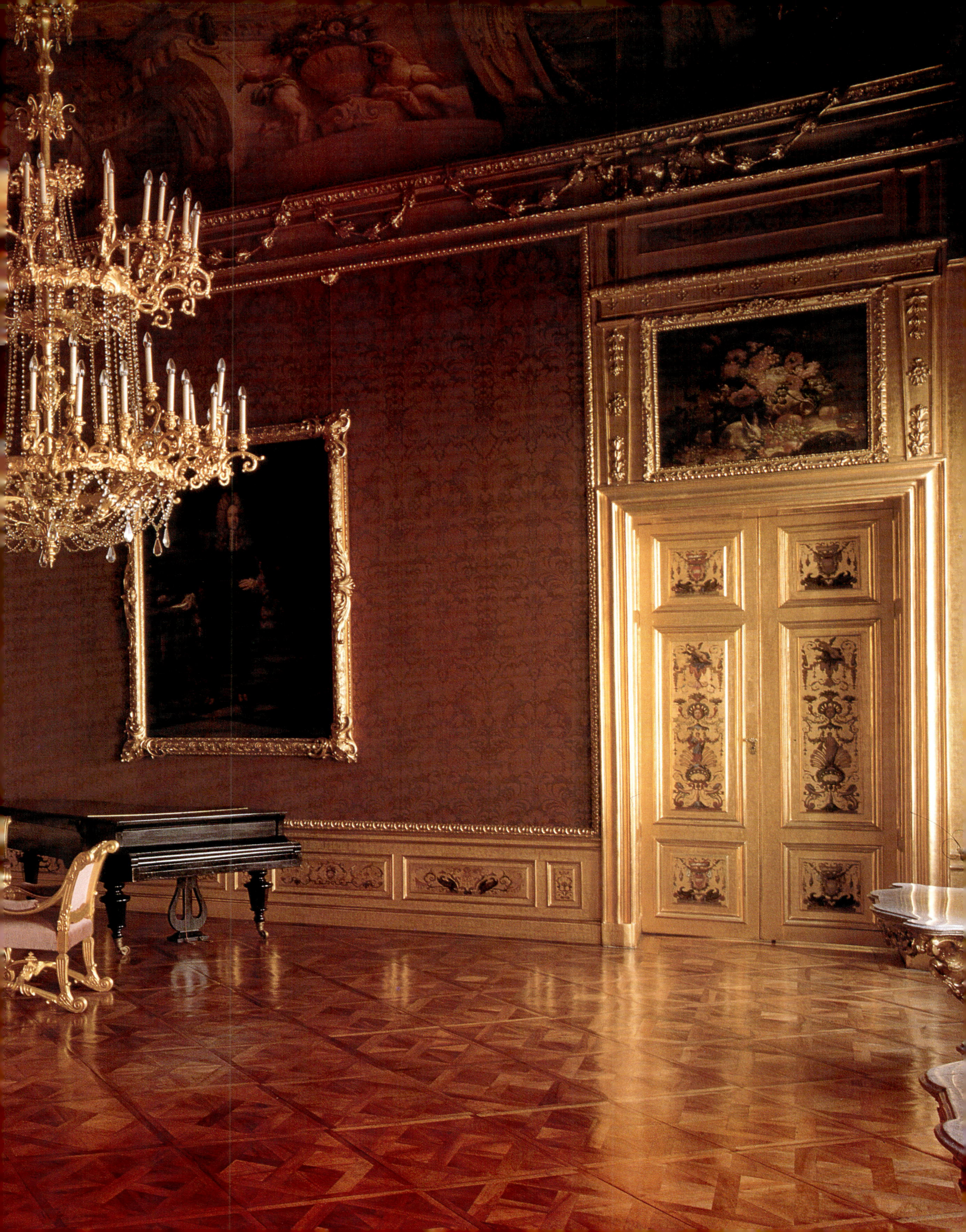

Vorhergehende Doppelseite: Der rote Salon.

Die Türen der Prunkräume sind vergoldet und tragen Groteskenmalereien von Jonas Drentwett.

für die eben vollendete Hofbibliothek; die Kunstsammlungen wurden zerstreut. Das Gebäude kaufte 1752 Kaiserin Maria Theresia und etablierte darin die oberste Münz- und Bergbehörde. 1798 zog dann die zentrale Finanzbehörde ein, die „K. und K. K. Hofkammer, Finanz- und Kommerzhofstelle". Das Winterpalais des Prinzen Eugen ist bis heute Sitz des Bundesministeriums für Finanzen.

Überwältigender Ausdruck barocker Gestaltungsfreude: das Goldkabinett.

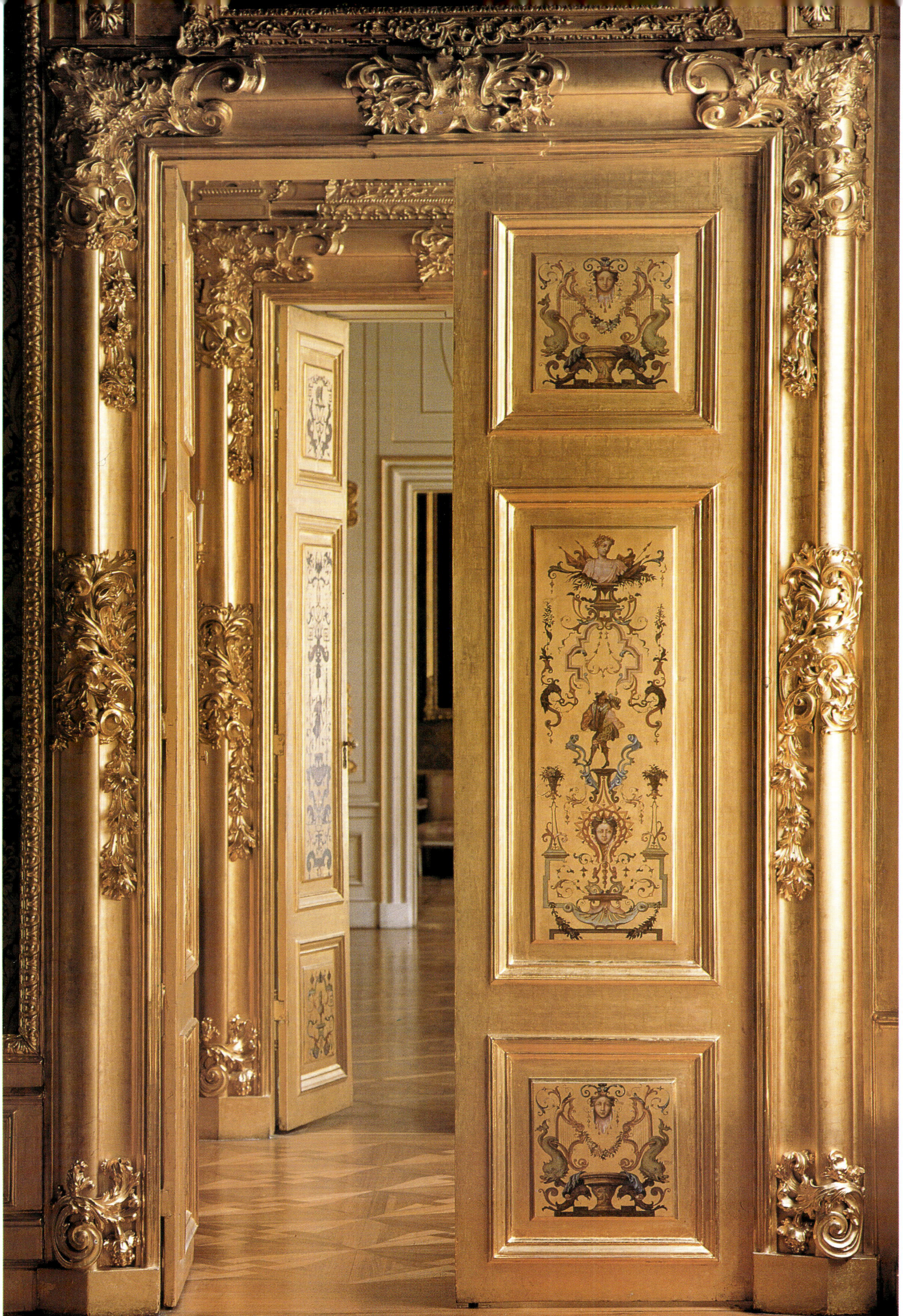

Palais Caprara

Die Errichtung des Palais in der Wallnerstraße fällt in die letzten Jahre des 17. Jahrhunderts. Bauherr war der kaiserliche Feldmarschall Enea Silvio Graf von Caprara, ein Neffe Ottavio Piccolominis und Vetter des Grafen Montecuccoli. Über das genaue Baudatum und über den Baukünstler herrschen beträchtliche Unklarheiten und verschiedene Ansichten. Erst die Bauforschungen durch Günther Passavant und Wilhelm Georg Rizzi sowie die Generalsanierung des Gebäudes in den Jahren 1986 bis 1988 erbrachten neue schlüssige Erkenntnisse zur Baugeschichte. Als Hauptschöpfer des Gebäudes gilt nunmehr der bolognesische Maler und Architekt Domenico Egidio Rossi, der in den neunziger Jahren des 17. Jahrhunderts in Wien und in Böhmen tätig war. Möglicherweise haben auch Domenico Martinelli und Antonio Beduzzi an der Planung und Ausgestaltung des Baues mitgewirkt.

Das Palais Caprara hat wegen seines in der Wiener Baulandschaft sehr fremdartigen Aussehens schon immer Aufmerksamkeit erregt. Bereits Albert Ilg verwies auf den „ganz eigentümlichen, dem sonstigen Wiener Stadtbilde der Barockzeit fremden Stilcharakter dieses hochinteressanten Monumentalbaues". Auch die Wien-Chronistin Hermine Cloeter befand über das Palais: „Es hat etwas fast Wuchtiges und Klobiges an sich, als wären ihm Geste und Sprache der Wiener Barocke noch nicht ganz geläufig, als hätte die hier noch nicht ihre, man möchte sagen persönliche Note, ihre eigentümliche Liebenswürdigkeit und Verve so ganz gefunden, kurz, der Bau trägt einen fremden Zug im Gesicht ..." Die Wahl des so auffallenden Gestaltungsrepertoires war offenbar durch Herkunft und Rang des Bauherrn bedingt. Der aus alter Bologneser Familie stammende Caprara, Generalfeldmarschall, Hofkriegsrat und Ritter des Goldenen Vlieses, dürfte ganz bewußt das „Fremdartige" in nahezu provozierender Weise eingesetzt haben, um quasi seine italienische Herkunft zur Schau zu stellen und seinen hohen Rang zu demonstrieren, umso mehr, als das Palais an einem „Nebenschauplatz" des Herrenviertels situiert ist. Die Fassade ist gleichsam eine Reflexion dieser Ansprüche.

Der Fassadentypus mit dem fünfachsigen Mittelteil und den zweiachsigen seitlichen Risaliten sowie die streng nach Stockwerken getrennte Gliederung entspricht der oberitalienischen, speziell Bologneser Palastarchitektur, ebenso das besonders plastische Relief der Front. Zentrum des Mittelrisalits ist das mächtige Atlantenportal mit dem darüberliegenden ovalen Balkon. Auffallend sind auch die abwechselnden Vergiebelungen der Fensterädikulen in der Beletage. Im Vergleich zur Straßenfassade weisen die Hoffassaden ein weitaus zurückhaltenderes Relief auf.

Das Vestibül ist eine quergelagerte Säulenhalle von ungewöhnlicher Großzügigkeit. Von hier führt die Treppe in die Beletage. Der ehemalige Festsaal, der später unterteilt wurde, nahm die gesamte Trakttiefe ein und war zur Gänze mit Architekturmalereien ausgestattet. Die während der letzten Restaurierung entdeckten Fragmente sind interessante Zeugnisse der seltenen Quadraturmalerei im Wiener Hochbarock.

Im April 1786 wurde das Palais Caprara an Carl Fürst von Liechtenstein verkauft, im Jahr darauf an Baron Wimmer. 1798 mietete der

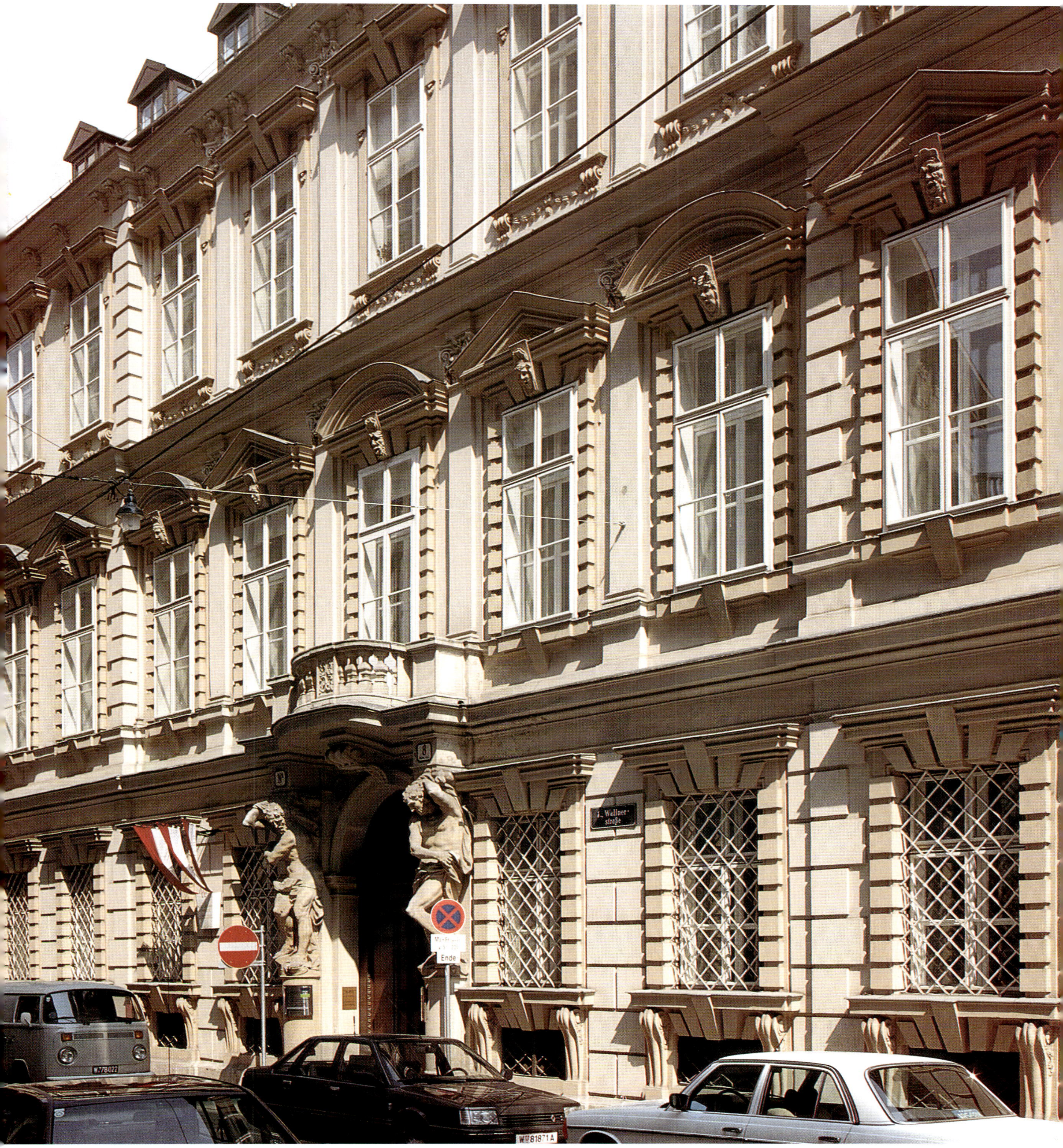
Ende

Das Atlantenportal (oben) und die italienisch anmutende Säulenhalle des Vestibüls.

französische Gesandte Jean Baptiste Bernadotte, der spätere König von Schweden, das Palais. Am 13. April 1798 hißte er anläßlich einer Feierlichkeit die Trikolore und entfachte dadurch einen folgenschweren Skandal. Die empörte Bevölkerung riß die Fahne vom Balkon und verbrannte sie auf dem Platz Am Hof. Bernadotte mußte am folgenden Tag Wien verlassen.

Im Dezember 1798 kauften die Brüder Johann Heinrich und Johann Jakob Geymüller das Palais um 135.524 Gulden. Die sehr vermögende und kunstsinnige Familie Geymüller ließ das Gebäude im Inneren im Geschmack der Zeit neu ausstatten und machte es zu einem kulturellen und gesellschaftlichen Zentrum. Bei einer musikalischen Soiree in der Wallnerstraße lernte Franz Grillparzer im Winter 1820/21 seine „ewige Geliebte" Kathi Fröhlich kennen. Von der ungemein noblen und qualitätvollen Empireausstattung sind noch zwei Räume erhalten: der als Geymüller-Saal bezeichnete Salon in situ und das sogenannte Pompejanische Zimmer im Historischen Museum der Stadt Wien, wo es in getreuer Raumform zu sehen ist. Nach mehrfachem Besitzerwechsel war das Palais kurzfristig Sitz des Niederösterreichischen Landesmuseums und wurde zuletzt als Bürogebäude revitalisiert.

Der Geymüller-Saal repräsentiert die großbürgerliche Geschmackskultur des Biedermeier.

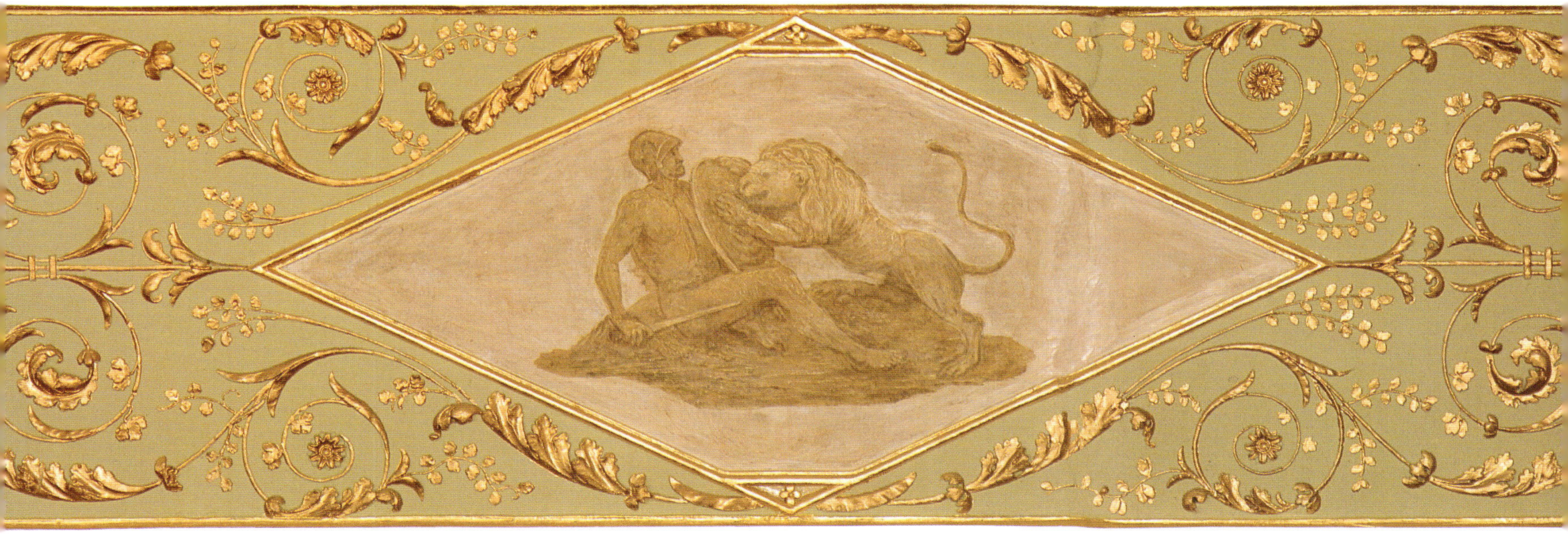

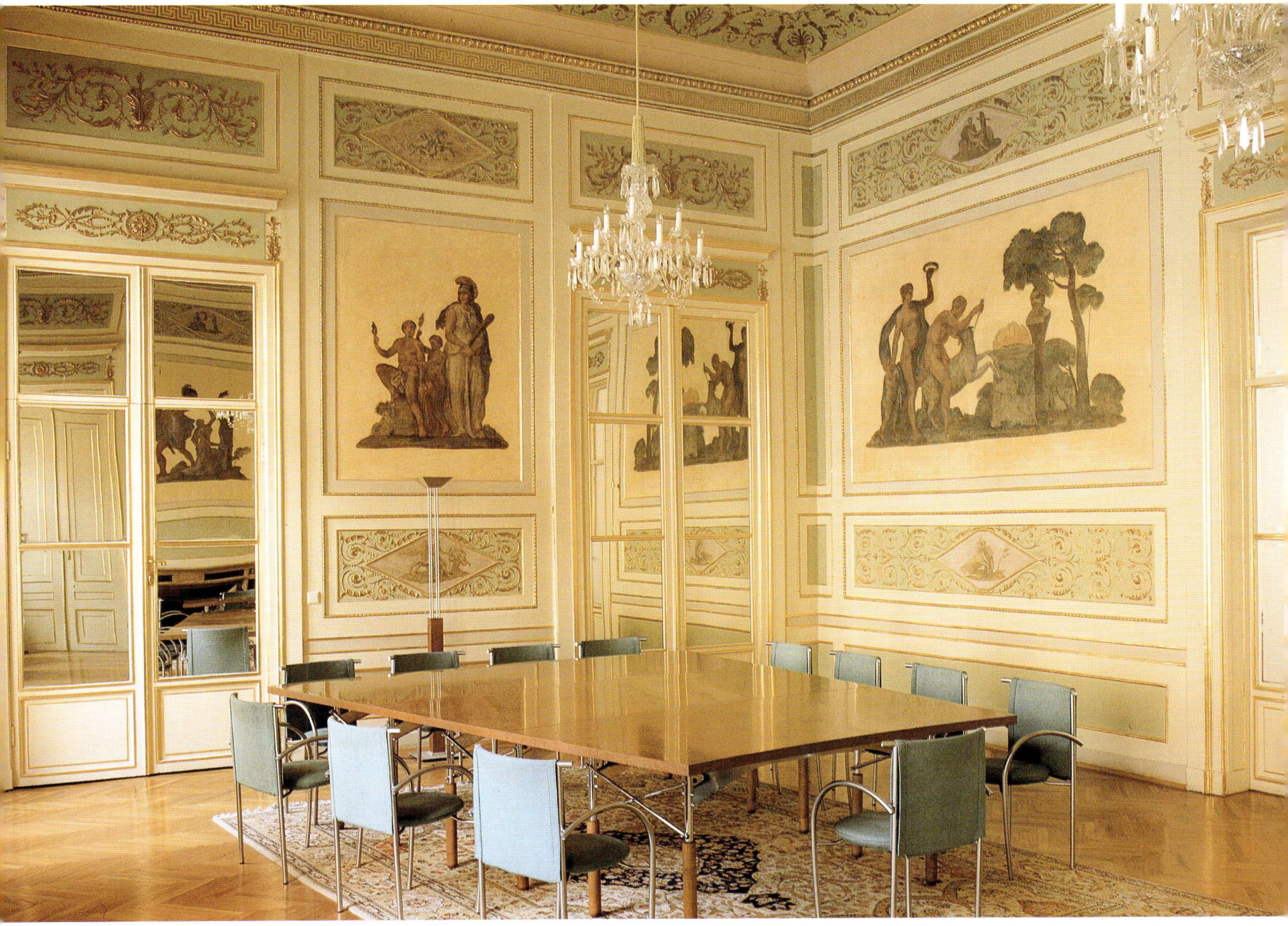

Palais Batthyány-Schönborn

Feldmarschall Adam Graf Batthyány erwarb 1698 vom Grafen Johann Weickhard von Sinzendorf ein Haus in der Renngasse und ließ an seiner Stelle durch Johann Bernhard Fischer von Erlach einen Neubau errichten. Das Bauvorhaben muß sehr rasch realisiert worden sein, denn auf einem Stich Delsenbachs aus dem Jahr 1700 ist die Hauptfront bereits in fertigem Zustand abgebildet. Der Vermerk darauf lautet: „Façade des Gebäudes, welches S. Excell. Hr. Adam von Batthyan, der k. k. M.wirck.Geh.Rath und Bannus Croatiae beym Schottenplatz erbauen lassen. A. 1700."

Das Batthyány-Schönborn-Palais zählt zu den eigenwilligsten Schöpfungen im Werk Fischer von Erlachs und in der Wiener Palastarchitektur überhaupt. Dies liegt hauptsächlich an der ungewöhnlichen Gestaltung der Hauptfront. Während die seitlichen Fassadenpartien lediglich eine zarte lineare Rustizierung aufweisen, konzentriert sich die Dekorationsvielfalt auf den fünfachsigen Mittelrisalit. Dieser hat allerdings durch die spätere Entfernung der figurenbesetzten Dachbalustrade seine wichtige vertikale Bewegung eingebüßt. Die sich nach oben verbreiternden Pilaster besitzen einen äußerst phantasievollen Kapitellschmuck. Das große Säulenportal ist von zwei Gehtüren flankiert, darüber steht je eine große Vase in einer hochovalen Nische. Über den Fensterreihen des Hauptgeschosses sind qualitätvolle Reliefplatten mit Darstellungen von Herkulestaten eingelassen. Den Höhepunkt der Fassadendekoration bildet die reich gestaltete, figurenbesetzte Wappenkartusche oberhalb des Mittelfensters; sie ist die selbstbewußte Verherrlichung des Eigentümers.

Die dreischiffige Eingangshalle wird von toskanischen Säulenpaaren getragen. Hier wiederholt sich das Motiv der ovalen Öffnungen mit den darin stehenden Vasen. Das sparsam dekorierte Treppenhaus strahlt kühle, noble Festlichkeit aus.

Im Jahr 1740 verkaufte Eleonore Gräfin Batthyány, die Witwe des Erbauers, das Palais an den Reichsvizekanzler und Bischof von Würzburg und Bamberg Friedrich Karl Graf von Schönborn, der eine Neugestaltung der Innenräume veranlaßte. In der anonymen „Beschreibung von Wien" aus dem Jahr 1826 wird die bedeutende Gemäldesammlung des Franz Philipp Graf von Schönborn-Buchheim hervorgehoben, vor allem Rembrandts Gemälde „Die Blendung Samsons".

Der Mittelrisalit hebt sich durch die reiche Vielfalt seiner Gestaltung von den übrigen Fassadenflächen ab. Unten: Das dreiteilige Hauptportal.

Linke Seite: Die Palaisfassade, Stich von J. A. Delsenbach nach J. E. Fischer von Erlach.

Aus dem roten Salon, dessen Ausstattung aus den Jahren nach 1740 stammt, öffnet sich der Blick in das figurengeschmückte Treppenhaus.

Die Bibliothek bestand aus 18.000 wertvollen Bänden. Sie enthielt eine nahezu vollständige Sammlung von Reiseliteratur und eine Biblia sacra aus dem Jahr 1342. Das Palais in der Renngasse ist bis heute im Besitz der Familie Schönborn.

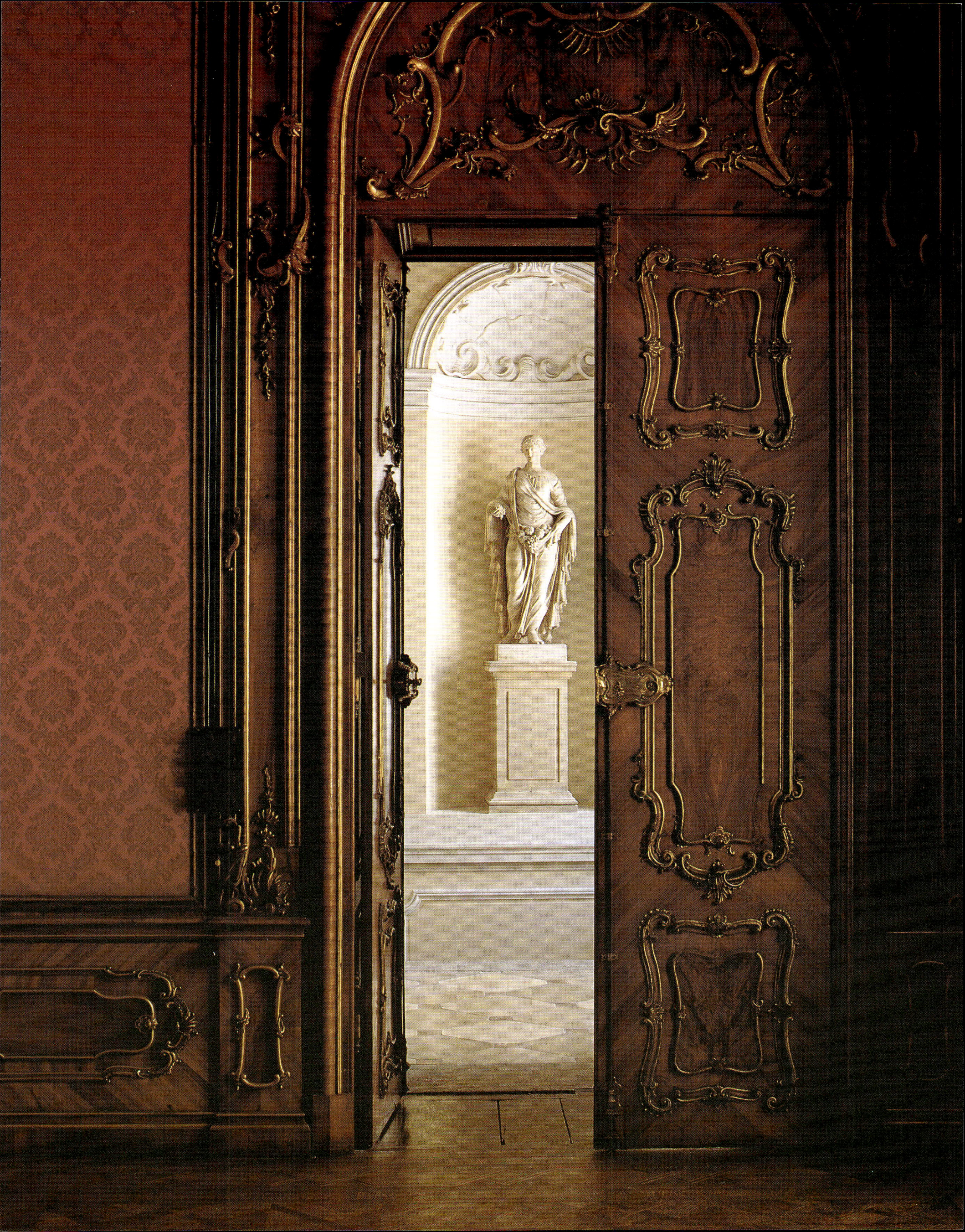

Palais Questenberg-Kaunitz

Die ungewöhnlich lange, gleichförmig instrumentierte Fassade des nach 1701 durch den Reichshofrat Graf Johann Adam von Questenberg errichteten Palais weist zwei gleiche, kaum vorspringende Seitenrisalite auf. Sie bilden gleichsam die Zentren der sechzehnachsigen Fassade. Die sehr zurückhaltende Gestaltung der beiden Portale läßt das übliche Spannungsverhältnis zur Fassadenfläche vermissen. Ein Stich von Salomon Kleiner aus dem Jahr 1725 zeigt eine viel reicher gestaltete Dachzone und große Wappenkartuschen oberhalb der Balkonfenster; sie gaben der Fassade einen wesentlichen Akzent, sind aber heute nicht mehr vorhanden (so sie überhaupt je zur Ausführung gelangten).

Im Vergleich zur monoton wirkenden Fassade ist die Ausstattung von Vestibül, Treppenhaus und der noch erhaltenen Festräume von delikater Noblesse. Besonders fein gearbeitet sind die Stuckverzierungen von Santino Bussi. In der dreischiffigen Eingangshalle, deren Gurtbogen von toskanischen Säulen getragen werden, finden sich in Nischen stukkierte Imperatorenbüsten. Den ehemaligen Bibliothekssaal schmücken ein Deckenbild von Marcantonio Chiarini und Scheinarchitekturen von Gaetano Fanti. Das Palais in der Johannesgasse kam 1775 an Dominik Graf Kaunitz; seit 1810 ist es in staatlichem Besitz. Von November 1725 bis Mai 1728 residierte hier der Sonderbotschafter Ludwig Franz Herzog Richelieu. Sein prunkvoller Lebensstil wurde von der Wiener Gesellschaft mit Staunen und Bewunderung verfolgt.

Hohe toskanische Säulen und die vielfältigen Formen der Balustraden prägen die Erscheinung des Treppenhauses.

Die Fassade zeigt die klassische Formensprache der Wiener Barockarchitektur.

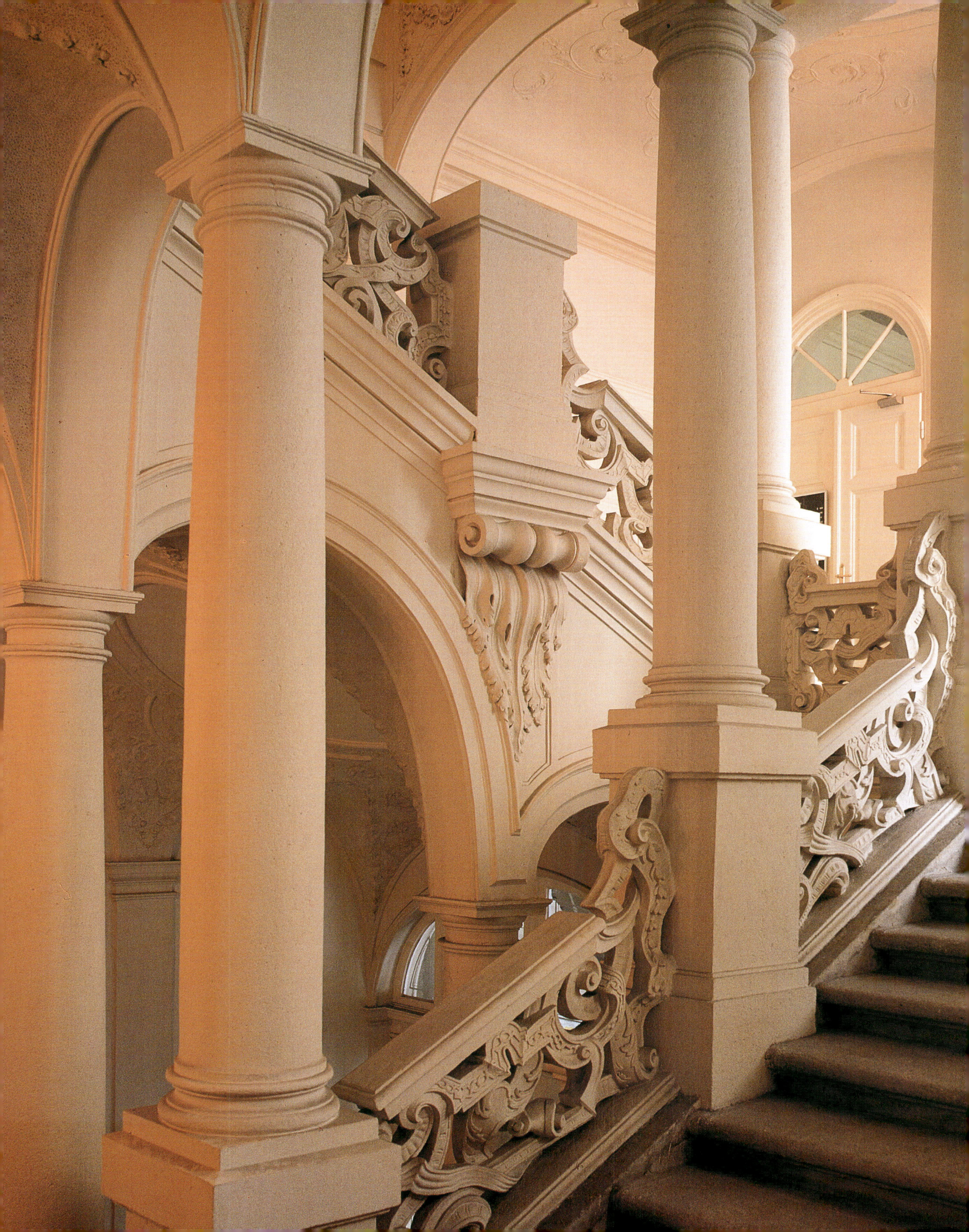

Palais Daun-Kinsky

Wenn die Freyung einst zu den vornehmsten Adressen Wiens zählte und als Inbegriff hocharistokratischer Prachtentfaltung galt, so war dafür neben dem älteren Palais Harrach vor allem das großartige Palais Daun-Kinsky verantwortlich. Johann Lukas von Hildebrandt errichtete das Gebäude in den Jahren 1713 bis 1716 im Auftrag des Reichsgrafen Wirich Philipp Lorenz von und zu Daun, Fürst zu Thiano, Geheimer Rat und Kämmerer, Generalfeldmarschall und Stadtkommandant von Wien, späterer Vizekönig von Neapel-Sizilien, Statthalter der Österreichischen Niederlande und Gouverneur von Mailand. Die Beschaffenheit des Grundstücks war nicht sehr günstig, denn es handelte sich um einen gegen den Platz sehr schmalen Streifen von beträchtlicher Tiefe. Der übliche vielachsige, die Horizontale betonende Repräsentationsbau, der dem Rang des Bauherrn entsprochen hätte, konnte hier von vornherein nicht in Betracht gezogen werden. Dieses Manko machte Hildebrandt mit der größeren Höhenerstreckung der nur siebenachsigen Fassade auf geniale Weise wett. Vom Haupttrakt weg umschließen schmale Seitenflügel die beiden Innenhöfe. Die Hauptfassade des Palais, das Treppenhaus und die Festräume sind Meisterwerke Hildebrandtscher Dekorationskunst, Ergebnisse einer geradezu verschwenderischen Anwendung plastischer Formen. In seiner Festlichkeit und seinem Phantasiereichtum ist der Bau eines der Hauptwerke des großen Barockarchitekten.

Die flächig wirkende Fassade wird durch eine monumentale Pilasterordnung gegliedert. Die sich nach unten verjüngenden arabeskenverzierten Pilaster des Mittelrisalits verstärken den Aufwärtsschwung, der die Fassadengestaltung dominiert. Die Attika mit ihrer Balustrade, den Steinfiguren und Trophäen erscheint dem Betrachter in der Höhe wie schwebend. Mit der flächigen Fassade, die in der Sockelzone eine Diamantquaderung aufweist, kontrastiert das in den Raum greifende große Portal. Der kräftige, gesprengte Segmentgiebel wird von freistehenden Säulen und von Atlanten getragen. Auf dem Bogen sitzen zwei allegorische Figuren, darüber ist das von Putten gehaltene fürstliche Wappen des Hausherrn angebracht.

Vom überkuppelten Vestibül gelangt man zur Haupttreppe, die mit ihrem überaus reichen plastischen Schmuck zu den schönsten Anlagen ihrer Art in Wien zählt. Das Deckenfresko des Treppenhauses, ein Werk Marcantonio Chiarinis, stellt einen Kriegshelden dar, der von Genien des Ruhms ins Reich der Unsterblichkeit geleitet wird. Das allegorische Deckengemälde des ovalen Hauptsaals stammt von Carlo Carlone.

1746 erwarb Johann Joseph Reichsgraf von Khevenhüller das Palais; er verkaufte es 1764 an Ferdinand Bonaventura Graf von Harrach. Dessen Tochter Rosa, verehelichte Fürstin Kinsky, brachte es in den Besitz dieser Familie, in dem es bis 1986 verblieb.

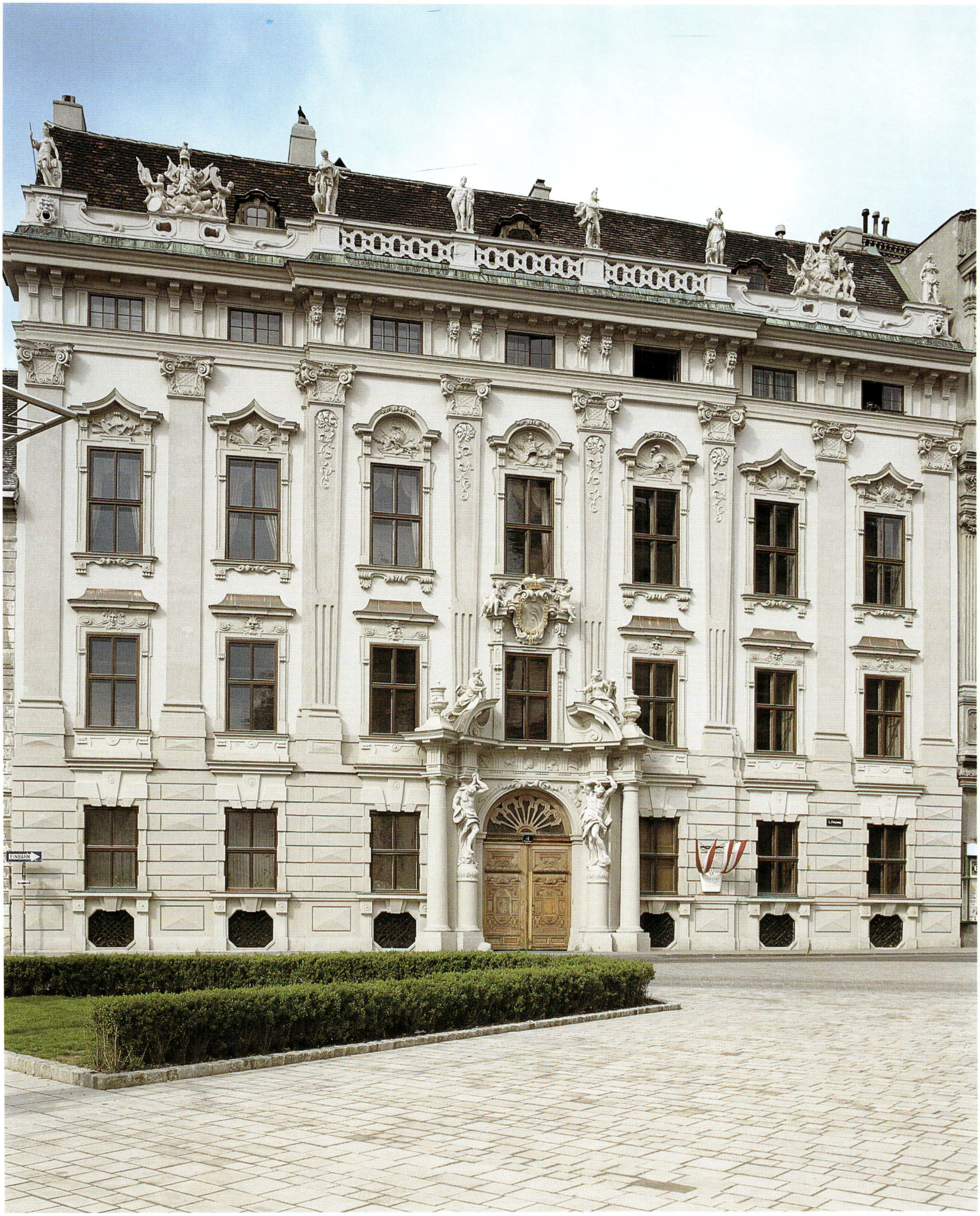
EINBAHN

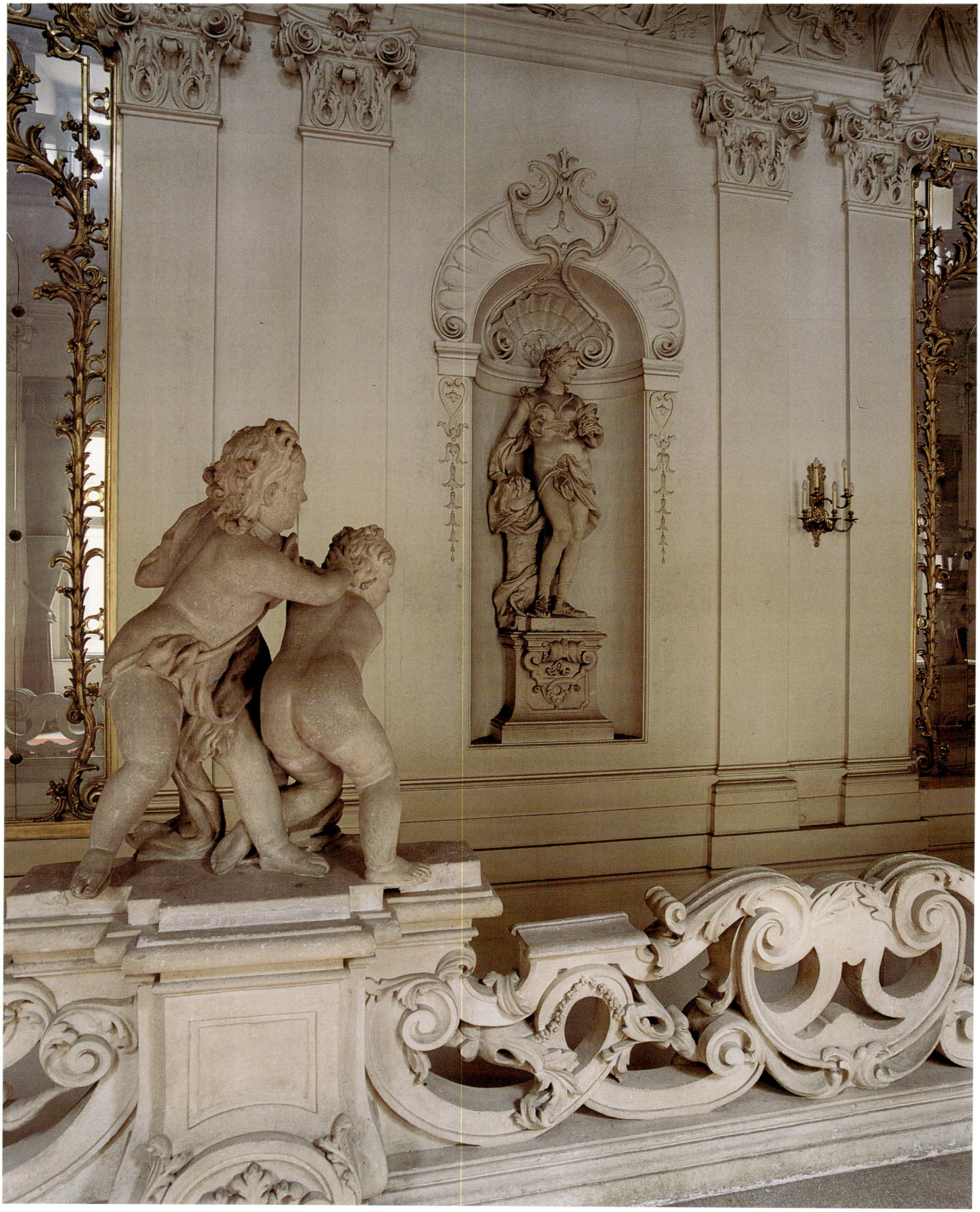

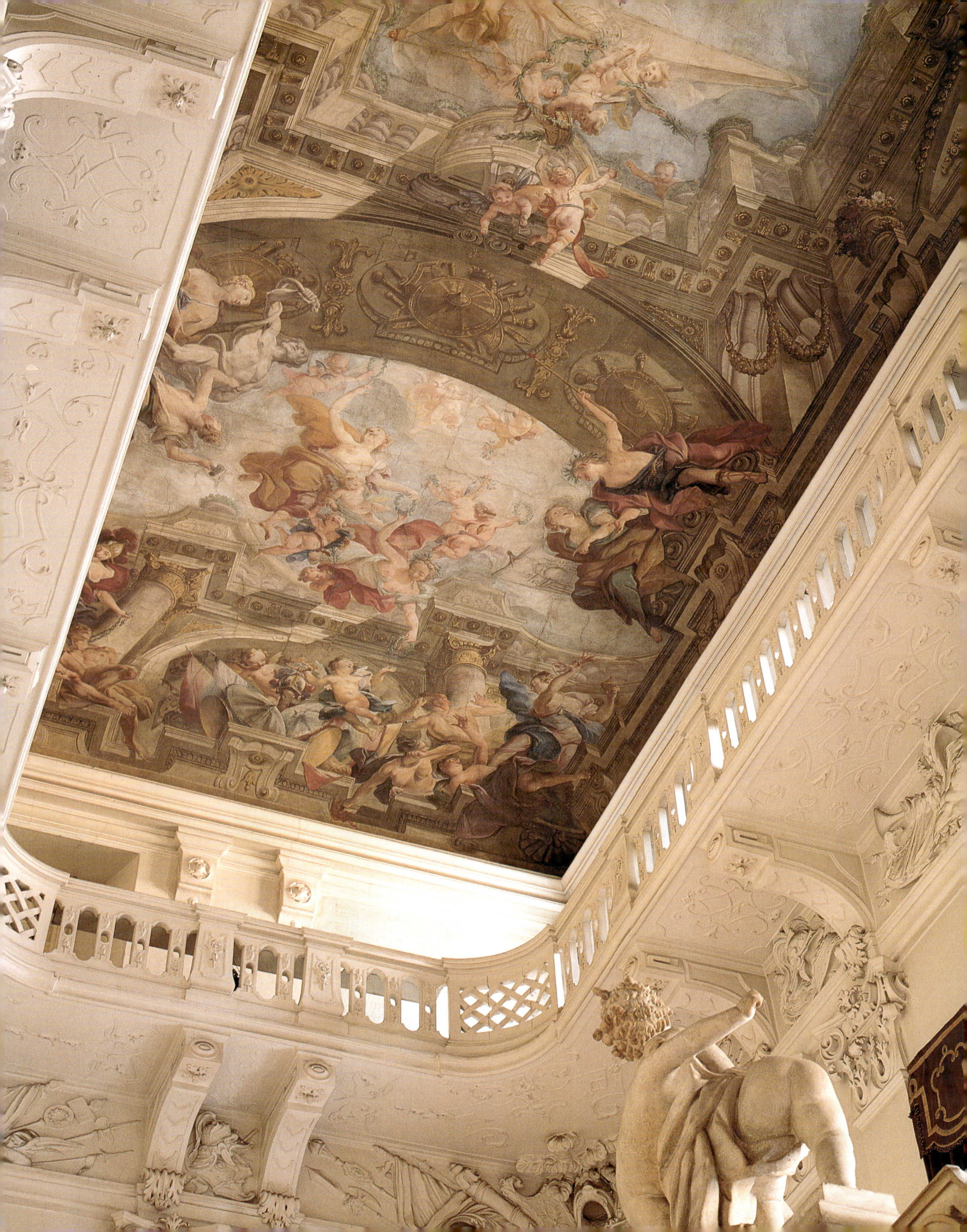

*Vorhergehende Seiten:
Das Treppenhaus, Spiegelbild des
höchsten Repräsentationsanspruches*

*Der ovale Hauptsaal mit dem
Deckenfresko von Carlo Carlone.*

In den Speisesaal des Palais wurde das Chorgestühl aus dem Preßburger Dom eingebaut.

Palais Neupauer-Breuner

Der Stadtrat, Baumeister und Kämmerer Johann Christian Neupauer erwarb im Jahr 1715 drei Häuser in der Singerstraße von den Erben des Reichsgrafen Karl Josef de Souches. Auf einer der Parzellen ließ er ein schmales, dreiachsiges Bürgerhaus errichten, auf den beiden anderen sein großes Stadtpalais. Infolge totaler Verschuldung ging der Besitz Mitte des 18. Jahrhunderts auf die Familie Suttner über und wechselte dann mehrmals den Besitzer. Erst etwa hundert Jahre später kam das Palais an die gräfliche Familie Breuner, Ende des 19. Jahrhunderts auf dem Erbweg an den Herzog von Ratibor und Corvey.

Die Fassade des Palais, dessen Architekt unbekannt ist, setzt sich aus einem fünfachsigen Mittelrisalit und zwei dreiachsigen Seitenflügeln zusammen. Trotz der an sich schon sehr reichen Fassadengliederung, die vor allem im Mittelteil ein abgerundetes, einheitliches Bild ergibt, bildet das Portal den eigentlichen Blickfang. Die Toranlage besteht aus einem großen Fahrtor und zwei flankierenden Gehtüren. Die bewegten Hermenatlanten tragen das Gebälk mit Balkon, Vasen und Figurengruppen. Oberhalb der Balkontüre ist das von Putten gehaltene Breunersche Wappen angebracht. An die dreischiffige Eingangshalle schließt seitlich das Treppenhaus an, das auf ungewöhnliche Weise von einem großen Marmorkamin beheizt wurde. Das Kamin-Relief mit einer Herkulesszene stammt von Matthäus Donner, dem Bruder des bekannteren Georg Raphael Donner. Einige Figuren und zarter Stuckdekor ergänzen die Ausstattung.

Das in seinem plastischen Reichtum betont extrovertierte Portal.

Die Ahnengalerie der Familie Breuner.

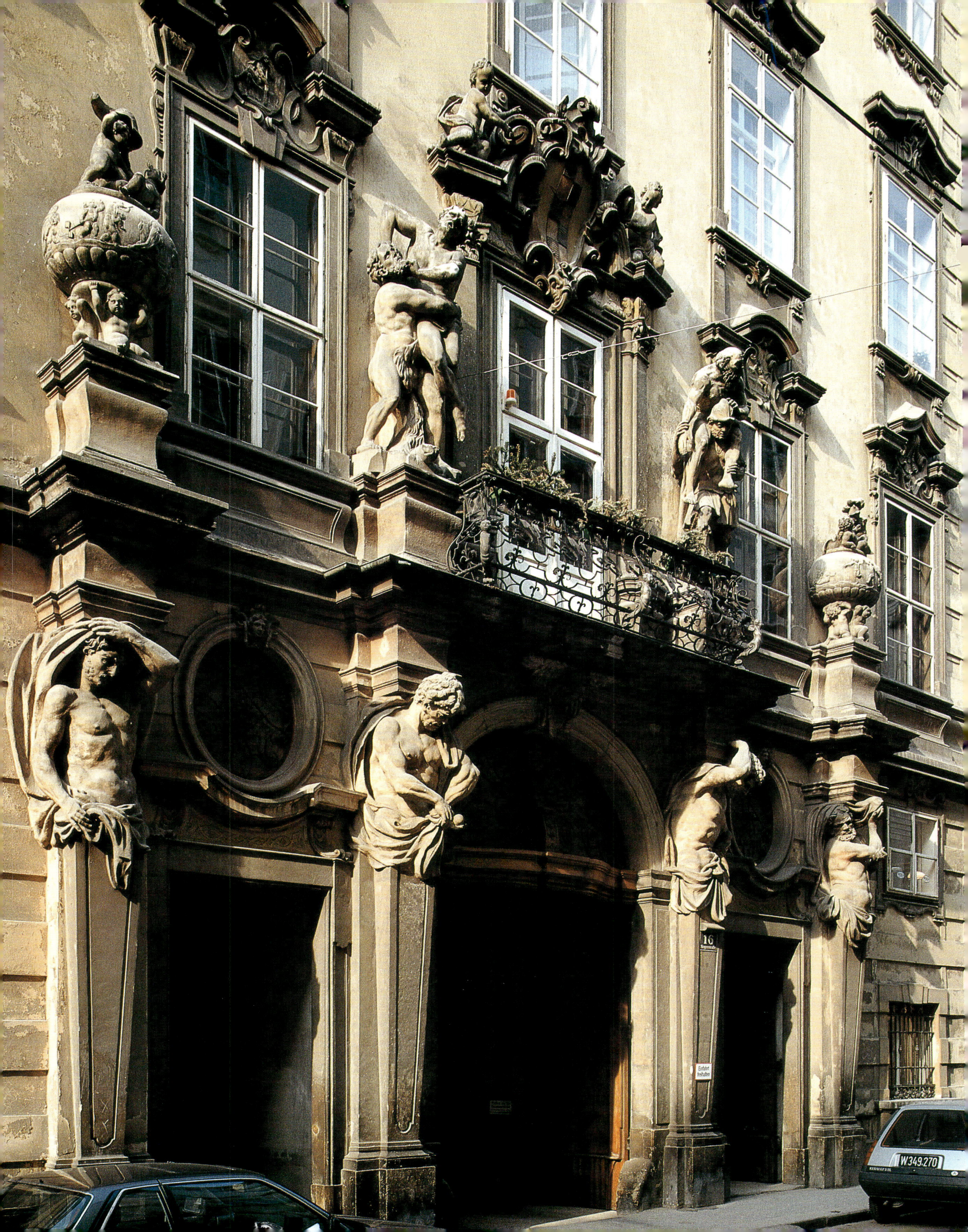
16
Einfahrt
freihalten
W 349.270

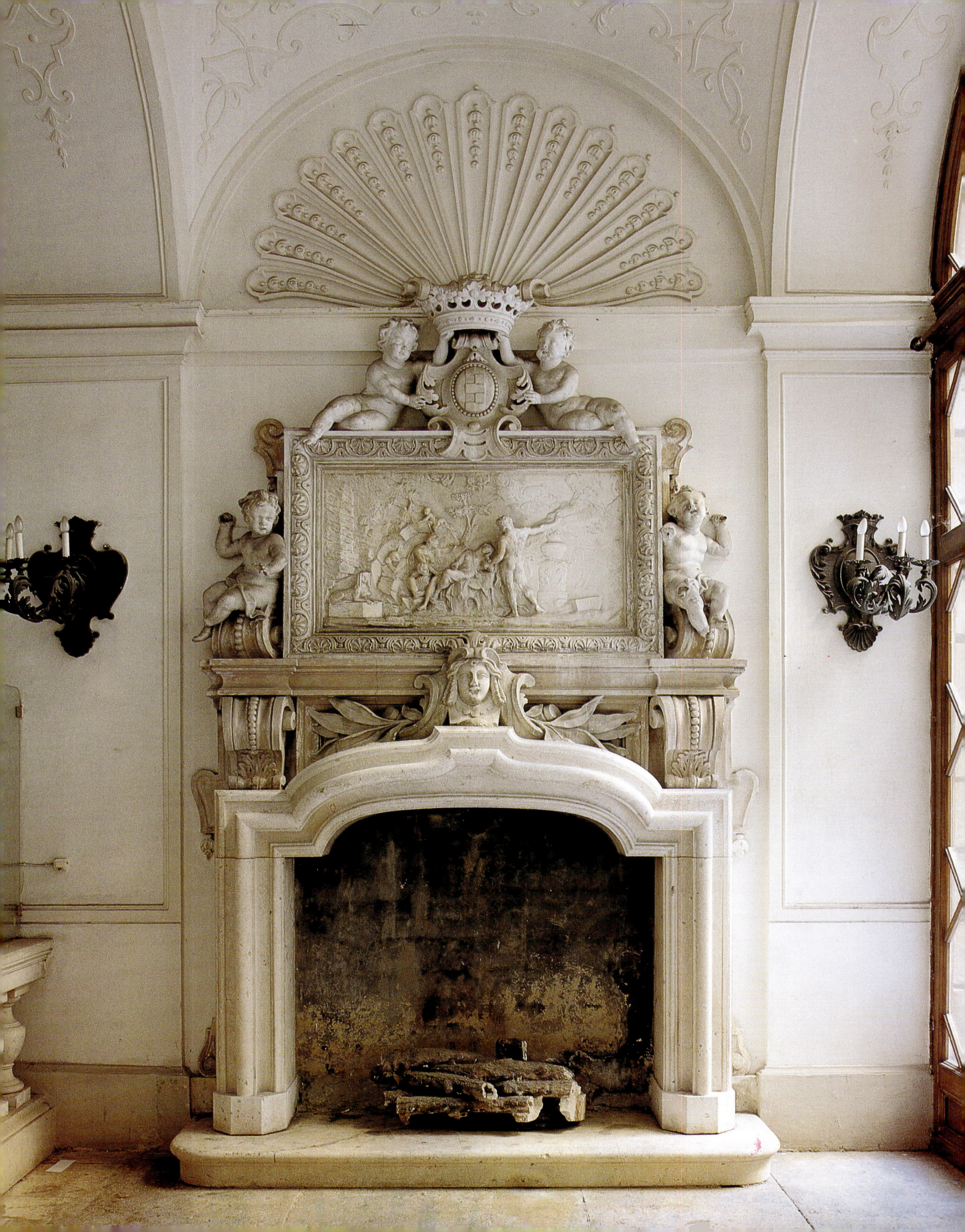

*Linke Seite:
Der Marmorkamin im
Treppenhaus.*

*Die Salons der Beletage
erhielten in der zweiten Hälfte
des 19. Jahrhunderts eine
zeitgemäße Ausstattung.*

*Blick vom Stephansturm auf die
Dachlandschaft der Singerstraße
und die Fassade des Palais.*

Palais Bartolotti-Partenfeld

Das Palais Bartolotti-Partenfeld ist der einzige erhaltene Barockbau am Graben. Seine Bauherren, die Brüder Johann Paul und Johann Karl Bartolotti von Partenfeld, waren begüterte Händler und gehörten dem Finanzadel an. Die aus Bergamo stammende Familie half auch dem Kaiserhaus mit großen Summen aus, was ihr 1653 die Nobilitierung und Hofämter einbrachte. Mit dem Zusammenbruch des Bankhauses Hauzenberger 1736 verloren die Bartolotti, inzwischen zu Reichsgrafen erhoben, den Großteil ihres Vermögens.

Zu Beginn des Jahres 1720 dürfte das Palais am Graben bereits fertiggestellt gewesen sein. Als Bauführer scheint Franz Jänggl auf, die Planentwürfe dürften von Johann Lukas von Hildebrandt stammen. Auf das Duo Hildebrandt-Jänggl gehen zahlreiche Barockbauten innerhalb und außerhalb Wiens zurück.

Das Palais hat den Charakter eines Wohnhauses. Es gibt keine ausgeprägte Beletagengestaltung, auch fehlt die repräsentative Vestibül- und Treppenanlage. Die Hauptfassade gegen den Graben ist nur vierachsig, während die Seitenfront in der Dorotheergasse mit den beiden Portalen sich über zehn Achsen erstreckt. Die Gliederung der Fassaden erfolgt vor allem durch die stark schattenden Fensterdekorationen. Mit ihren kleinteiligen Gestaltungselementen – Pilastern, Torbögen und Torbekrönungen – bilden die Portale einen zusätzlichen attraktiven Fassadenschmuck. Eine Fassadennische an der Grabenfront birgt eine barocke Marienfigur.

Linke Seite:
Statue des hl. Johannes Nepomuk
im Treppenhaus.

Die Seitenfassade des Palais
in der Dorotheergasse.

Palais Fürstenberg

Das um 1720 errichtete Palais in der Grünangergasse besitzt mit seiner plastischen Diamantquaderung in der Sockelzone und der charakteristischen Torgestaltung zwei auffallende Eigenheiten. Aus der stark gegliederten Sockelzone erheben sich die glatten Flächen des mächtigen Baublocks, die mit der kräftigen plastischen Dekoration der Fensterumrahmungen kontrastieren. Die Architektur erinnert an Johann Lukas von Hildebrandt, zumal auch die für ihn typischen Nabelscheiben als Zierelement häufig auftreten, doch ist das Palais mit großer Wahrscheinlichkeit ein Werk des Bologneser Künstlers Antonio Beduzzi.

Das große Portal bildet den zentralen Mittelpunkt der Hauptfassade. Sehr ungewöhnlich sind die beiden naturalistisch gebildeten Windhunde als Portalfiguren und die von ihnen getragene Blumengirlande. Als Wappentiere verweisen sie auf den Kaiserlichen Rat Johann Ernst Freiherr von Hatzenberg als Bauherrn. Erst später folgten die Fürsten zu Fürstenberg als Eigentümer.

Die Fenster der Beletage sind durch Bandelwerkdekorationen und Köpfe hervorgehoben. Diese Fassadengestaltung setzt sich auch über die Seitenfront in der Domgasse fort. Die reich stuckierte Eingangshalle – über dem Kamin ist ein Reliefporträt Kaiser Josefs II. angebracht – führt ins Treppenhaus, wo in Marmornischen die Figuren von Minerva, Merkur, Venus und Herkules stehen. Die Decke des später zur Bibliothek umgestalteten Festsaals ist mit allegorischen Stuckdarstellungen verziert.

Das von Windhunden bekrönte Portal.

*Reliefporträt Kaiser Josefs II.
in der Eingangshalle.*

*Folgende Seiten:
Statuen der Venus und des Merkur
im Treppenhaus (links); die barocke
Stuckdecke des ehemaligen Festsaals.*

102

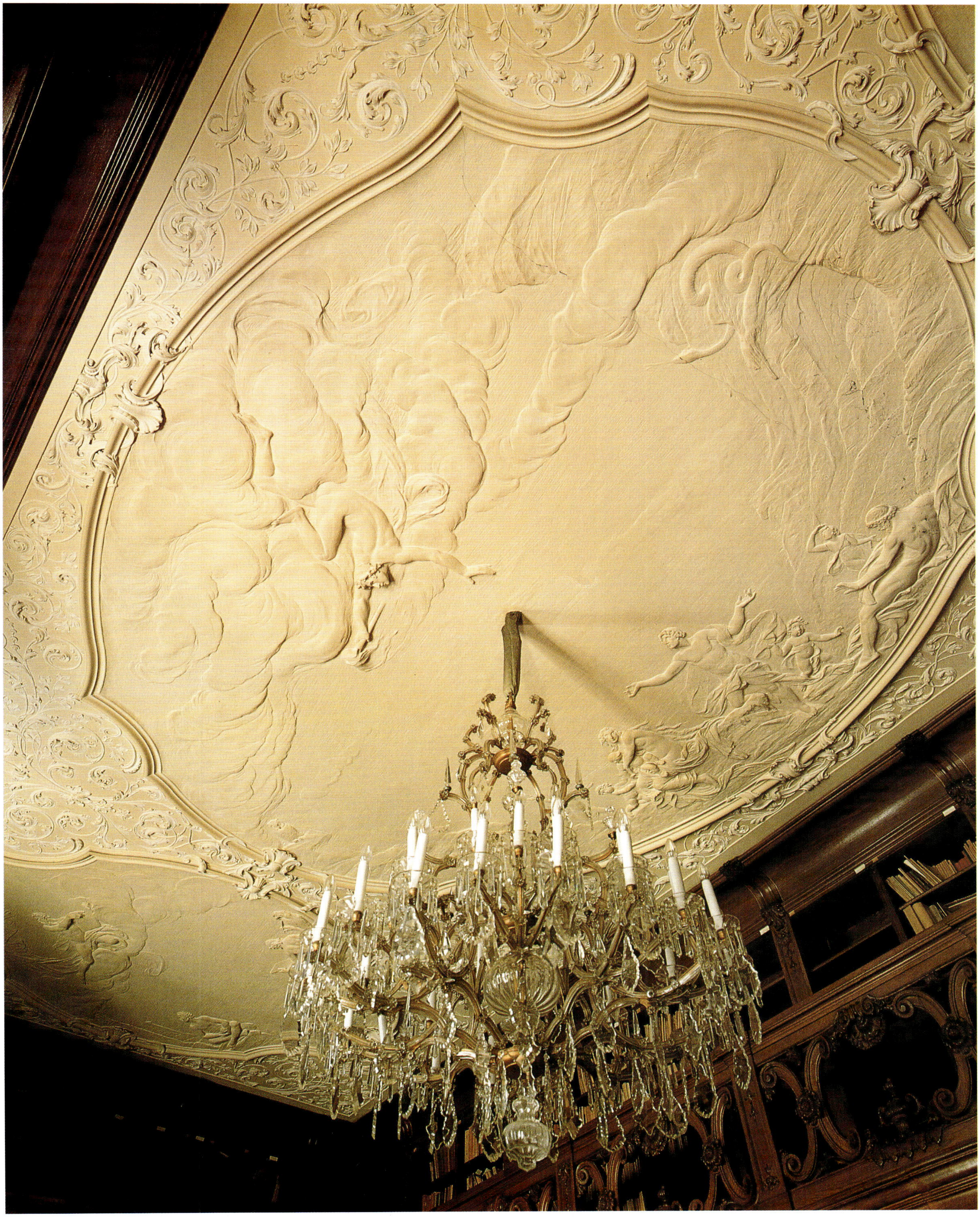

Palais Wilczek

Die Gestaltung der hohen, siebenachsigen Palaisfassade trägt die Handschrift des Wiener Barockbaumeisters Anton Johann Ospel. Vor allem aufgrund der stilistischen Verwandtschaft mit seinem Bürgerlichen Zeughaus am Hof vermutet man in ihm den Schöpfer des Palais, das kurz nach 1719 errichtet wurde. Charakteristisch für Ospels Stil sind der dreiachsige Risalit mit seinem vertieften Mittelteil und die mit Pfeifenkapitellen versehenen Riesenpilaster. Die Mittelachsen werden von einem Dreiecksgiebel bekrönt. Sehr interessant ist die Gestaltung des Portals, das, wie sich aus zeitgenössischen Darstellungen erschließen läßt, ursprünglich noch reicher dekoriert hätte ausfallen sollen. Der über dem Tor gelegene Balkon mit seinem schönen Schmiedeeisengitter wird von Säulen und von nach außen geneigten Atlanten getragen.

Das Palais in der Herrengasse wurde für Johann Josef Brassican von Emmerberg erbaut, gelangte 1728 an den niederösterreichischen Landmarschall Carl Ignaz von Lembruch und schließlich - nach dem Grafen Falkenhayn – 1825 an den Grafen Franz Josef Wilczek. Sein Enkel Hans zählte wegen seiner vielfältigen Interessen zu den populärsten Persönlichkeiten der Ringstraßenära. Hans Graf Wilczek (1837 – 1922) war Forschungsreisender, Kunstsammler, Gründer der Wiener Freiwilligen Rettungsgesellschaft und Erbauer der Burg Kreuzenstein. Das Palais ist bis heute im Besitz der Familie Wilczek.

Gedenktafeln an der Fassade erinnern daran, daß im Palais Wilczek 1791 der ungarische Staatsmann Graf Stephan Széchény geboren wurde und daß Joseph von Eichendorff sowie Franz Grillparzer hier wohnten. Die literarische Tradition wird von der Österreichischen Gesellschaft für Literatur fortgesetzt, die im Palais ihren Sitz hat.

*Linke Seite:
Die zurückhaltende und
flächig wirkende Fassade.*

*Der Balkon ist mit seinen
eigenwilligen Atlanten das
markanteste Gestaltungs-
element des Palais.*

Palais Erdödy-Fürstenberg

Graf Georg Erdödy erbte 1714 ein Haus in der Himmelpfortgasse und ließ an seiner Stelle um 1720 einen Neubau errichten. Das Palais wird wegen der auffallenden stilistischen Parallelen in der Fassadengestaltung dem unbekannten Architekten des Palais Neupauer-Breuner zugeschrieben. Die Übereinstimmungen zeigen sich vor allem in jenen Gestaltungsbereichen, die von Fischer von Erlachs Böhmischer Hofkanzlei angeregt erscheinen. Auch hier ist die Portalzone durch die kräftigen Atlantenhermen und den Balkon mit seinem kunstvoll durchbrochenen Steinbandwerk besonders akzentuiert. Die betont vertikale Bewegung der Fassade ergibt sich durch die geringe Fassadenbreite, die von dem dreiachsigen Mittelrisalit und den beiden zweiachsigen Flügeln eingenommen wird. Das Palais entspricht weitgehend dem Typus des schmalen, vielgeschossigen Bürgerhauses, während der Palaischarakter hauptsächlich in der repräsentativen Portalgestaltung gewahrt bleibt. Das Innere wurde 1825 von Landgraf Egon zu Fürstenberg umgestaltet.

Das Portal ist mit seinem reichen figuralen und ornamentalen Schmuck sehr repräsentativ.

Die schmale, hochaufragende Straßenfront des Palais.

Atlantenherme vom Portal.

Palais Rottal

Um 1750 erwarb der Staat das aus der zweiten Hälfte des 17. Jahrhunderts stammende Palais des Grafen Rottal in der Singerstraße. Unter der Leitung von Franz Hillebrand wurde das Gebäude ausgebaut, wobei es seine heutige Fassadengestaltung erhielt. Zugleich wurde es mit dem benachbarten Biliotteschen Stiftungshaus vereinigt, das der Leibarzt Kaiser Leopolds I., Franz Biliotte, den mittellosen Kranken Wiens gestiftet hatte. Der gesamte Komplex nahm das Stadtbanco-Gebäude auf.

Das alte Rottal-Palais war ein eleganter einstöckiger Bau mit einem markanten Rondell an der Ecke zur Grünangergasse. Von diesem Gebäude ist noch das Vestibül erhalten, eine dreischiffige Säulenhalle, an die das von Hillebrand neugeschaffene prunkvolle Treppenhaus anschließt. Auch die beiden Portale stammen vom alten Palais. Sie wurden mit kräftigen gesprengten Segmentgiebeln versehen, auf denen allegorische Figuren sitzen. Mit den dreiachsigen Portalrisaliten bilden sie die gestalterischen Hauptakzente der sonst etwas monotonen Fassade. Bei einer Aufstockung entstand 1842 anstelle der beiden die Risalite bekrönenden Dreiecksgiebel die Attika, die historisierend dem bestehenden Bau angeglichen und durch Attikafiguren vom Winterpalais des Prinzen Eugen ergänzt wurde.

Das große kaiserliche Wappen an der Attika erinnert an die alte Tradition des Palais als Amtsgebäude. Nach dem Stadtbanco beherbergte es ab 1849 das k. k. Ministerium für Unterricht, später die Staatsschuldenkasse und andere Stellen der Finanzverwaltung. Heute ist es Sitz der Finanzprokurator und der Volksanwaltschaft.

Das starke Relief der beiden Portalrisalite verleiht der Fassade lebendige Spannung.

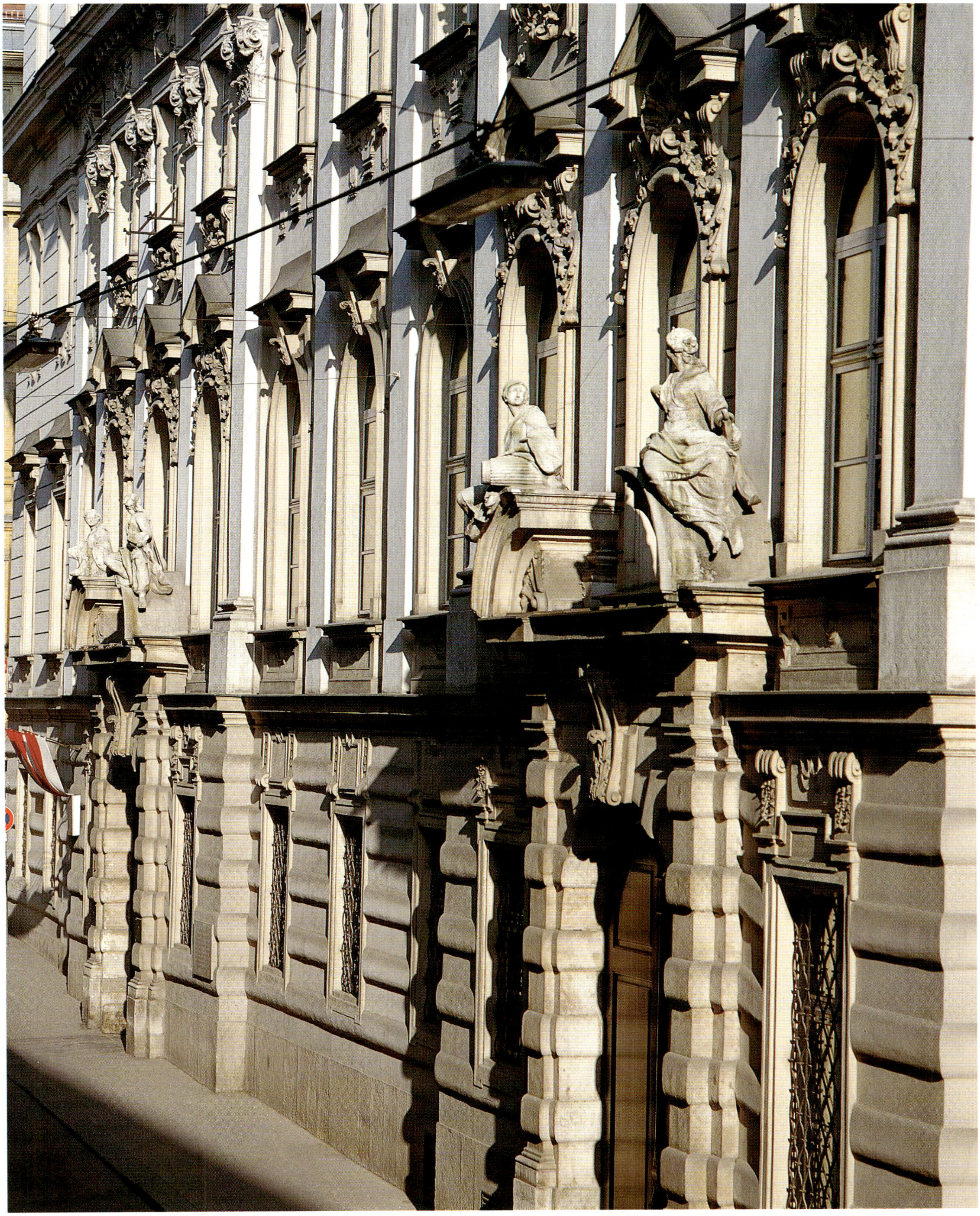

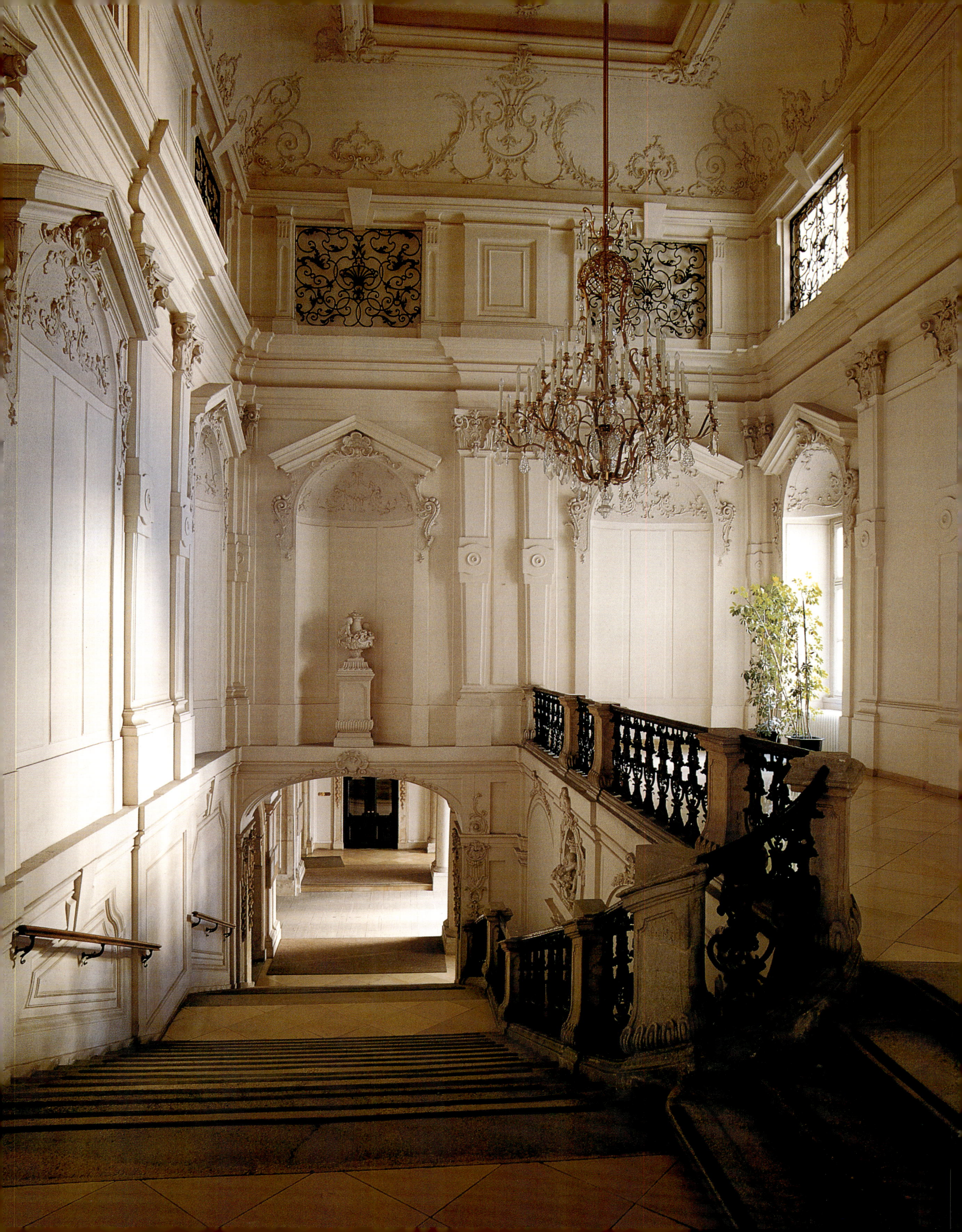

Der elegante Innenhof des Palais.

Die gedrungene Säulenhalle des Vestibüls stammt noch vom alten Adelspalais, während das großzügige Treppenhaus (linke Seite) bereits für die bürokratische Verwendung geschaffen wurde.

*Folgende Seiten:
Kuppel und Detail der kleinen Hauskapelle (links); Salon mit vergoldetem Stuckdekor.*

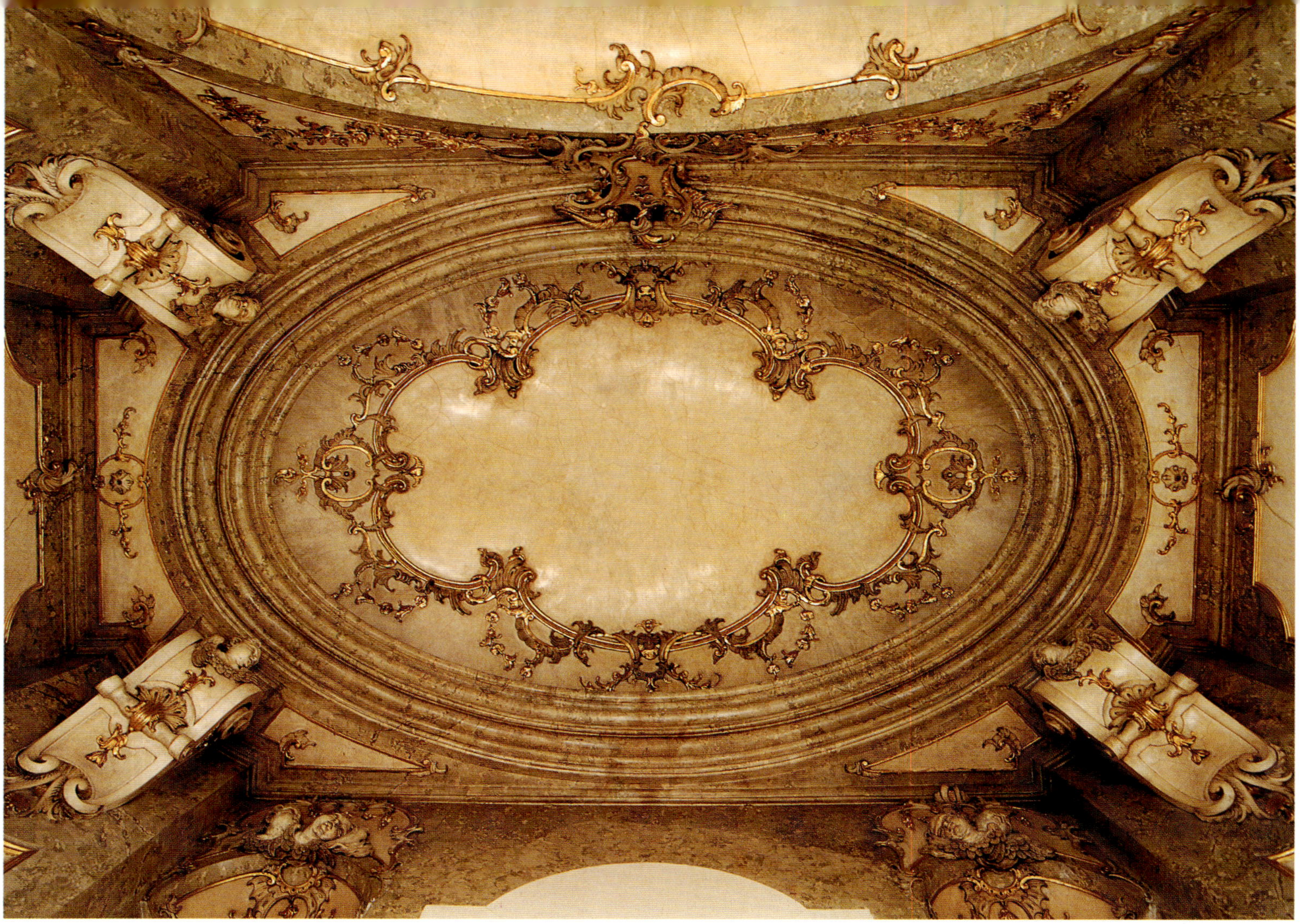

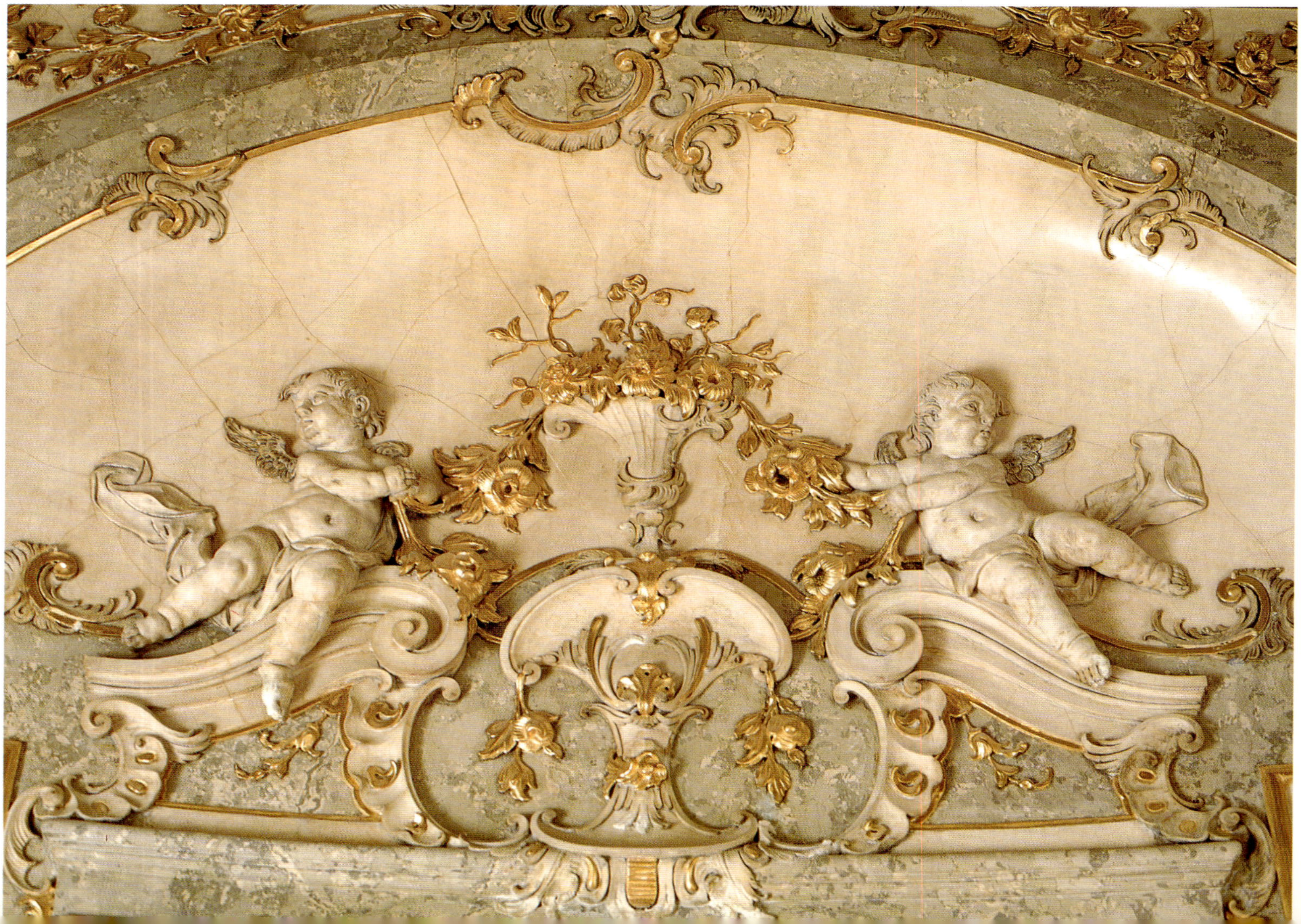

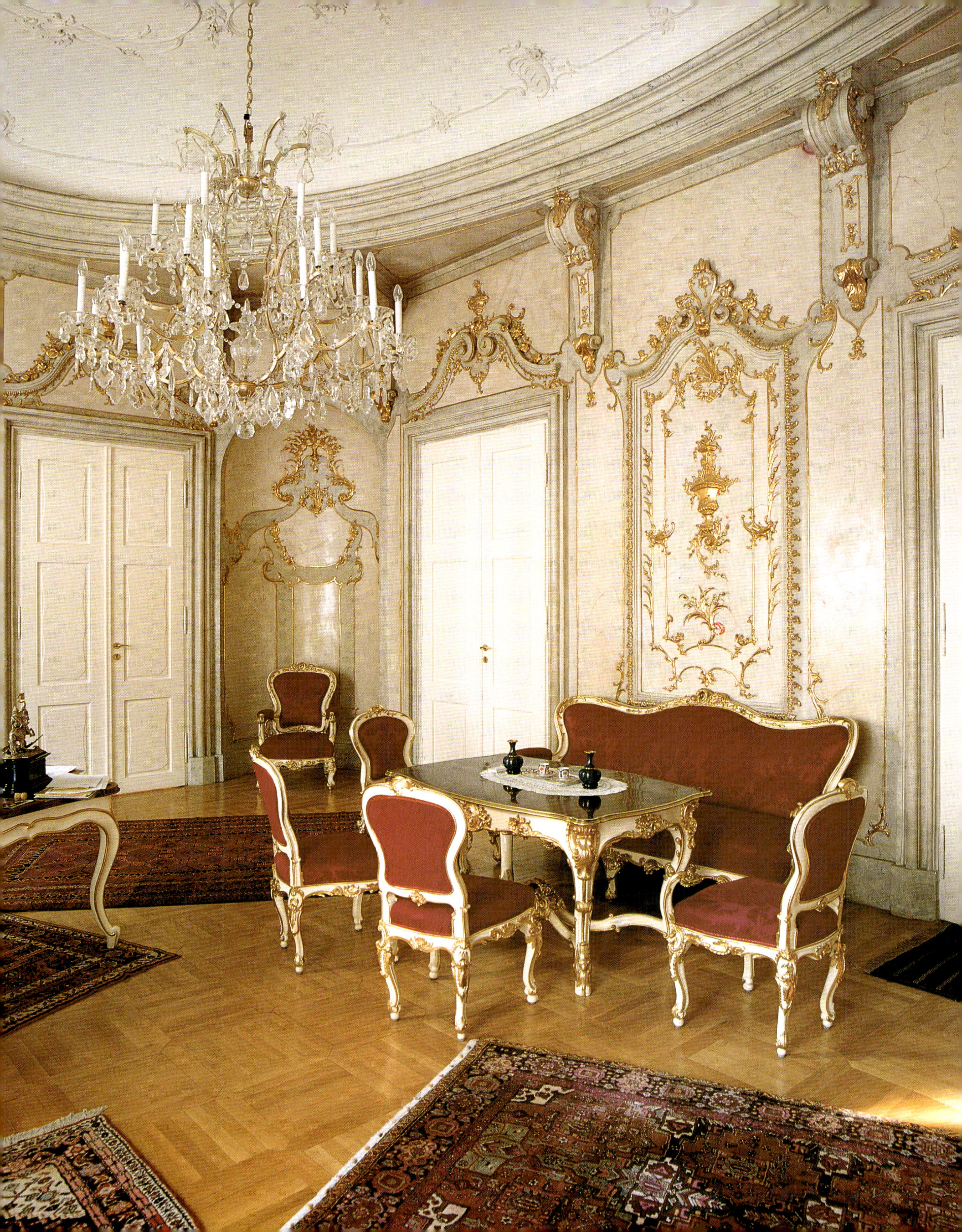

Palais Dietrichstein

Das sehr malerisch am Minoritenplatz gelegene Palais mit seiner Seitenfassade gegen die Metastasiogasse besteht aus zwei älteren Gebäuden, die 1755 von Franz Hillebrand unter überwiegender Wahrung der Bausubstanz in eine stilistische Einheit gebracht wurden. Die zart gegliederte Fassade entspricht dem spätbarocken Formenrepertoire; gestalterische Akzente setzen die beiden Portale und der reliefgeschmückte Dreiecksgiebel. Besonders schön sind die originalen Rokokotore und die auf den Giebelschrägen ruhende plastische Gruppe. Die beiden Figuren stellen Chronos und Memoria dar.

Das eine der beiden Häuser wurde 1799 Sitz der polnischen Kanzlei; das andere kam an Maria Beatrix von Este-Modena, die Gemahlin des Erzherzogs Ferdinand, des vierten Sohnes der Kaiserin Maria Theresia, der hier 1806 starb. Danach kam das Palais an die fürstliche Familie Dietrichstein. Seit 1955 ist es im Besitz der Republik Österreich.

Der rythmische Wechsel der Gestaltungselemente verleiht der Fassade elegante Harmonie.

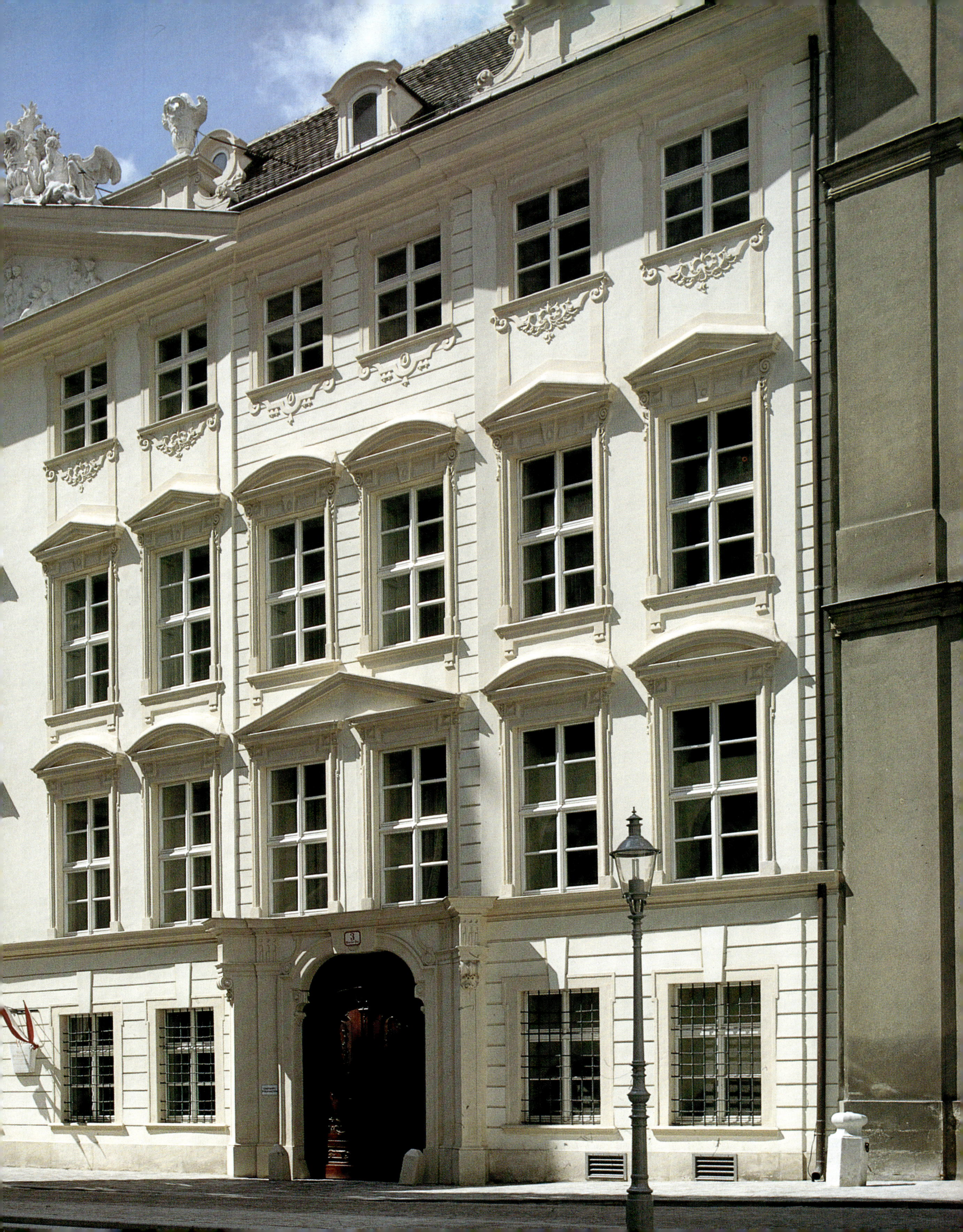

Palais Fries-Pallavicini

Das Palais auf dem Josefsplatz, 1783/84 auf dem Areal des ehemaligen Königinklosters errichtet, ist das profane Hauptwerk des Architekten Johann Ferdinand Hetzendorf von Hohenberg. Der Bau löste einen gewaltigen Skandal aus, ähnlich wie das „Loos-Haus" am nahegelegenen Michaelerplatz hundert Jahre später. Auch die Ursachen waren ähnliche: Die Kritik richtete sich gegen die fast provokante Schlichtheit des Gebäudes in der Nachbarschaft zur Hofburg. Den sparsamen Gestaltungselementen fehlt jede überschwengliche Repräsentation. Es überwiegt die ausgewogene, kühle Noblesse. Der sachliche Baublock ist lediglich durch Fensterachsen gegliedert. Über dem gebänderten Sockel liegen das mezzaninartige Zwischengeschoß – eine Novität für Wien – und darüber die betont hohen Fenster der Repräsentationsräume. Die scharfen Polemiken zwangen Bauherrn und Bauschöpfer zu einem Kompromiß, der dem Bau wenigstens annähernd den geforderten Repräsentationscharakter verleihen sollte. Das Portal wurde durch einen gesprengten Giebel und die mächtigen Karyatiden von Franz Anton Zauner ergänzt. Der Attikaschmuck Zauners dagegen war schon im ursprünglichen Plan vorgesehen.

Der Bankier, Handelsmann und Industrielle Johann (später Reichsgraf) von Fries (1719–1785) entstammte einer angesehenen protestantischen Schweizer Familie. Seinen enormen Reichtum – er wurde als der fünftreichste Mann der Monarchie eingeschätzt – verdankte er nicht zuletzt der Einführung des Maria-Theresien-Talers als internationale Handelsmünze. Hatte Johann Fries eine geniale Begabung für das Geschäft, so waren seine beiden Söhne Joseph und Moritz die überfeinerten Naturen der nächsten Generation, die in Anbetracht des materiellen Überflusses es sich leisten konnten, nur ihren Interessen zu leben, und das war bei beiden die Kunst. Sie waren die leidenschaftlichsten Kunstsammler und Kunstförderer der Monarchie. Der ältere Sohn Joseph war bereits im Alter von zwanzig Jahren als Sammler eine europäische Berühmtheit. Während seines Aufenthaltes in Rom verkehrte er mit Goethe sowie mit der Malerin Angelika Kauffmann, die ihn auch porträtierte. Die Bildergalerie im Wiener Palais enthielt 300 Gemälde und 400.000 Kupferstiche; weiters besaß das Palais eine Bibliothek mit 16.000 wertvollen Bänden und eine berühmte Skulpturensammlung. Ludwig van Beethoven widmete seinem Gönner Moritz von Fries seine 7. Symphonie. Einen legendären Ruf genossen die Konzerte und Soireen im Palais Fries; über ein solches Konzert am 4. April 1800 berichtet Karl Graf Zinzendorf: „Niemals hat mir die Musik zur ‚Schöpfung' so gut gefallen, obwohl nicht mehr als neun Instrumente Verwendung fanden, darunter überhaupt kein Blasinstrument. Frau von Schönfeld sang wie ein Engel, Reitmeyer sehr gut und der Fürst Lobkowitz trotz seines geringen Timbres mit Ausdruck. Ich blieb zusammen mit dem Lobkowitz, den Fürsten Schwarzenberg und Clary, dem russischen Botschafter und vielen anderen Leuten zum Souper."

Detail der Portalkaryatiden.

Nach dem finanziellen Zusammenbruch des Bankhauses Fries gelangte das Palais 1828 in den Besitz des Freiherrn Simon von Sina; 1842 wurde es von der markgräflichen Familie Pallavicini erworben, die es bis heute bewohnt.

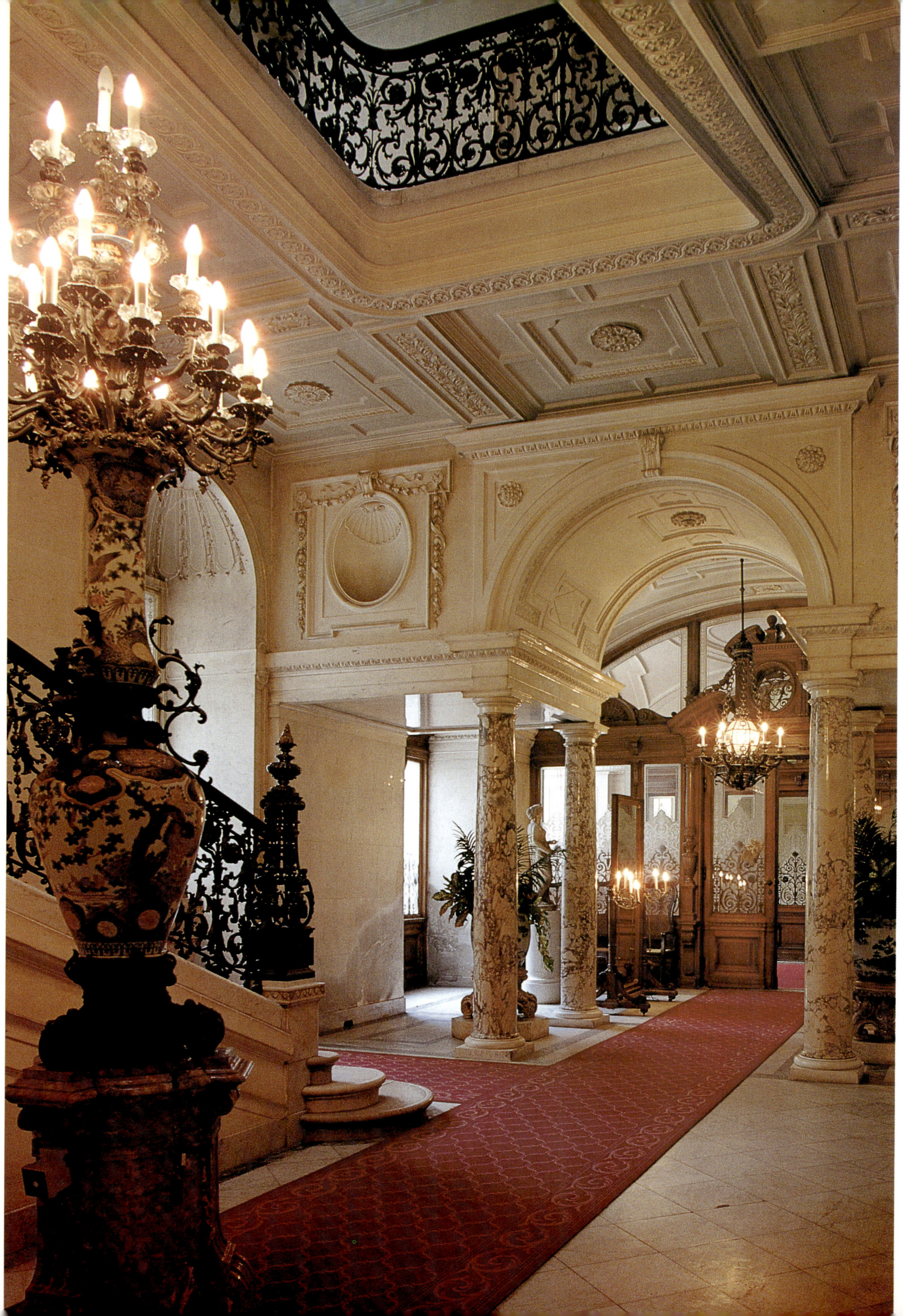

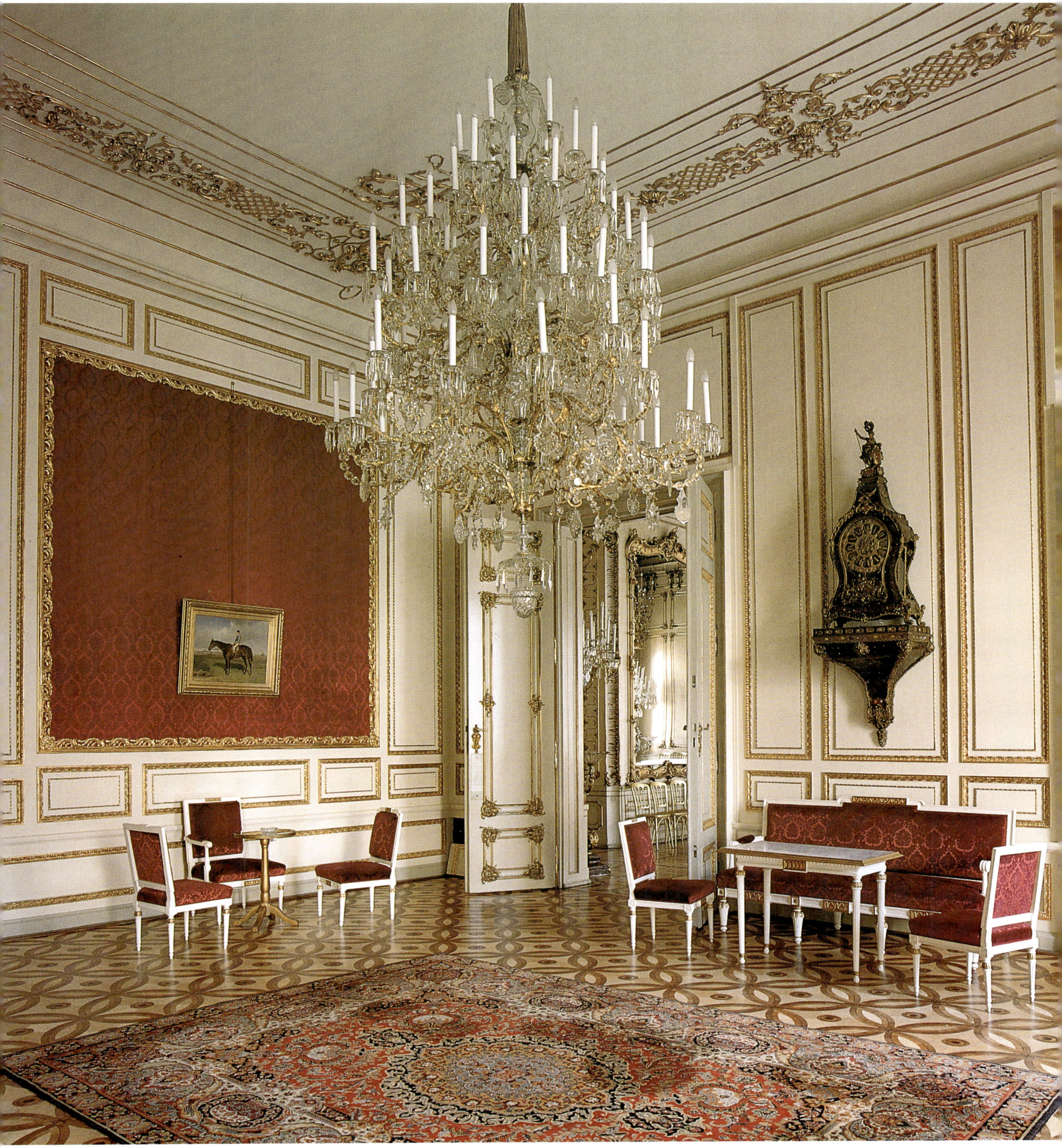

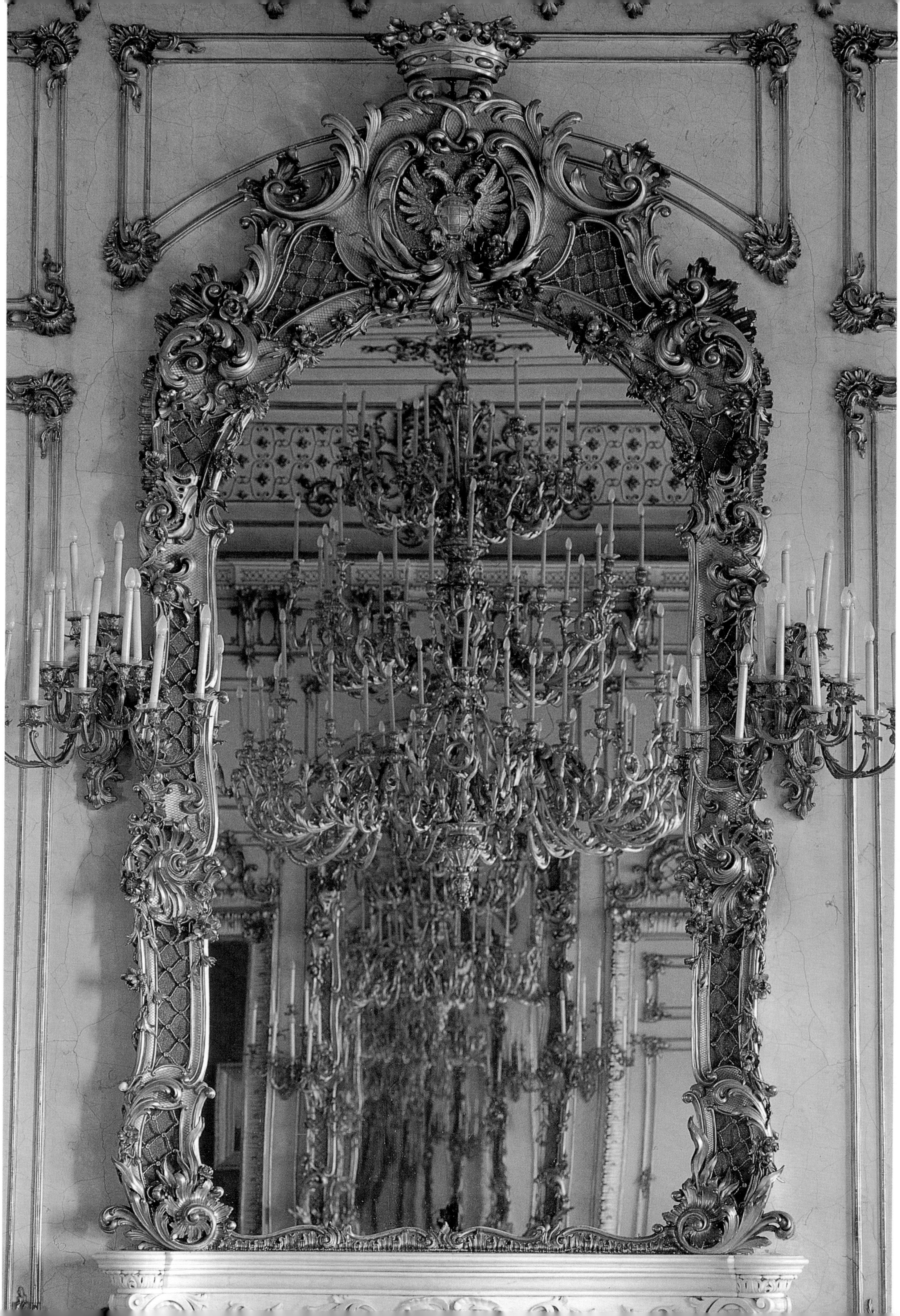

Die Räume der Beletage – hier der Festsaal mit seiner üppigen Neorokoko-Ausstattung – bilden bis heute den Rahmen für festliche Veranstaltungen.

Vorhergehende Seiten: Das in der zweiten Hälfte des 19. Jahrhunderts umgestaltete Treppenhaus (links) und der rote Salon.

Albertina

Für den portugiesischen Grafen Manuel Teles da Silva-Tarouca, Berater und Minister der Kaiserin Maria Theresia, wurde 1745 bis 1747 im Anschluß an das Augustinerkloster auf den Basteigründen ein Palais errichtet, das noch unter Maria Theresia eine neue Verwendung als Gästehaus des Hofes fand. Kaiser Franz II. übergab das Gebäude 1794 seiner Tante Erzherzogin Marie Christine, der Tochter Maria Theresias, und ihrem Gemahl Herzog Albert von Sachsen-Teschen. Das herzogliche Paar war gerade über Dresden aus Brüssel heimgekehrt, wo Albert den Posten des Generalstatthalters der österreichischen Niederlande bekleidet hatte, und beabsichtigte, sich in Wien niederzulassen. Herzog Albert faßte den Plan, das bestehende Bauwerk für die neuen Erfordernisse als fürstliche Residenz und als Galerie für seine bereits bedeutende Sammlung erweitern und umbauen zu lassen. Mit seiner Ausführung beauftragte er Louis von Montoyer, der für ihn bereits das Schloß Laeken bei Brüssel errichtet hatte. Das Projekt wurde, kaum begonnen, durch militärische Aufgaben des Herzogs und durch widrige Umstände unterbrochen und konnte erst nach dem Tod Marie Christines in den Jahren 1801 bis 1804 verwirklicht werden.

Montoyer übernahm in unverändertem Zustand den dritten Stock des benachbarten Augustinerklosters, die heutige „Alte Albertina", für die Sammlungen. Die neuaufgeführten Fassaden erhielten eine der Tradition und der Umgebung angepaßte Gliederung mit starken klassizistischen Elementen, die vor allem in ihrer „monumentalen Architektur-Körper-Gesinnung" eine Novität in Wien darstellte.

Herzog Albert von Sachsen-Teschen starb 1822. In den 24 Jahren, die er seine Gemahlin überlebte, hatte er sich fast ausschließlich der Kunstsammlung gewidmet, an deren Entstehen die künstlerisch interessierte und begabte Marie Christine wohl keinen geringen Anteil gehabt hatte. Sein Adoptivsohn und Erbe, Erzherzog Karl, ließ das Palais im Inneren durch Josef Kornhäusel erneuern. Die ovale Minervahalle mit der Statue der Pallas Athene, der Säulengang und der von Sphingen flankierte Treppenaufgang sowie der mit zweifarbigem Marmor verkleidete Festsaal mit den Statuen des Apollo und der neun Musen wurden völlig neu geschaffen; der gesamte Figurenschmuck dieser Räume stammt von Joseph Klieber.

Einige der prachtvollen Interieurs sind weitgehend im Original erhalten. Den abschließenden Höhepunkt der Raumfolge der erzherzoglichen Gemächer bildet das Goldkabinett, eine Reminiszenz barocker Prachtentfaltung von höchstem luxuriösem Anspruch. Franz Xaver Ritter von Sickingen beschreibt es 1832 folgendermaßen: „Dieses letzte Cabinet wird mit vollem Recht das ‚Gold-Cabinet' genannt, da von unten bis oben sammt dem Plafond weiters nichts als bloße Goldwände und dergleichen Spaleten, Gesimse und Verzierungen zu sehn sind, die mit bunten Kunstgemälden auf Goldgrund, sowohl Blumen als Figuren, und vielen Spiegeln, die den ohnehin großen Reichtum und

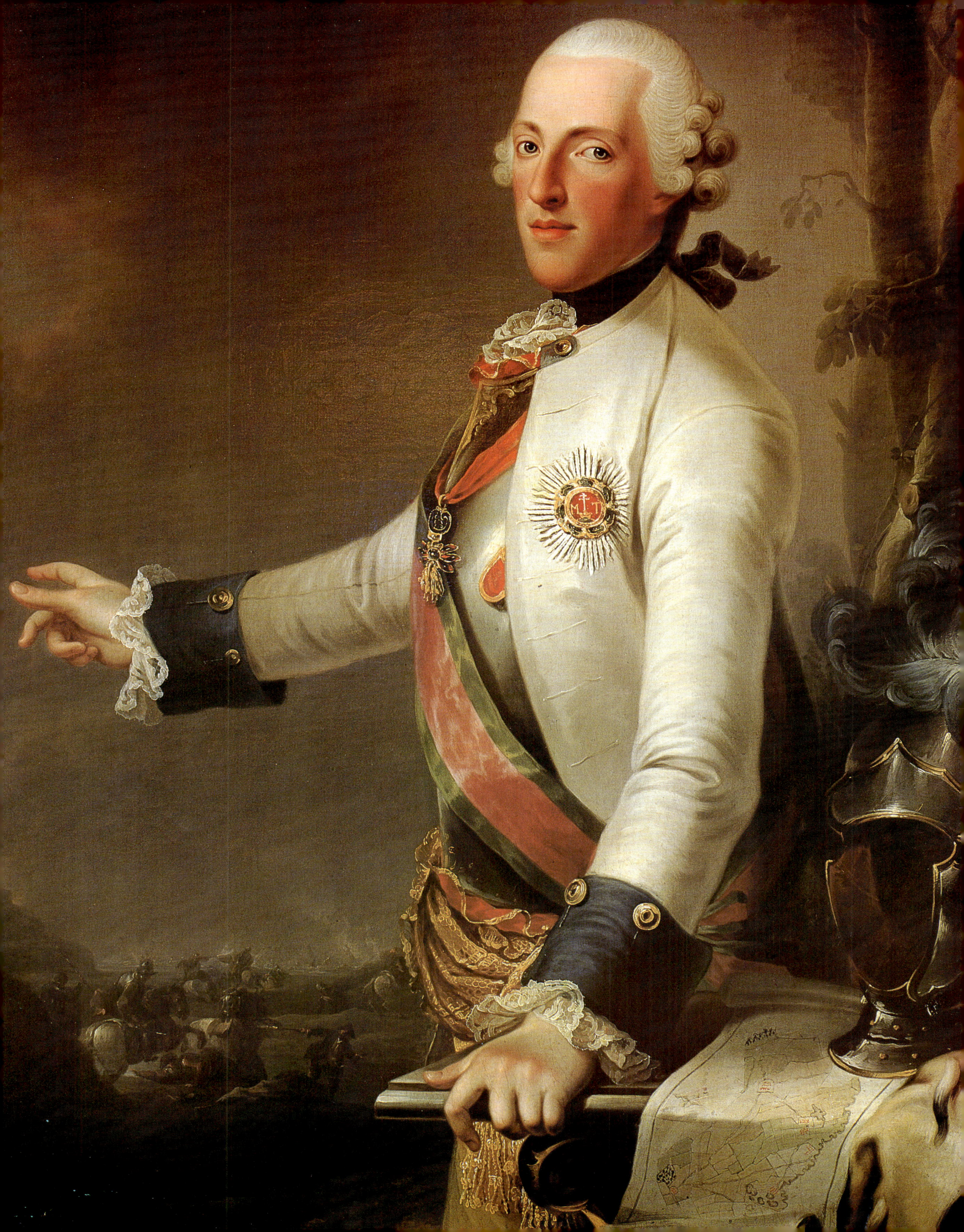

diese Pracht tausendfach vervielfältigen, mannichfach wechseln, und diesem Gemache ein staunenswerthes Ansehen geben, welches durch zwei Ottomanen, mit ganz echtem, mit Gold und Silber durchwirkten schweren persischen Stoff und seinen sehr kunstvoll von purem Rosenholz eingelegten Fußboden noch mehr erhöht wird."

1867 wurden die Fassaden der Albertina historistisch verändert. Eine neuerliche wesentliche Umgestaltung erfuhr das Gebäude bei der Instandsetzung nach den schweren Kriegsschäden in den fünfziger Jahren. Das Reiterstandbild auf der Augustinerbastei von Kaspar von Zumbusch wurde 1899 zur Erinnerung an Erzherzog Albrecht, den Sohn Erzherzog Karls, errichtet.

Die weltberühmte graphische Sammlung Albertina, die weltweit größte und bedeutende Graphiksammlung, entstand durch die systematische Sammeltätigkeit Herzog Alberts. Erweitert wurde sie durch Erzherzog Karl und Erzherzog Albrecht. Nach dem Ende der Monarchie wurde sie mit dem Kaiserlichen Kupferstichkabinett vereinigt, das im wesentlichen auf die Sammlung des Prinzen Eugen zurückgeht.

Vorhergehende Seite:
Herzog Albert von Sachsen-Teschen,
unbekannter Hofmaler, um 1770,
Albertina.

Linke Seite:
Das Palais auf der Augustinerbastei
(oben); Erzherzogin Marie Christine,
Alexander Roslin, 1778, Albertina.

Der strenge klassizistische Säulengang
mit dem anschließenden Treppenhaus.

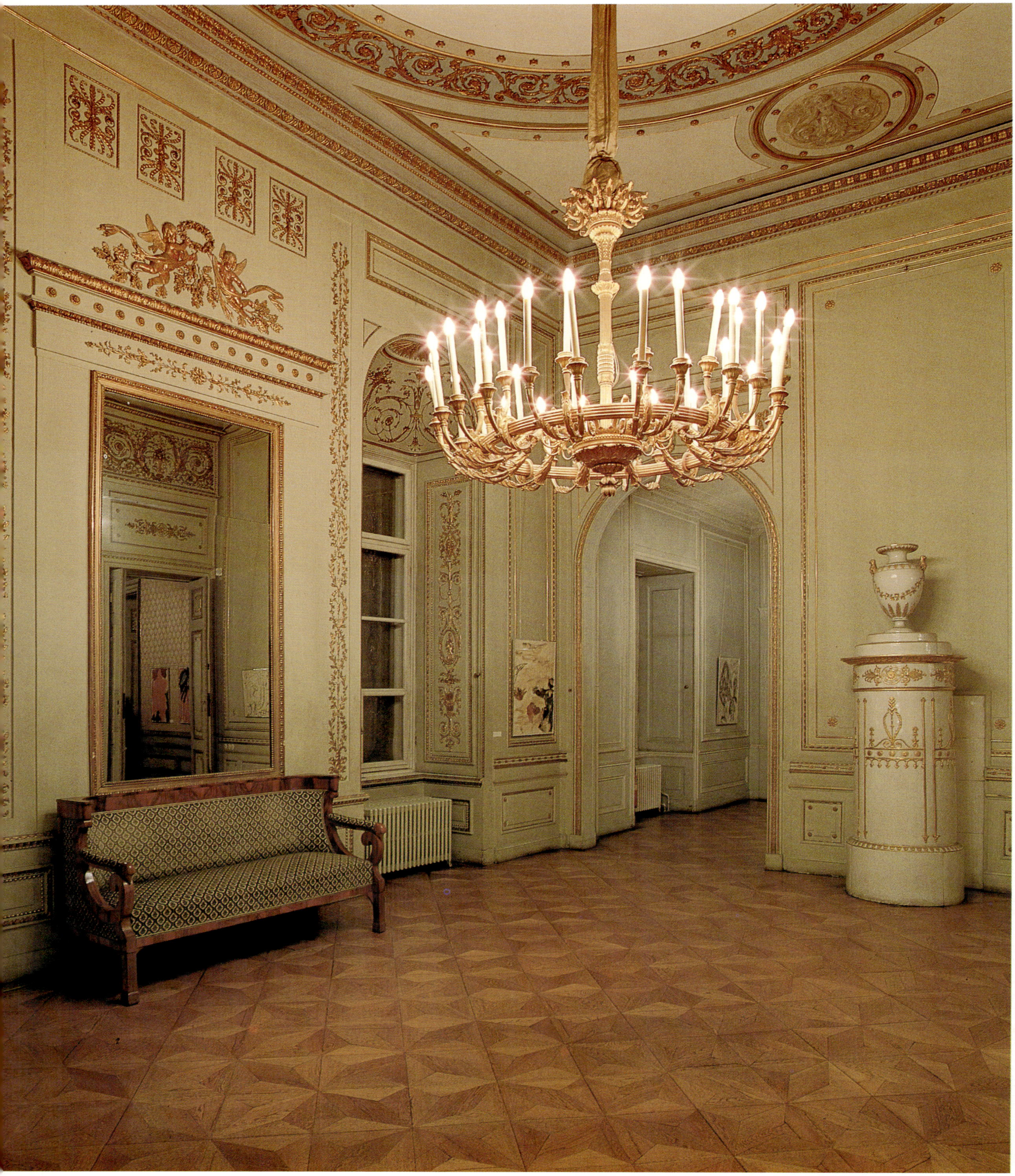

*Die prachtvollen Empiresalons bilden
den Rahmen für die Ausstellungen der
Graphischen Sammlung Albertina.*

*Zwei der Musenstatuen von
Joseph Klieber im Festsaal.*

Palais Pálffy

Das Palais in der Wallnerstraße wurde von 1809 bis 1813 im Auftrag des Grafen Johann Pálffy von Erdöd auf einer Brandstätte errichtet. Das Werk Charles de Moreaus ist eines der wenigen Beispiele der französischen Palastarchitektur des Klassizismus in Wien. Bei der Außenerscheinung dominiert die Betonung der strengen, klaren Form anstelle der sonst üblichen prunkvollen Ausschmückung der Fassade. Auf eine vertikale Gliederung wurde völlig verzichtet, horizontal erfolgt sie durch zwei Gesimse. Einen Kontrast zur sonst schmucklosen Fassade bilden die Reliefs in den Fensterlünetten des Erdgeschosses.

Umso aufwendiger sind die Innenräume gestaltet. Vestibül und Treppenhaus sind mit Marmor und marmorähnlichen Materialien in feinsten Farbnuancierungen verkleidet und mit steinernen Figuren ausgeschmückt; auch die Salons sind vorwiegend in der originalen Empireausstattung erhalten. Das Palais Pálffy zählt zu den wenigen Arbeiten Moreaus in Wien. Mit seinem Umbau der Gartenfront des Schlosses Esterházy in Eisenstadt aber übte der Architekt eine nachhaltige Wirkung auf die heimische Baukultur aus. Im Sommer 1892 war das Palais Pálffy Wohnsitz des Fürsten Otto von Bismarck.

*Linke Seite:
Kamin und Marmorvase
aus den Salons.*

*Das in fein abgestuften
Farbtönen gehaltene Vestibül.*

*Die schlichte Fassade folgt
in ihrem Verlauf der
Straßenkrümmung.*

Palais Modena

Auf dem Grundstück standen ursprünglich vier Giebelhäuser, die nach und nach verschiedenen baulichen Unternehmungen weichen mußten oder in neue Bauprojekte integriert wurden. Bereits in der zweiten Hälfte des 17. Jahrhunderts bestand hier ein einziger geschlossener Baukomplex: das barocke Dietrichsteinsche Palais.

Im Jahr 1811 erwarb die Erbin von Modena, Erzherzogin Maria Beatrix, Schwiegertochter Maria Theresias und Mutter der nachmaligen Kaiserin Ludovica, die Liegenschaft um 184.000 Gulden. Die neue Eigentümerin ließ das Barockpalais klassizistisch umgestalten, wobei am Bauvolumen an sich nichts verändert wurde; auch die 18 Fensterachsen und die beiden Portale blieben bestehen. Die Fassade erhielt aber dennoch durch das Entfernen der typisch barocken Stilelemente und durch die Anwendung des klassizistischen Formenguts einen völlig neuen Charakter. Der betonte Vertikalismus des Barockpalais erhielt eine horizontale Gegenrichtung, die durch ein stark hervortretendes Gesims, durch ein Mäanderband und durch die Reihe der Dreiecksgiebel über den Fenstern des Hauptgeschosses betont wird. Die beiden zweiachsigen Seitenrisalite wurden durch Giebel bekrönt, oberhalb der Portale wurden Balkone aufgesetzt. Die Riesenpilasterordnung wurde vom Barockpalais übernommen, jedoch abgeändert. Wie aus einem Plandokument hervorgeht, lag die Umgestaltung in den Händen des „erzherzoglichen Architekten" Alois Pichl und nicht, wie vermutet worden ist, in jenen Giacomo Quarenghis, der 1779 über Vermittlung des Winckelmann-Freundes Reiffenstein an den Hof Katharina der Großen berufen wurde und durch seine Monumentalbauten in St. Petersburg berühmt geworden ist. Quarenghi hat jedoch mit großer Wahrscheinlichkeit das Werk Pichls entscheidend beeinflußt. Sein Vorbild Palladio und seine Liebe zur Antike spiegeln sich vor allem in der Gestaltung der Prunkräume, die zu den bedeutendsten Raumschöpfungen des Klassizismus in Wien zählen. Den Schwerpunkt des malerischen und bildhauerischen Programms bildet die antike Götterwelt. Die gesamte Innenausstattung des Palais ist von

*Folgende Seiten:
Salons und Festsaal zählen zu
den schönsten klassizistischen
Interieurs in Wien.*

meisterhafter, erlesener Qualität und feinster Eleganz.

Nach dem Tod der Erzherzogin Maria Beatrix im Jahr 1829 kam das Palais an ihren Sohn Erzherzog Franz, Herzog von Modena. 1842 wurde es an den Staat verkauft. Zwischen 1920 und 1923 war es Sitz der vereinigten Ministerien für Unterricht und Inneres; heute beherbergt es das Bundesministerium für Inneres.

*Die feinen Stuckdekorationen
des „Oktogons".*

132

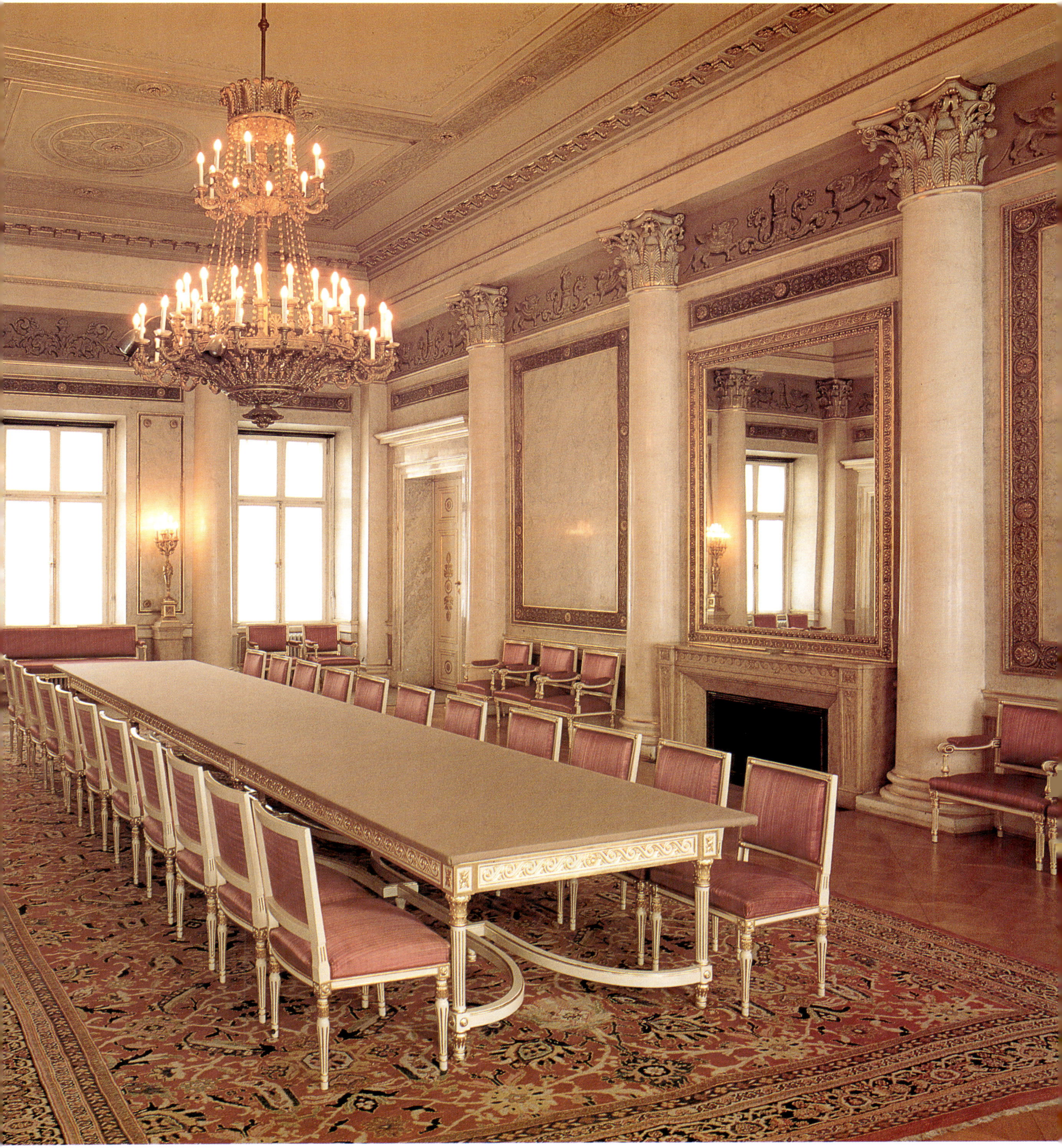

Palais Coburg

Das Palais Coburg wurde von 1843 bis 1847 nach Entwürfen von Karl Schleps und Adolf Korompay im Auftrag des Herzogs Ferdinand von Sachsen-Coburg-Kohary errichtet. Die betonte Zurückhaltung in Gliederung und Dekoration der Fassade entspricht dem Übergang vom Spätbiedermeier zum romantischen Historismus. Die Monumentalität des Gebäudes ist für die Zeit eher untypisch, doch war sie dem Repräsentationsanspruch des ranghohen Bauherrn angemessen. Dieser ließ jedoch den feudalen Wohnsitz schon nach einigen Jahren in ein einträgliches Zinspalais umwidmen. In der wenig baufreudigen Periode der vierziger Jahre des 19. Jahrhunderts war die Errichtung des großen Palais die Sensation in Wien und die Berichterstattung darüber entsprechend enthusiastisch. So schrieb der „Österreichische Beobachter" 1846: „Einen herrlichen Standpunkt nimmt dieses ganz neu erbaute Palais auf der Wasserkunst-Bastei mit einer reizenden Aussicht auf das Gebirge ein. Dasselbe ist in seinem Bau noch nicht vollendet, überrascht aber schon jetzt den Betrachter durch die kunstsinnige, großartige Durchführung und die größte Pracht und Solidität ... Der Baumeister dieses Kunstwerkes, der schon viele andere ähnliche großartige Schönheiten der Residenz geschenkt hat, heißt Corombei." Für die Bewilligung des Vorhabens verlangte die strenge Baubehörde einen gemalten Fassadenteil im 1:1-Maßstab. Die Modellwände wurden von dem berühmten Theatermaler Michael Mayr angefertigt. Die durch die Hochlage an der Bastei weithin sichtbare Säulenordnung trug dem Palais die volkstümliche Bezeichnung „Spargelburg" ein. Als nachträgliche Ergänzung erhielt die Gartenfront 1864 die figurenbesetzte Attika, als im Zuge der Abtragung der Basteien der Palaisgarten neu gestaltet wurde. Das dem Bauherrn gewährte Servitut der freien Aussicht auf den Stadtpark blieb bei der Errichtung der beiden vorgelagerten Hotelneubauten in der zweiten Hälfte des 20. Jahrhunderts im wesentlichen gewahrt.

*Linke Seite:
Blick über das Palais und die
Innenstadt; die Haupttreppe
des Palais.*

*Die monumentale, der Ringstraße
zugewandte Gartenfront.*

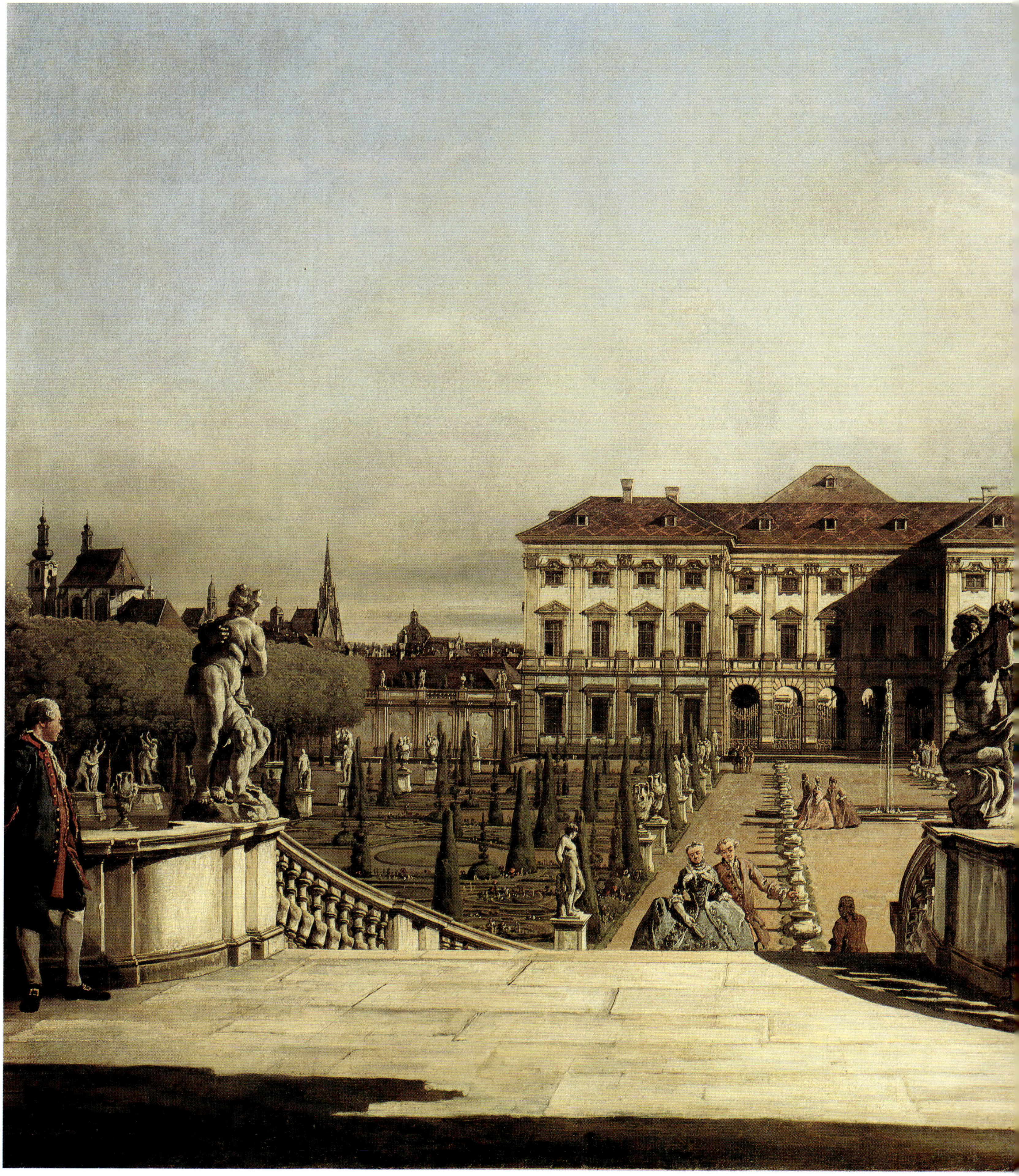

Gartenpalais

Favorita
Collegium Theresianum

Seit dem 14. Jahrhundert befand sich an der Stelle der späteren kaiserlichen Sommerresidenz ein Meierhof, der im Laufe der Zeit verschiedene bürgerliche und adelige Besitzer hatte. 1615 erwarb Kaiser Matthias das Areal zur Errichtung eines Sommersitzes; bald darauf tritt die Bezeichnung „khaiserliche Favorita" auf. Um die Mitte des Jahrhunderts gestaltete Giovanni Battista Carlone den großen Garten – die eigentliche Attraktion der Favorita – nach dem Vorbild der Villa d'Este in Tivoli auf das prunkvollste aus. Im Zuge der zweiten Türkenbelagerung 1683 ließ der Verteidiger von Wien, Ernst Rüdiger Graf Starhemberg, die Favorita als Sicherheitsmaßnahme in Brand stecken.

Kaiser Leopold I. entschloß sich für den Wiederaufbau der Sommerresidenz, der von 1687 bis 1693 stattfand. Als Architekt wird Ludovico Burnacini vermutet, aber auch Giovanni Tencala. Wieder war es der Garten, dem die meiste Aufmerksamkeit geschenkt wurde. Mit seiner Wiederherstellung und der Errichtung neuer Anlagen wie des Gartentheaters, der Grotte und eines Turnierplatzes wurde Jean Trehet beauftragt. Hier manifestierte sich neuerlich das traditionelle Interesse der Habsburger an Gärten und an der Botanik im allgemeinen.

Unter Leopold I. war die Favorita das kulturelle Zentrum der Kaisermetropole; sie war Schauplatz der prunkvollsten Opernaufführungen und großer Konzerte und Theaterereignisse. Zu jedem sich bietenden Anlaß wurden Feste und Bälle gegeben. Als der Zar von Rußland 1698 Wien besuchte, fand in der Favorita das größte Maskenfest aller Zeiten statt. Das Gebäude selbst jedoch fand nie besonderen Anklang. So heißt es in einem Reisebuch aus dem beginnenden 18. Jahrhundert: „Man bildet sich ein, wenn man von einem kaiserlichen Lusthause reden hört, einen Palast zu bewundern, welcher mit der auserlesensten Kunst gebaut ist; allein man ist gezwungen, diesen Gedanken zu ändern, wenn man nichts anderes als ein ziemlich langes Gebäude sieht, welches weder groß noch hoch ist, in dem zwar einige ziemlich wohl möblierte Zimmer sich befinden, das jedoch so angelegt ist, daß man nicht behaupten kann, es sei ein Lusthaus eines großen Kaisers."

Auch der Wiener Topograph Johann Basilius Küchelbecker war von der Favorita wenig angetan, wie aus seiner Beschreibung hervorgeht: „Das Gebäude ist ohne Pracht, die Treppen sind enge, die Antichambres nicht besonders groß und die Zimmer mit weiters nichts als einigen Tableaus möbliert. Die kaiserlichen Zimmer sind schön eingerichtet, jedoch ohne alle Pracht und Kostbarkeit."

Kaiser Karl VI. liebte die Favorita sehr. Er wurde an diesem Ort zum spanischen König ausgerufen; hier bereitete er die Pragmatische Sanktion vor, und schließlich starb er auch in seinem Tuskulum „auf der Wieden" am 20. Oktober 1740. Damals zeigten sich Gebäude und Garten bereits in ziemlich desolatem Zustand. Kaiserin Maria Theresia übergab nach dem Tod des Vaters das kaiserliche Gartenpalais den Jesuiten zur Einrichtung eines „Seminarium Nobilium". Für die Verwendung als Schule erhielt das

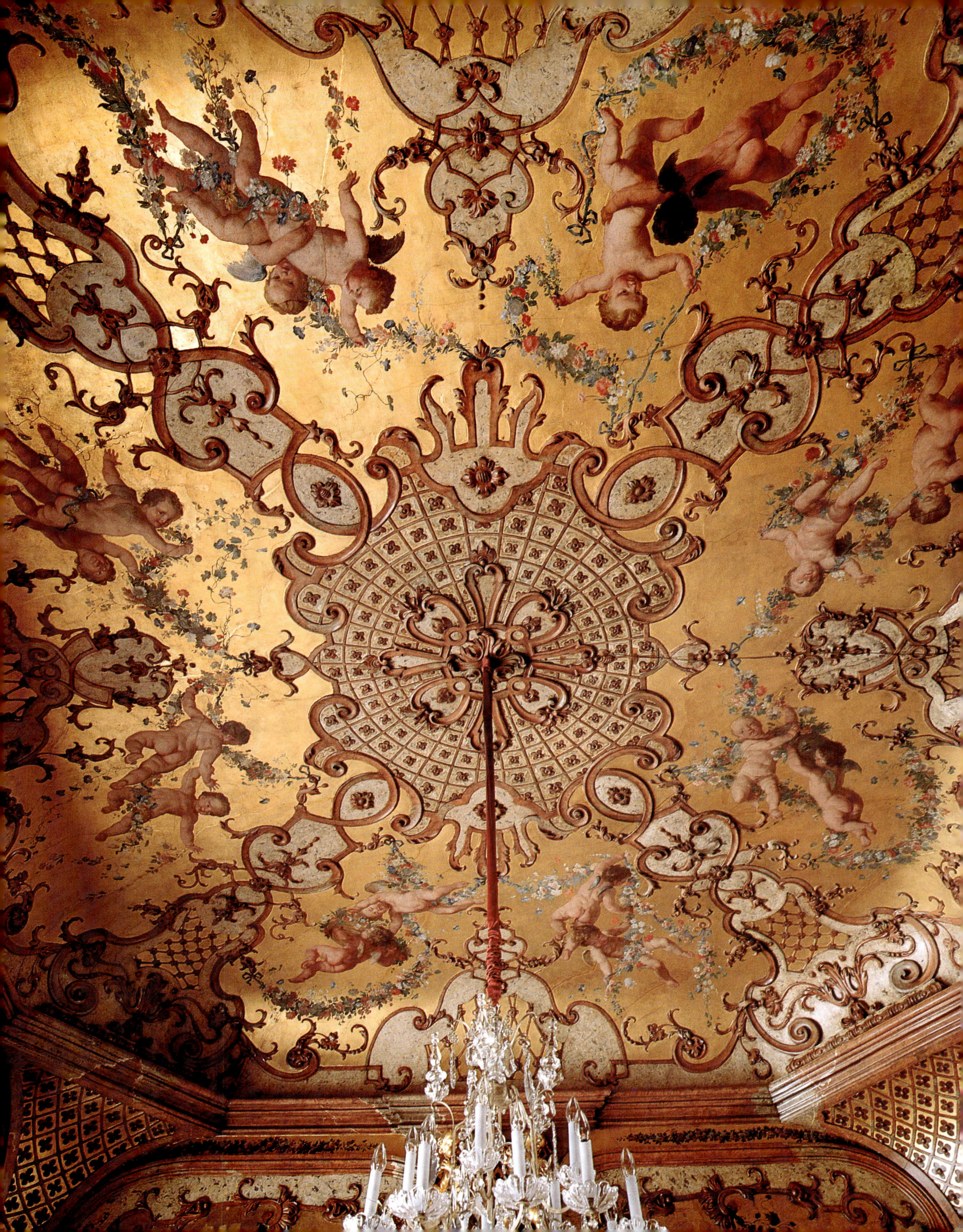

*Vorhergehende Seiten:
Supraporte mit Reliefporträt
Kaiser Karls VI. und Allegorie
der Fama (links); die Decke
des 1724 von Claude Le Fort
du Plessy ausgestatteten Goldkabinetts.*

*Das perspektivische
Gartenportal ist ein
Meisterwerk barocker
Schmiedekunst.*

*Die außerordentlich langgestreckte
Straßenfassade.*

Die Wandfresken des Peregrinsaales zeigen Allegorien der Herrschertugenden; die barocke Stuckdecke wurde nach der Übernahme durch die Jesuiten mit allegorischen Darstellungen der verschiedenen Gebiete ihrer Lehrtätigkeit versehen.

*Folgende Seiten:
Kaiser Franz Stephan und Kaiserin Maria Theresia, um 1750 (links); die Bibliothek, 1746 eigerichtet, diente vermutlich zuvor als Thronsaal.*

Gebäude seine jetzige Ausdehnung. Nach der Aufhebung der Schule durch Kaiser Josef II. wurde sie von Kaiser Franz II. 1797 als Collegium Theresianum wiedereröffnet. Diese Neugründung war von zahlreichen baulichen Veränderungen begleitet.

Die fünfundfünfzigachsige Front entlang der Favoritenstraße, zu Recht als die längste Barockfassade Wiens bezeichnet, ist sehr einheitlich gegliedert, mit Ausnahme des klassizistischen Mittelrisalits, der eine ionische Riesenpilasterordnung aufweist. Im Feld des mächtigen Dreiecksgiebels ist der kaiserliche Doppeladler angebracht. Im Süden schließt das sogenannte Obere Stöckl die Fassade ab, im Norden das ehemalige Ballhaus. Vom einstmals prachtvollen Barockgarten ist neben dem besonders schönen Gartenportal nur mehr die Grotte fragmentisch erhalten. Von den historischen Räumen sind die Sala terrena, die Kapelle und die Kaiserzimmer hervorzuheben. Der ehemalige Tanzsaal, auch Peregrinsaal genannt, dessen wertvoller Freskenschmuck im Jahr 1983 wiederentdeckt und freigelegt wurde, die Bibliothek und das Goldkabinett zählen zu den bedeutendsten Interieurs des späten 17. und 18. Jahrhunderts in Wien.

Die von Maria Theresia eingeleitete Schultradition des Hauses wird bis heute weitergeführt. Es beherbergt das öffentliche Gymnasium der Stiftung Theresianische Akademie, kurz Theresianum genannt, sowie seit 1964 die Diplomatische Akademie.

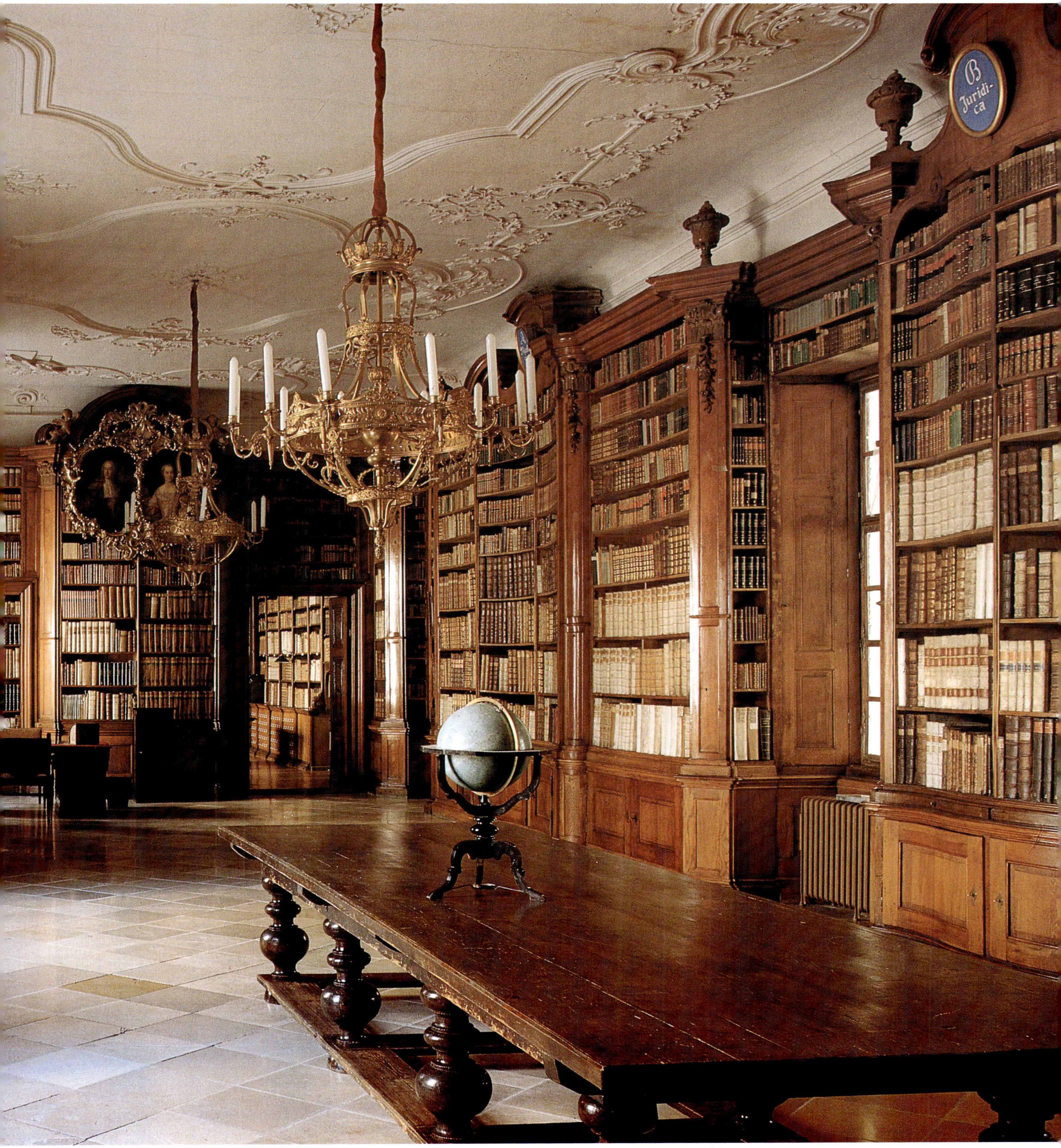
B
Juridi-
ca

Gartenpalais Liechtenstein

Das Gartenpalais Liechtenstein in der Roßau zählt zu den ältesten adeligen Sommerpalais Wiens. Das großartige Bauwerk war Vorbild vieler späterer Anlagen; dennoch ist es in seinem äußersten und inneren Erscheinungsbild ein Unikat geblieben. Ähnlich wie beim Liechtensteinischen Stadtpalais, das von demselben Baukünstler – allerdings ursprünglich für einen anderen Bauherrn, den Grafen Kaunitz – entworfen wurde, haftet auch dem Gartenpalais durch die enge Anlehnung an italienische Stilvorlagen ein in der Wiener Baulandschaft fremdartiger Charakter an.

Im Jahr 1689 wird Domenico Martinelli erstmals als Verfasser der Pläne für den Gartenpalast des baufreudigen Fürsten Johann Adam von Liechtenstein erwähnt. Die Ausführung der Arbeiten sollte 1691 Antonio Riva übernehmen. Der Kontrakt mußte jedoch wegen eines Protests der Wiener Maurerzeche gelöst werden; Riva wurde durch den kaiserlichen Hofmaurermeister Lorenz Laher ersetzt. Der eigentliche Baubeginn verzögerte sich jedoch um Jahre, denn Fürst Liechtenstein schaltete auch den römischen Architekten Carlo Fontana für eine Neuplanung ein. Das Ergebnis scheint dem Fürsten nicht zugesagt zu haben, denn er entschloß sich nun endgültig zur Ausführung der Pläne Martinellis. Als Bauführer wurde nun Alexander Christiani tätig; Laher errichtete schließlich nur die Nebengebäude. 1704 war das Palais im Rohbau vollendet.

Zur künstlerischen Ausgestaltung wurden der Bildhauer Giovanni Giuliani, der Stukkateur Santino Bussi und die Maler Marcantonio Francescini und Michael Rottmayr verpflichtet; Andrea Pozzo malte das große Deckenfresko im Marmorsaal. Wie aus den Liechtensteinischen Archiven hervorgeht, erhielten die Künstler außer den großzügigen Honoraren jeweils noch zwanzig Eimer Wein.

Der große Baukomplex stand freistehend in einem wenig verbauten Augebiet. Die prachtvolle barocke Gartenanlage erstreckte sich bis an den Alserbach, wo das Belvedere von Johann Bernhard Fischer von Erlach den optischen Abschluß bildete. 1814 wurde der barocke Garten in einen englischen Landschaftsgarten umgestaltet und vor der Hauptfront das klassizistische Triumphbogenportal errichtet. 1873 mußte das prächtige Gartenbelvedere einem Neubau weichen. Heinrich von Ferstel errichtete an seiner Stelle den fürstlichen Witwensitz, in der Achse des Palais und in stilistischer Anlehnung an seine Architektur.

Der querrechteckige Baublock des Gartenpalais Liechtenstein steigt an der Hauptfront durchlaufend empor, während die Gartenfront und die beiden Seitenfronten durch Einzüge derart gestaltet sind, daß der Bau aus einem zentralen Kernstück mit vier Seitenrisaliten bestehend erscheint. Der gesamte Mittelteil des Palais, der sich äußerlich nur wenig absetzt, wird im Erdgeschoß vom Vestibül und vom Gartensaal eingenommen. An die vordere Halle schließen die beiden symmetrisch angeordneten Treppenhäuser an. Sie führen zum Zentrum des Gebäudes, dem großartigen Marmorsaal. Der große, hoch und

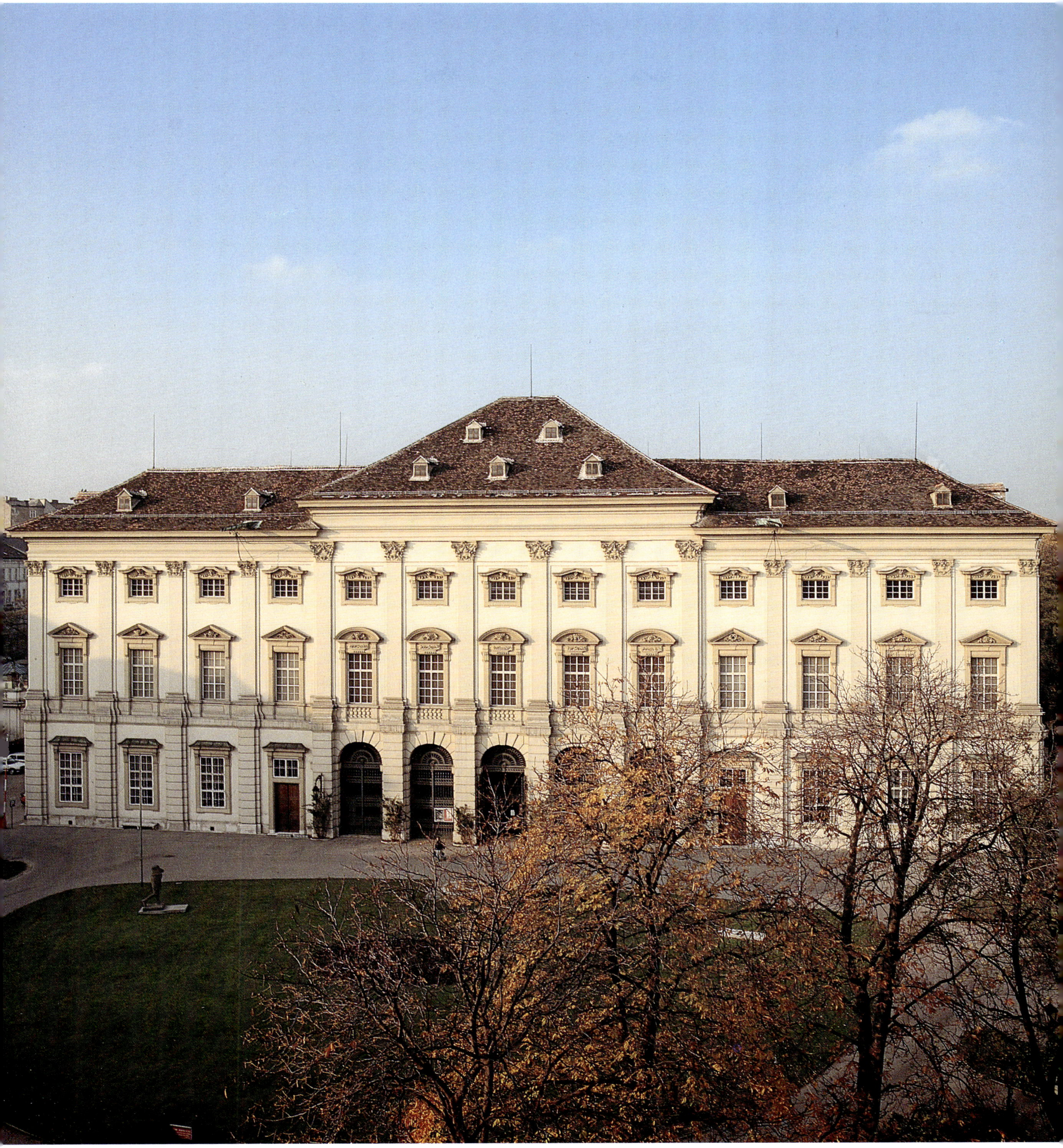

feierlich wirkende Raum wird durch mächtige Marmorhalbsäulen mit vergoldeten Kapitellen gegliedert; die Flächen dazwischen sind mit reich vergoldeten Ornamenten geschmückt und mit großen eingelassenen Ölgemälden versehen. Über dem breiten Gesimse erhebt sich Andrea Pozzos Deckenfresko „Apotheose des Herkules", das von 1704 bis 1708 entstanden ist. Der Marmorsaal des Liechtensteinischen Gartenpalais zählt zu den bedeutendsten Raumschöpfungen der Barockzeit in Wien. Neben der hohen Qualität der künstlerischen Ausstattung fasziniert vor allem die einzigartige Farbkomposition des Raumes, die zur erhebenden Feierlichkeit wesentlich beiträgt.

Der bis dato im Besitz der fürstlichen Familie von Liechtenstein stehende Bau enthielt bis zum Zweiten Weltkrieg die weltberühmten Kunstsammlungen, die Bibliothek und das Familienarchiv. Derzeit beherbergt es das Museum Moderner Kunst.

Der prachtvolle Marmorsaal vereint alle Mittel barocker Gestaltungskunst.

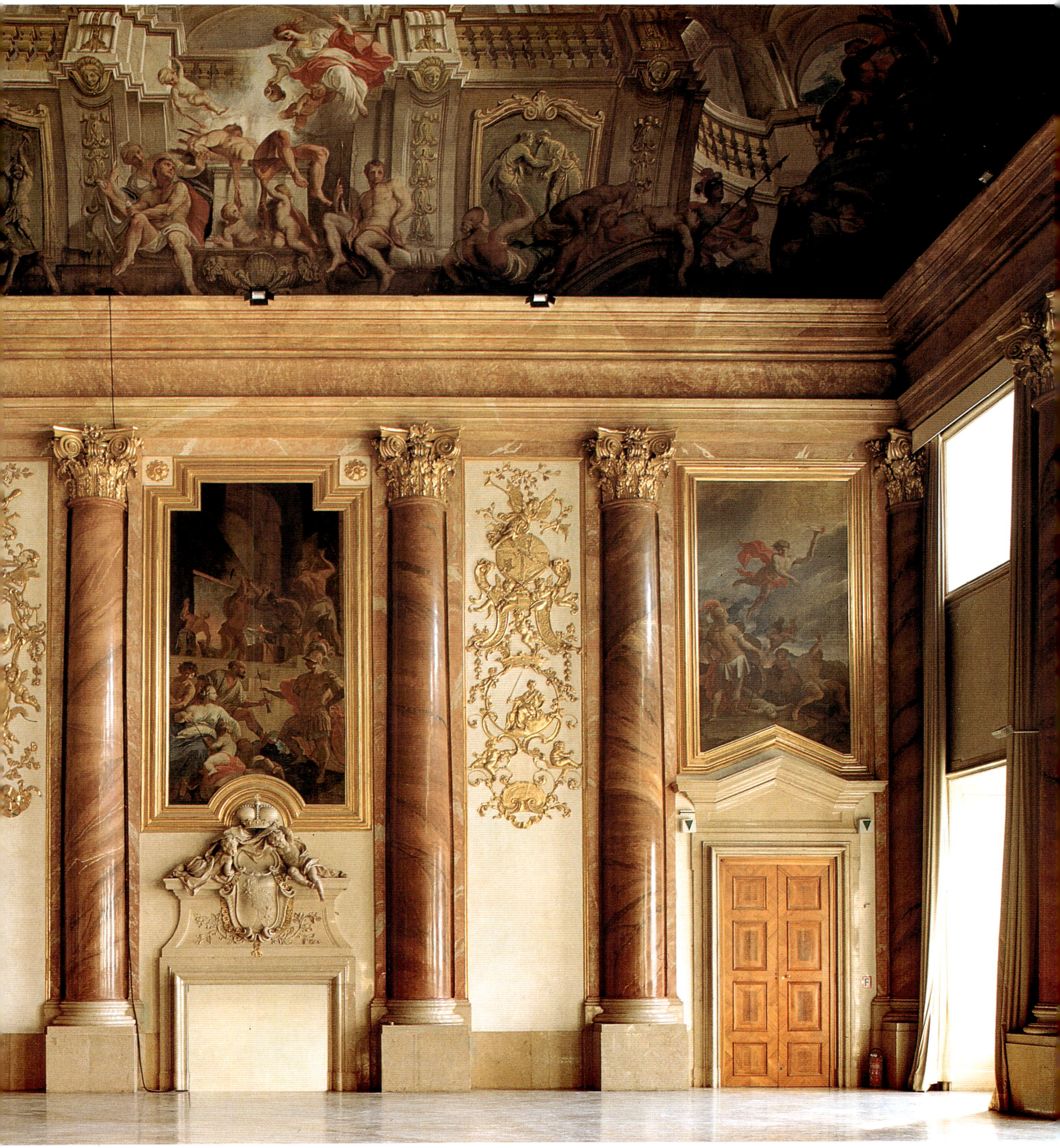

*Rechte Seite:
Das mächtige Deckenfresko
des Marmorsaals: Im von
Scheinarchitekturen
gerahmten Himmel die
Apotheose des Herkules.*

*Die zahlreichen Fresken-
medaillons der Sala terrena
sind von kunstvollen
Stuckornamenten gerahmt.*

*Die halbkreisförmig angeord-
neten Nebengebäude bilden
einen Ehrenhof.*

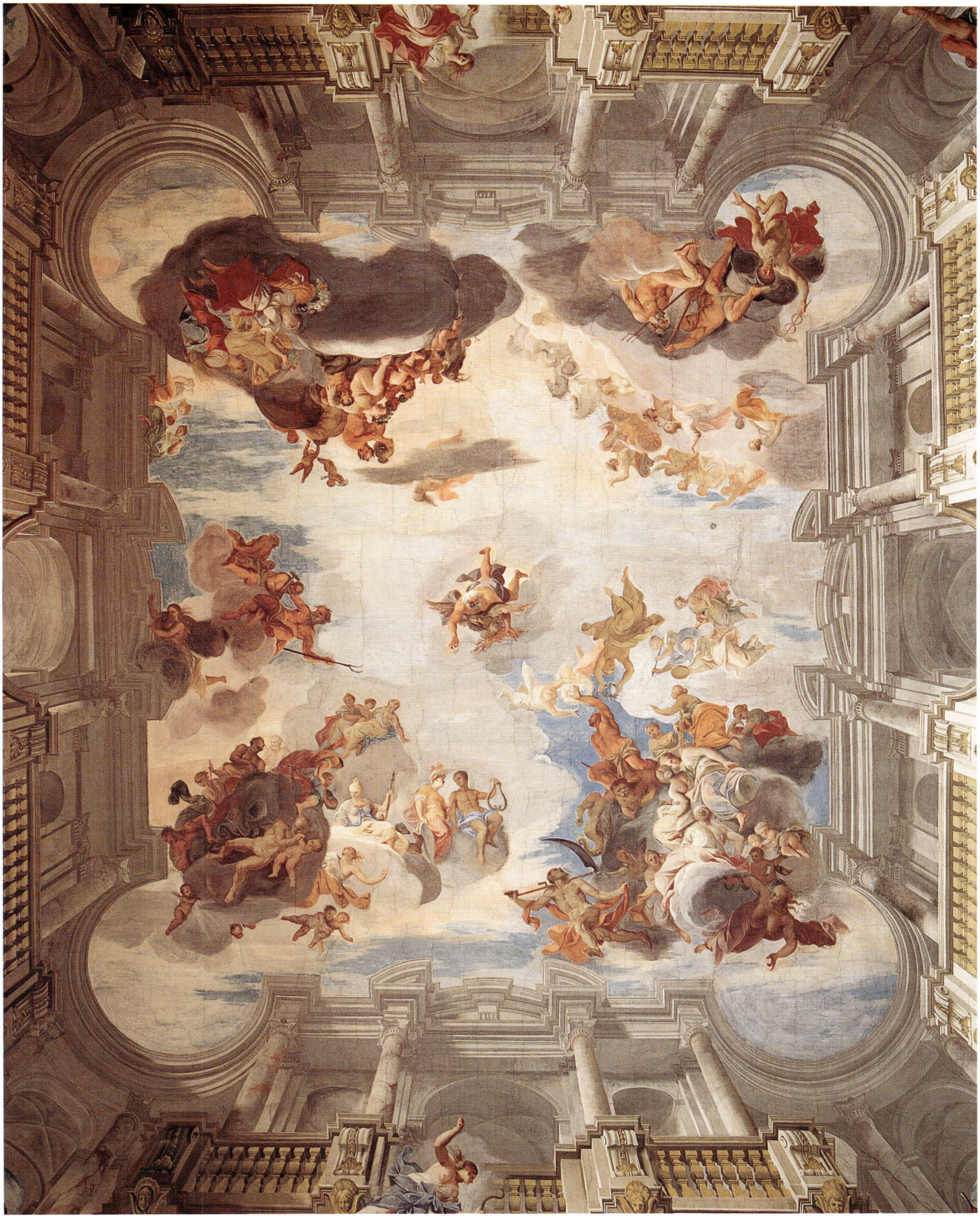

Schloß Hetzendorf

Schloß Hetzendorf, südlich des Schönbrunner Schloßparks gelegen, wurde um 1694 für den Grafen Sigismund von Thun als Jagdschloß errichtet. Die Planentwürfe stammen wahrscheinlich von Johann Lukas von Hildebrandt, der das Gebäude 1712 unter dem neuen Eigentümer Anton Florian Fürst von Liechtenstein umgestaltete. Nach dem Grafen Anton Salm-Reifferscheidt übernahm die Hofkammer den Besitz. Kaiserin Maria Theresia ließ das Schloß vom Hofarchitekten Nikolaus Pacassi für ihre verwitwete Mutter Elisabeth Christine adaptieren. Dem Geschmack der Auftraggeberin wurde in Hetzendorf sichtlich Rechnung getragen, vor allem die Ausstattung läßt – freilich in kleinerem Maßstab – viele Parallelen zu Schloß Schönbrunn erkennen. Der wohlproportionierte Haupttrakt bildet mit den niedrigen Nebengebäuden einen Ehrenhof; die weiteren Wirtschaftshöfe wurden in einer späteren Bauphase unter Josef II. errichtet. Die Attikafiguren der Hof- und der Gartenfront stammen wohl von Lorenzo Mattielli; jedenfalls hat er die steinernen Sphingen bei den seitlichen Eingängen im Ehrenhof geschaffen.

Auch zur Ausschmückung des Inneren haben bedeutende Künstler beigetragen. Das Vestibül weist Stuckreliefs und das Deckenfresko „Aurora" von Daniel Gran auf. Die malerische Ausstattung des Festsaales nach Entwürfen Antonio Beduzzis zählt zu den wichtigsten Beispielen hochbarocker Quadraturmalerei in Wien. Neben der schönen, mit Stuccolustro und eingelassenen Bildern verkleideten Galerie ist besonders der japanische Salon mit seiner Holzvertäfelung sowie mit Specksteinreliefs und vergoldeten Ornamenten kostbar ausgestattet. Die 1745 geweihte Schloßkapelle ist ein einschiffiger Saalraum; ihre Platzelgewölbe sind mit Fresken von Daniel Gran geschmückt. Hinter dem Schloß ist ein Rest der Gartenanlage in veränderter Form erhalten. Schloß Hetzendorf beherbergt heute die Modeschule der Stadt Wien.

Linke Seite:
Der Festsaal; eine der Sphingen
vor den Seitenportalen.

Der deutlich von den Seitenflügeln
abgesetzte Mittelteil des Schlosses.

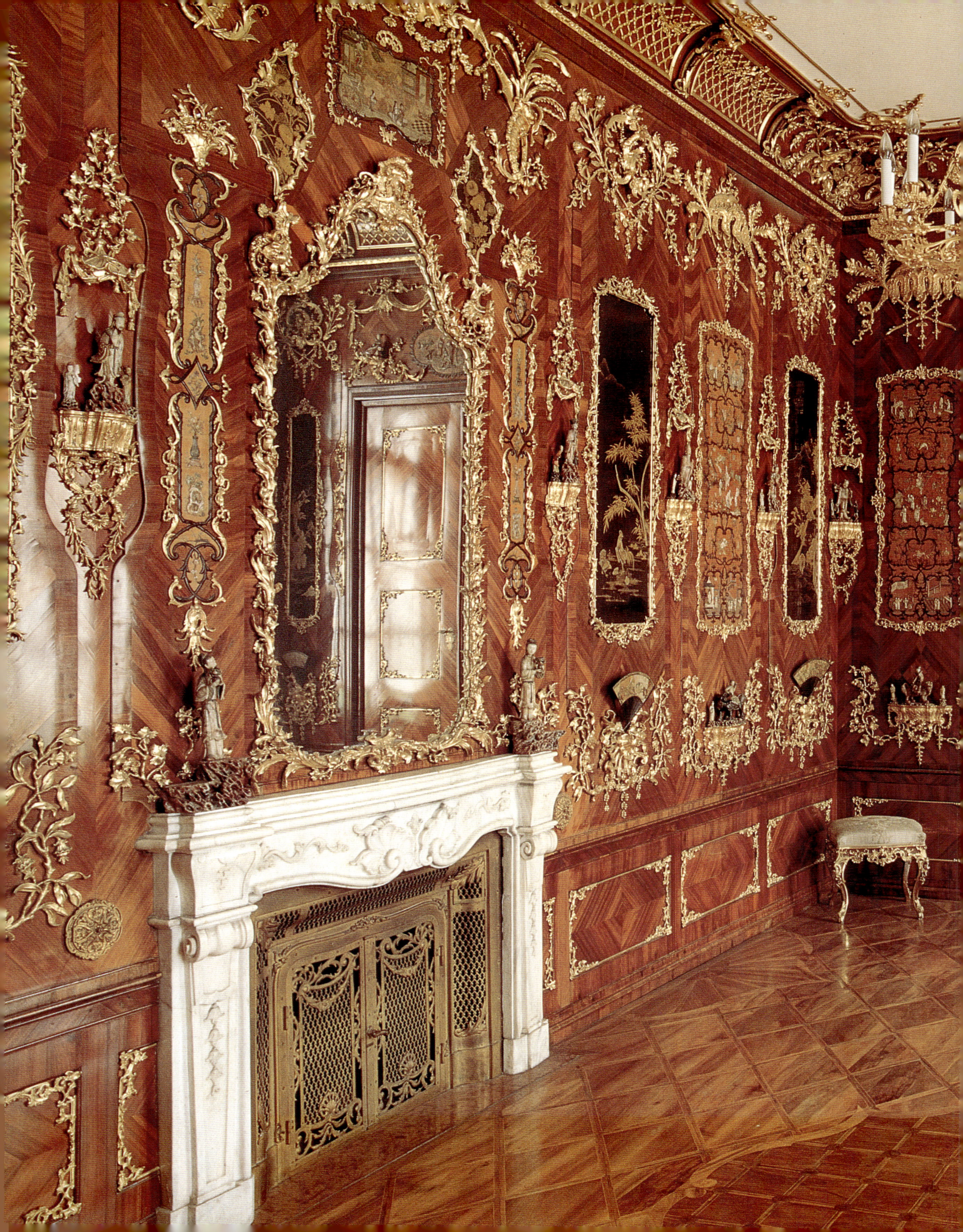

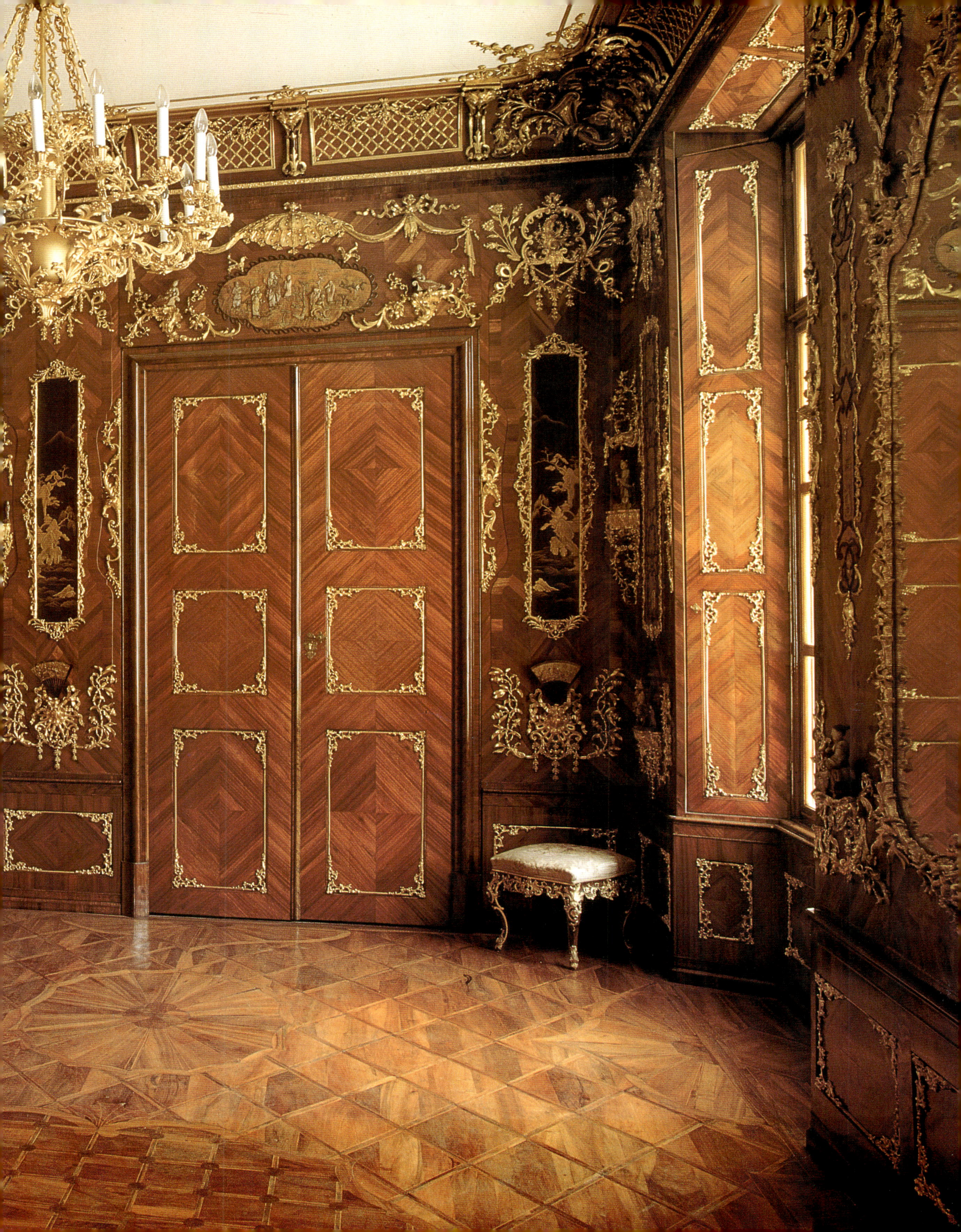

*Vorhergehende Doppelseite:
Der japanische Salon.*

*Die Ausstattung der Galerie ist ein
typisches Beispiel theresianischer
Geschmackskultur.*

Freskodetail aus dem Festsaal.

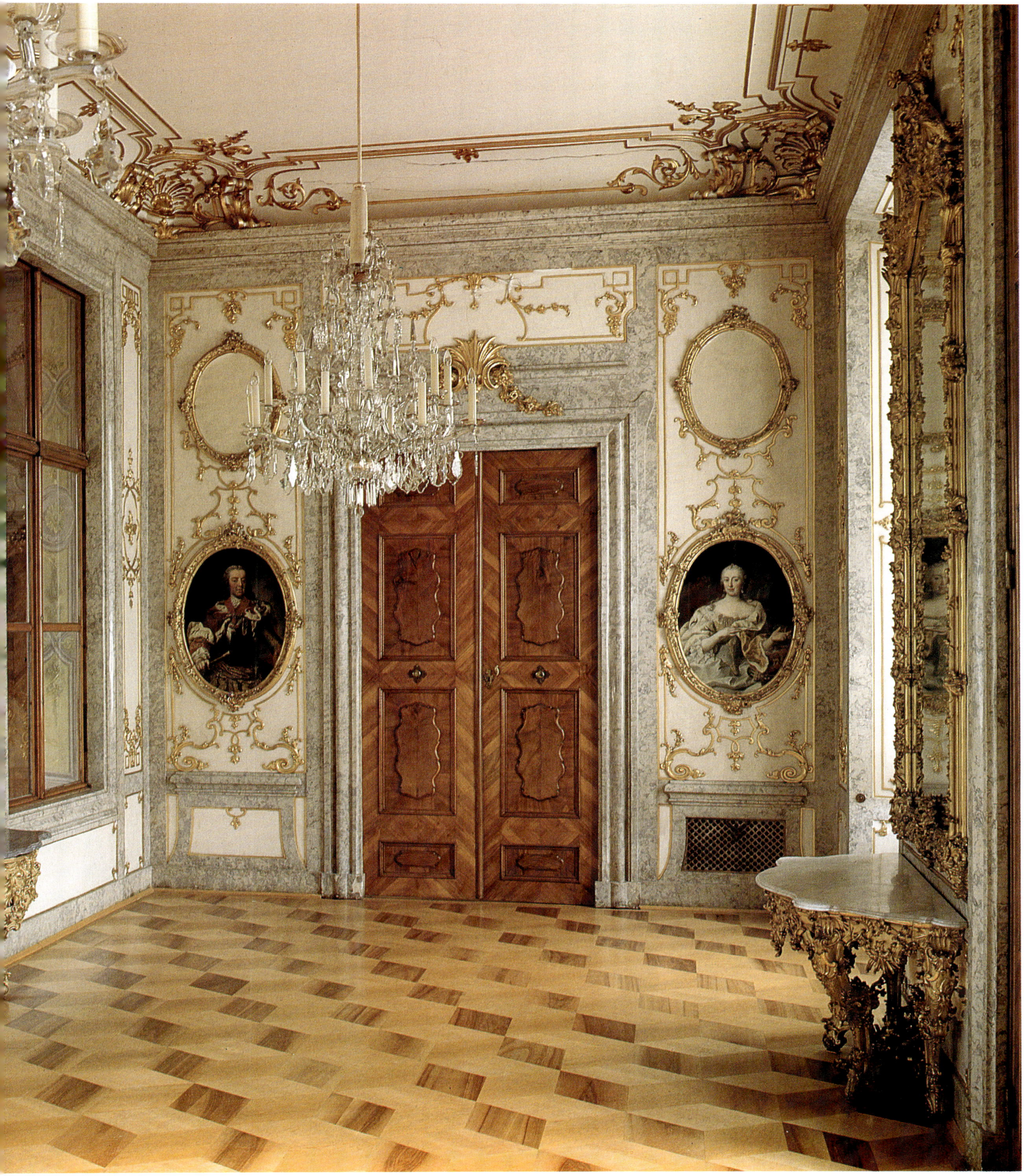

Schloß Schönbrunn

Seit dem 14. Jahrhundert stand an der Stelle von Schloß und Park Schönbrunn am Ufer des Wienflusses zwischen den Dörfern Meidling und Hietzing eine befestigte Mühle, die „Katterburg". Das Areal bestand hauptsächlich aus Wiesen und Wäldern und gehörte dem Stift Klosterneuburg. Unter dem Wiener Bürgermeister Hermann Bayer wurde die Katterburg ab 1548 zum Herrensitz mit einem Lust-, Baum- und Weingarten ausgebaut. 1569 erwarb Kaiser Maximilian II. das Anwesen. Was ihn an dem ländlichen Refugium anzog, das waren neben dem neuangelegten Tiergarten vor allem die Blumen- und Kräutergärten, da er wie die meisten Habsburger vor und nach ihm ein ausgeprägtes Interesse für Botanik besaß. Zu Anfang des 17. Jahrhunderts, so heißt es, entdeckte Kaiser Matthias auf der Jagd eine Quelle, den „Schönen Brunnen", der dem Besitz seinen späteren Namen gab. 1637 wurde das Schlößchen als Witwensitz für die Gemahlin Kaiser Ferdinands II., Eleonore aus dem Hause Gonzaga, luxuriöser ausgestaltet. 1683 schließlich wurden Gebäude und Garten von den Türken zerstört.

Unter Kaiser Leopold I. wurde bald danach der Plan eines Neubaues gefaßt. Der kürzlich aus Rom zurückgekehrte Johann Bernhard Fischer von Erlach legte einen Entwurf für eine unerhört aufwendige Anlage vor: über fünf arkadengeschmückten Terrassen sollte sich auf der Höhe des Schönbrunner Berges ein großartiges Schloß von ungeheuren Ausmaßen erheben. Es ist anzunehmen, daß der junge Baukünstler mit diesem Projekt zunächst einmal auf seine Fähigkeiten aufmerksam machen und dem Rang, den er dem Kaiserhaus zumaß, Ausdruck verleihen wollte.

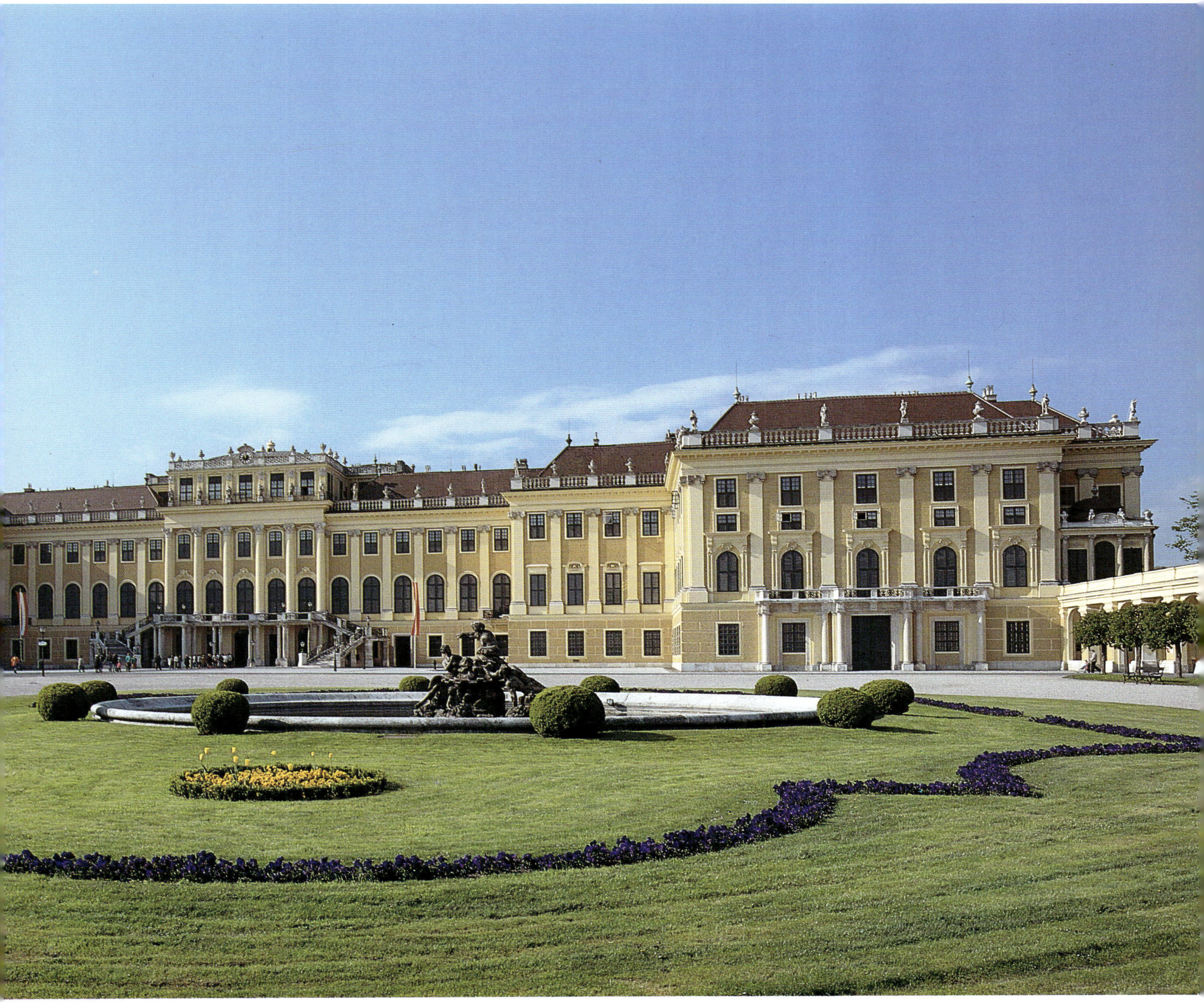

Das nach dem Entwurf von Isidor Canevale nach 1770 gestaltete Vieux-Laque-Zimmer.

Der Blaue chinesische Salon (oberes Bild); illusionistische Landschaftsmalereien von exotisch-tropischer Üppigkeit von Johann Bergl in den nach ihrem Schöpfer benannten Bergl-Zimmern.

An eine Verwirklichung der überdimensionierten, ja megalomanen Anlage dürfte nicht ernstlich gedacht worden sein. Insgesamt ist der Entwurf eine phantastische Synthese großer Palastarchitekturen von der Antike bis zum internationalen Barockstil. In seinem zweiten Entwurf rückte Fischer von seiner ursprünglichen „utopischen" Idee ab, sowohl in Hinblick auf die Höhenlage als auch auf Ausdehnung und Prunkentfaltung. Zur Realisierung kam ein im Tal gelegenes, sehr elegantes Gartenpalais, mit dessen Bau 1696 begonnen wurde. Nach der Vollendung des Mitteltraktes schritten die weiteren Arbeiten nur zögernd voran und kamen schließlich vor der völligen Fertigstellung des Schlosses zum Stillstand.

Ein Abschluß der Bauarbeiten erfolgte erst unter Kaiserin Maria Theresia, die sich Schönbrunn als Sommersitz erwählte. Sie veranlaßte einen großzügigen Umbau des Schlosses, den der junge Architekt Nikolaus Pacassi von 1743 bis 1749 durchführte. Die neue Verwendung für Schönbrunn als offizielle kaiserliche Sommerresidenz und als Familienwohnsitz erforderte eine völlig neue Konzeption im Inneren wie im Äußeren.

Zu den gravierendsten Veränderungen zählte die Errichtung der Großen und der Kleinen Galerie sowie der beiden Chinesischen Kabinette an der Stelle des alten Prunksaales. Durch die Einziehung eines neuen Zwischengeschosses erfuhr auch das Äußere eine deutliche Veränderung. Die große Treppenanlage Fischers wurde abgebrochen, und durch den Einbau der Pfeilerhalle eine Durchfahrt vom Ehrenhof zum Garten geschaffen.

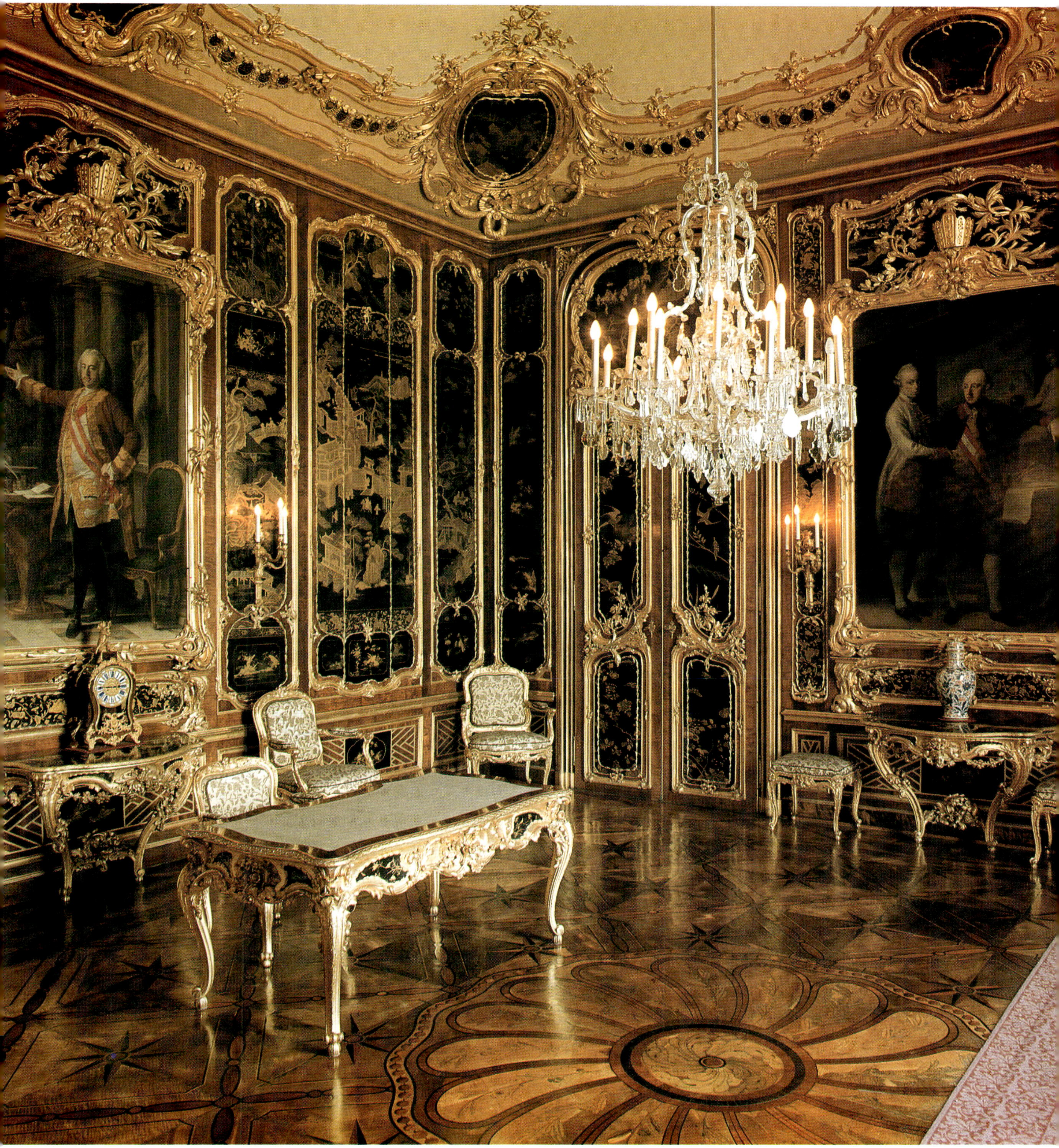

Der Ausstattung der Räume nahm sich die Kaiserin selbst mit Begeisterung an. Eine bedeutende Rolle spielte dabei die Chinoiserie, für die Maria Theresia eine besondere Vorliebe hatte. Die bedeutendste Ausstattung dieses Genres enthält das sogenannte Millionenzimmer. In die Vertäfelung aus kostbarem Rosenholz sind 260 überaus wertvolle indopersische Miniaturen aus dem 16. und 17. Jahrhundert eingelassen, die das höfische Leben des Mogulreiches szenisch darstellen. Andere Zimmer sind mit chinesischen Lacktafeln oder Tapeten ausgestattet.

Zur Ausschmückung des Schlosses trugen die Mitglieder der kaiserlichen Familie auch eigenhändig bei. Im Porzellanzimmer etwa, so benannt nach dem blau-weiß bemalten Schnitzdekor, der Porzellan imitiert, sind Tuschzeichnungen eingelassen, die Kaiser Franz I. Stephan, der Gemahl Maria Theresias, und ihre Töchter Marie Christine und Maria Elisabeth angefertigt haben. Als bedeutendes Denkmal theresianischer Hofkultur gilt das 1747 eröffnete Schloßtheater, das nach einem Entwurf von Pacassi in der Nordwestecke des Ehrenhofes errichtet und später von Johann Ferdinand Hetzendorf von Hohenberg umgestaltet wurde.

Der große Schönbrunner Garten wurde um die Mitte des 18. Jahrhunderts nach französischem Vorbild neu angelegt. Eine kleinere Gartenanlage hatte Jean Trehet bereits zur Zeit der Errichtung von Fischer von Erlachs Schloßbau geschaffen. Zu den ersten Maßnahmen im Bereich des neuen Gartens zählte die Errichtung der Menagerie, die Jean Nicolas Jadot de Ville-Issey im Auftrag des Kaisers Franz Stephan vornahm.

Oben:
Die beschnittenen Alleewände leiten den Blick auf den Mittelrisalit der Gartenfassade.

Die Gloriette auf der höchsten Erhebung des ausgedehnten Gartens.

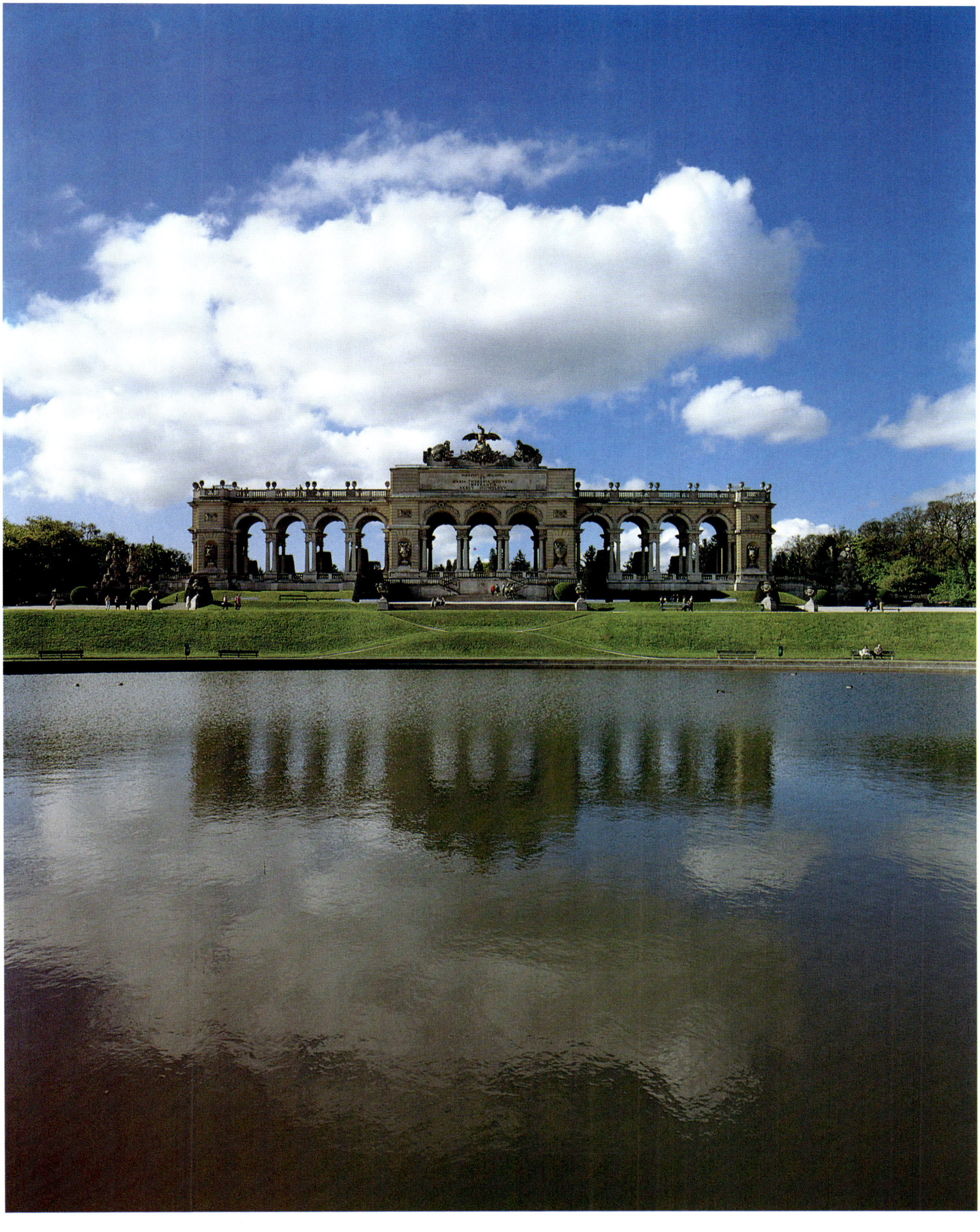

Rechte Seite:
Der Kammergarten vor der
westlichen Seitenfront des Schlosses
(oben); Figur einer Priesterin von
Johann Baptist Hagenauer.

Jadot entwarf auch den Kronprinzengarten vor der östlichen und den Kammergarten vor der westlichen Seitenfront des Schlosses. Der „Holländische Garten" wurde 1753 von Adrian van Steckhoven angelegt, 1755 schließlich die Orangerie errichtet.

Die weitere Verschönerung des Gartens wurde um 1765 Johann Ferdinand Hetzendorf von Hohenberg übertragen. Dazu gehörte vor allem die Gestaltung des Schönbrunner Berges, auf dessen Höhe er die Gloriette errichtete. Für diesen kulissenhaft wirkenden Kolonnadenbau, einen von Trophäen bekrönten „Ruhmestempel", wurden Bauteile des verfallenden Schlosses Neugebäudes verwendet. Die wohl interessanteste Schöpfung Hohenbergs im Schönbrunner Garten ist die Römische Ruine, ein bedeutendes Beispiel theatralischer Stimmungsarchitektur der Romantik. Weitere Maßnahmen betrafen die umfassende Ergänzung des bildhauerischen Programms, darunter die Errichtung des Neptunbrunnens am Fuße des Berghanges mit der Figurengruppe von Franz Anton Zauner. Treibende Kraft für die Ausgestaltung des Schönbrunner Schloßparks war neben der Kaiserin Maria Theresia selbst ihr Staatskanzler Fürst Wenzel Anton von Kaunitz, der das thematische Konzept für den reichen Figurenschmuck entwarf.

Kaiser Josef II., der Schönbrunn nicht liebte, hielt sich nur wenig hier auf. Die letzten größeren baulichen Veränderungen ließ Kaiser Franz 1817 bis 1819 vornehmen. Der Hofarchitekt Johann Aman gestaltete damals die Fassaden relativ geringfügig in klassizistischer Manier um. Die radikale Vereinheitlichung, die Pietro Nobile vorgeschlagen hatte, lehnte der Kaiser ab.

1830 wurde im Schloß Schönbrunn Kaiser Franz Joseph geboren. Unter ihm wurde es noch einmal zum Mittelpunkt des Habsburgerreiches. Er machte Schönbrunn zu seiner ständigen Sommerresidenz, in der er den größeren Teil des Jahres verbrachte. Das Schloß, von dem aus er regierte, hat er in seinen letzten Lebensjahren nicht mehr verlassen; hier starb er im Jahr 1916.

Die Römische Ruine.

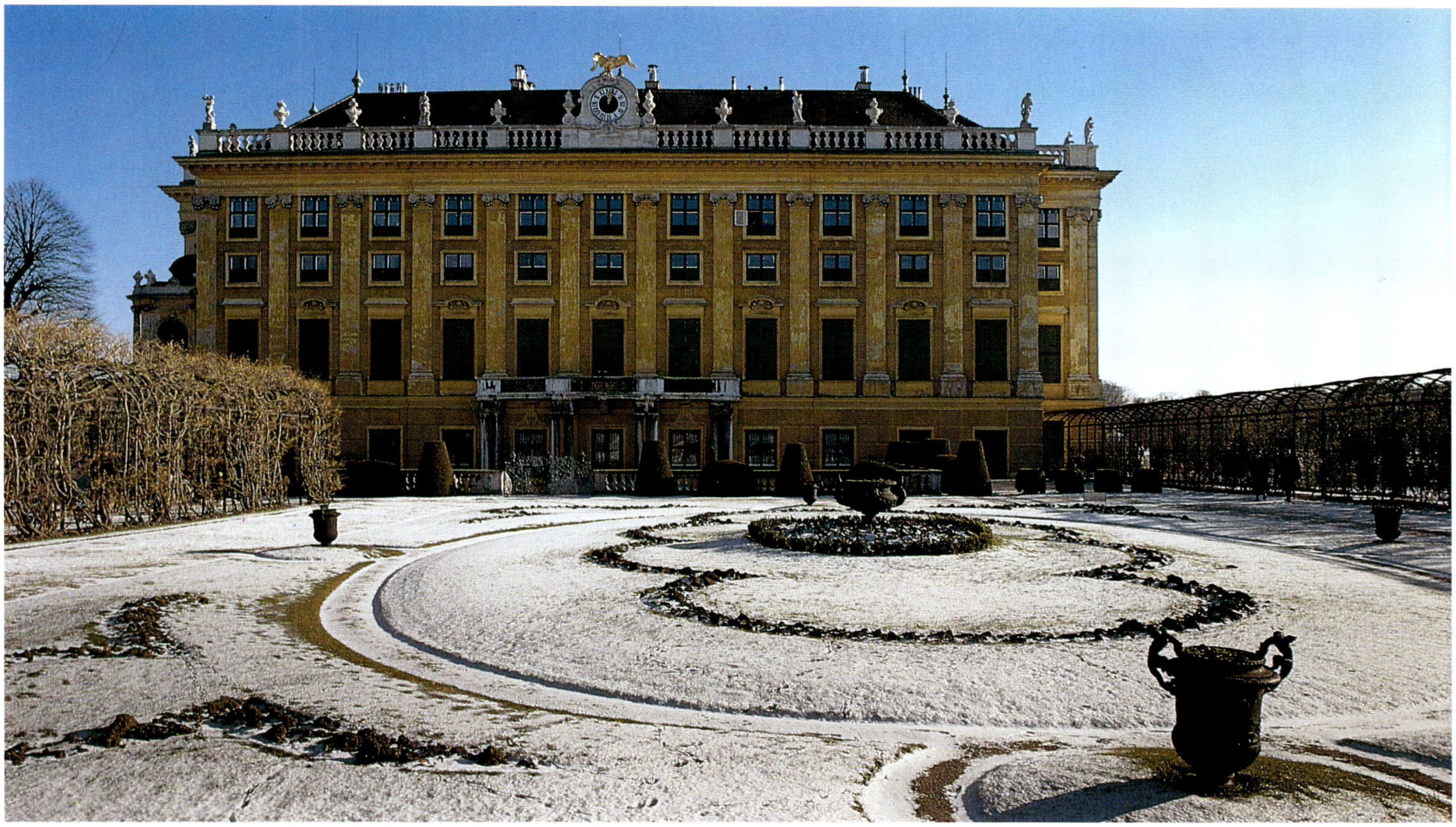

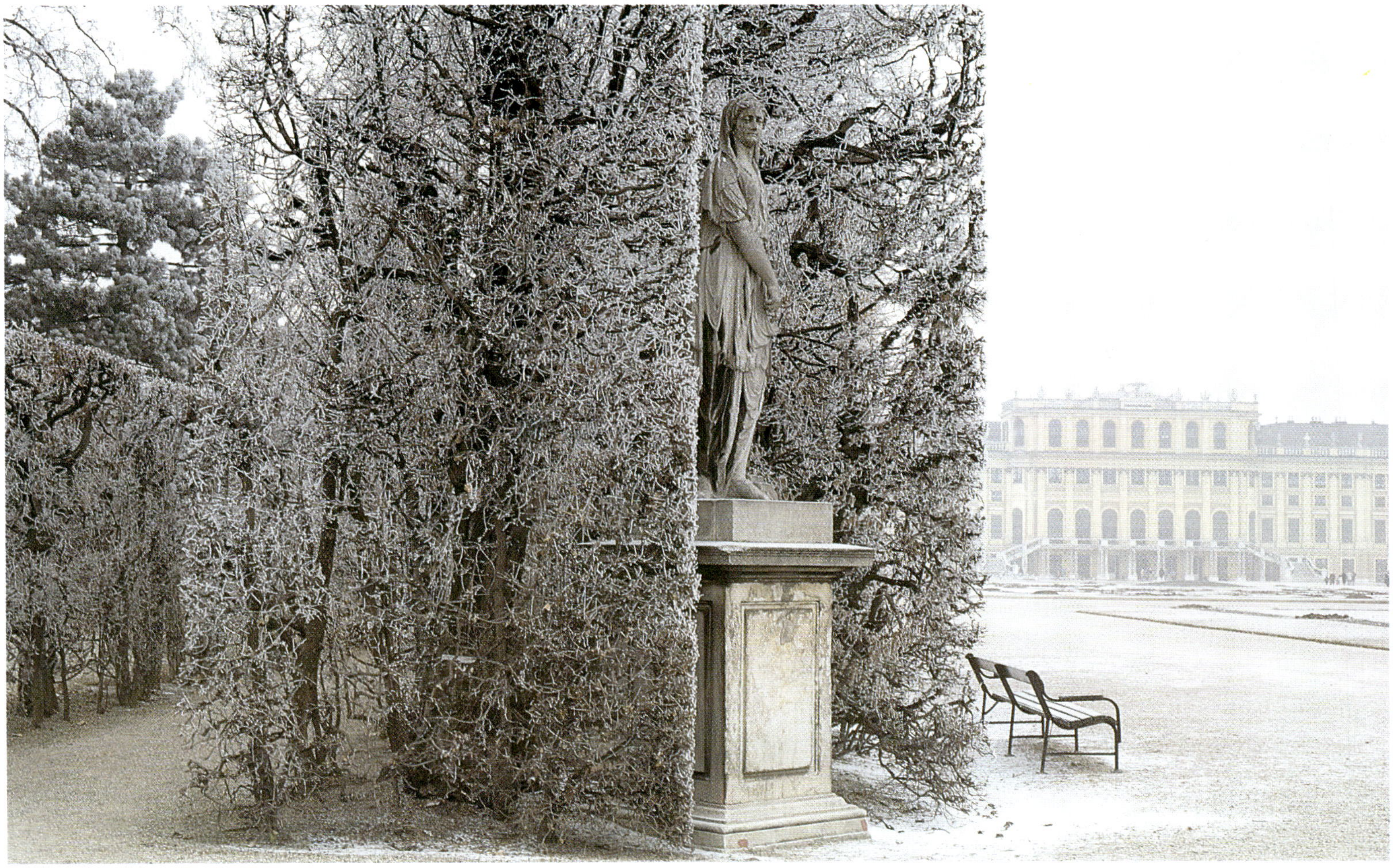

Augartenpalais

Die Geschichte des Augartenareals als Erholungsgebiet reicht bis in das späte 16. Jahrhundert zurück. Ein um die Mitte des 17. Jahrhunderts erbauten Gartenpalais in dem Augebiet an der damals vielfach verzweigten Donau erwarb Kaiser Leopold I. 1677 aus dem Besitz der Familie Trautson. Er ließ es ausbauen und den Garten großzügig erneuern. 1683 wurde die prächtige Gartenanlage mitsamt ihren Gebäuden von den Türken zerstört. Unter Karl VI. erlebte der Augarten eine Renaissance. Von Jean Trehet im französischen Stil neugestaltet, wurde er zur beliebten sommerlichen Vergnügungsstätte des Kaiserhauses und der Hocharistokratie – trotz der immer wieder beklagten Mückenplage.

Besonderen Gefallen am Augarten fand Kaiser Josef II. Er ließ das benachbarte Palais Leeb, das Ende des 17. Jahrhunderts wohl unter der Anleitung Johann Bernhard Fischer von Erlachs errichtet worden war, in den kaiserlichen Besitz integrieren und den Garten nach dem Geschmack der Zeit erneuern. Dabei wurden die Parterres als einfache Rasenbeete gestaltet und neue Alleen angelegt. Die Bepflanzung mit großen Bäumen war eine Novität für Wien; sie entsprach dem Grundsatz des Kaisers: „Von allem, was ich je in meinem Leben unternahm, wollte ich immer gleich die Wirkung empfinden. Als ich den Augarten und den Prater zurichten ließ, nahm ich keine jungen Sprossen, die erst der

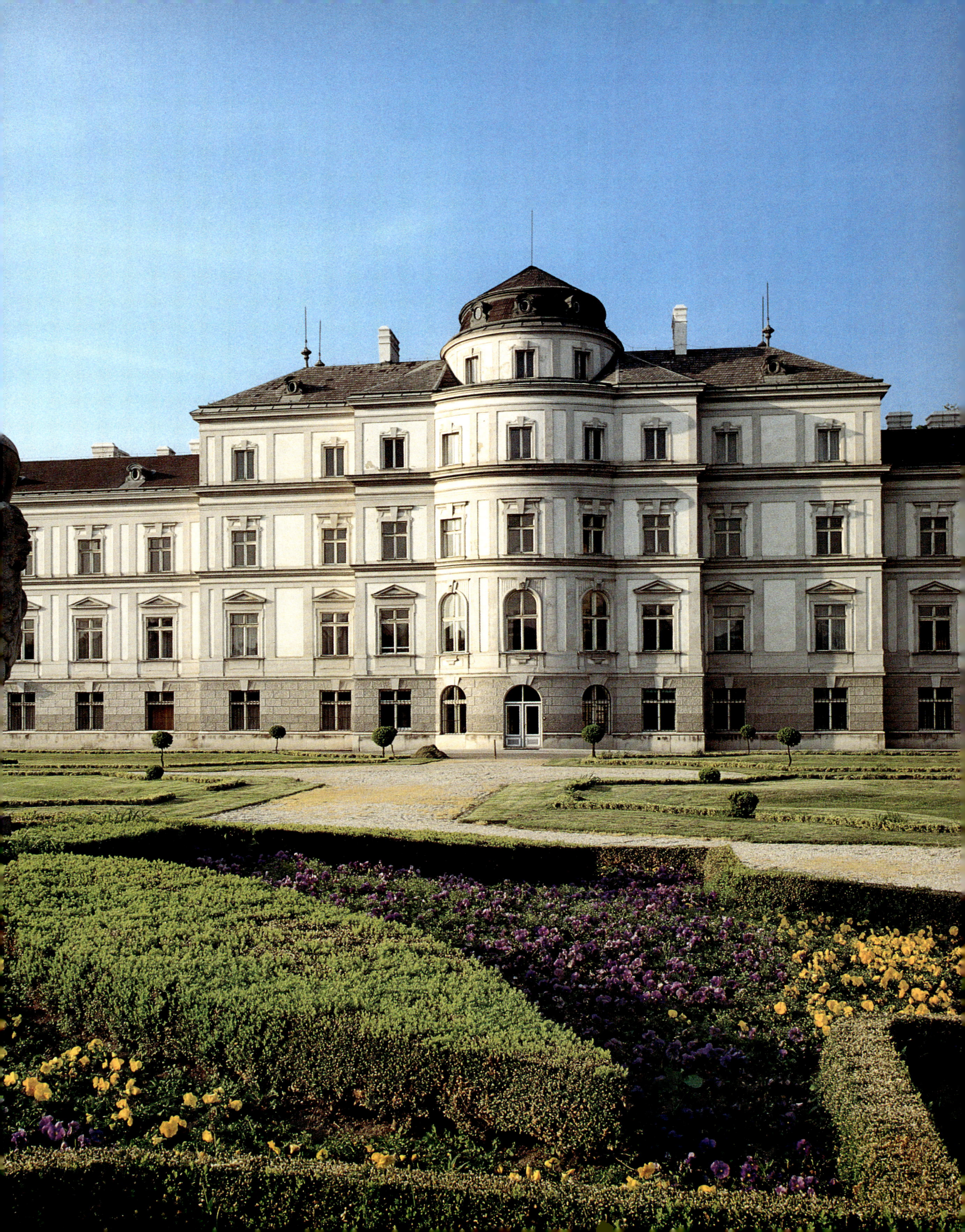

Das prachtvolle, niedrige, ovale Vestibül.

Das geschwungene Treppenhaus führt zum Kuppelsaal.

Nachwelt dienen mögen, nein, ich wählte gleich Bäume, unter deren Schatten ich und meine Mitmenschen Vergnügen und Vorteil finden können".

Von Isidor Canevale ließ sich der Kaiser 1781 bis 1783 das Josefsstöckl als schlichten Sommersitz errichten. Der kleine angrenzende Garten zählte zu den ersten englischen Landschaftsgärten Wiens. Diese bescheidene Grünanlage blieb dem Kaiser alleine vorbehalten; das übrige Areal hatte er bereits 1775 der Öffentlichkeit zur Verfügung gestellt. Das von Canevale zu diesem Anlaß errichtete Eingangsportal trägt die Aufschrift: „Allen Menschen gewidmeter Erlustigungsort von ihrem Schätzer." Am Tag der Eröffnung wurde zusätzlich verlautbart. „Es sei alles erlaubt, was eine vernünftige Polizei gestattet und was in allen übrigen Tanzsälen und Gärten erlaubt ist". Der Zutritt stand jedem frei, außer den „Weibspersonen mit Schlepphauben und Korsetten und den Dienern in Livree".

Zu den berühmten Morgenkonzerten, die ab 1772 in dem an der Stelle des zerstörten Trautsonschen Palais erbauten Gartensaal stattfanden, kamen die Wiener in Scharen. Hier traten Mozart, Beethoven und wohl auch Schubert auf. Heute beherbergt das Saalgebäude die Wiener Porzellanmanufaktur Augarten.

1867 bezog der Oberstofmeister Prinz Konstantin zu Hohenlohe-Schillingsfürst das Augartenpalais. Die Feste des Prinzen, an denen das Kaiserhaus, die Hocharistokratie und viele Künstler teilnahmen, gehörten zu den großen gesellschaftlichen Ereignissen. 1897 wurde das Palais aufgestockt und für die Familie des Bruders Kaiser Franz Josephs, Erzherzog Otto, adaptiert.

Seit 1948 dient es als Internat der Wiener Sängerknaben. Von dem barocken Bau, der mehrfach umgestaltet und erweitert wurde, sind noch das geschwungene Treppenhaus und der ovale Kuppelsaal weitgehend im Original erhalten.

Einer der reizvoll eingerichteten Salons des Palais.

Palais Schwarzenberg

Das Schwarzenberg-Palais vermittelt dem Betrachter noch recht klar das ursprüngliche Aussehen eines barocken Gartenpalais, wie sie in Wien so zahlreich waren. Die meisten dieser Palais sind nur mehr unvollständig erhalten und haben besonders durch den Verlust ihres Gartens, der mit dem Gebäude eine ästhetische Einheit bildete, gelitten. Beim Palais Schwarzenberg dagegen ist das gesamte Gartenareal vorhanden, allerdings nicht in der originalen barocken Form, sondern als englischer Landschaftspark. Trotz dieses stilistischen Wandels hat das Palais den Charakter eines sommerlichen Buen Retiro inmitten der Großstadt bewahrt, und durch die erhaltenen Relikte aus der Entstehungszeit wie die Terrassenwand, die Bassins und die Figurengruppen sind die Intentionen der barocken Gartenkünstler leicht ablesbar.

Am 3. Oktober 1697 erwarb der kaiserliche Obersthofmarschall Heinrich Franz Graf von Mansfeld Fürst von Fondi von den Wiener Jesuiten „drei Viertel Weingärten in Lampelsbrunn". Er betraute Johann Lukas von Hildebrandt mit der Errichtung seines Sommerpalais; den Garten entwarf Jean Trehet. Bezeichnenderweise ging die Planung des Palais Hand in Hand mit jener des Gartens. Garten und Gebäude galten als gleichrangige, untrennbare Schöpfungen, als ein einziger festlicher Erholungsraum, ob unter Fresken oder unter freiem Himmel.

1715 starb der Bauherr, und im Jahr darauf wurde das unvollendete Werk um 50.000 Gulden an den Fürsten Adam Franz von Schwarzenberg verkauft. Hildebrandt wurde nun durch Johann Bernhard Fischer von Erlach abgelöst. Ihm oblag die Fertigstellung des Kuppelsaales und die Gestaltung des charakteristischen Mittelrisalits. Unter seinem Sohn Joseph Emanuel konnte der Bau 1728 vollendet werden. Mit der Errichtung der Orangerie und der Reitschule durch Andrea Altomonte Mitte des 18. Jahrhunderts wurden die Arbeiten endgültig abgeschlossen.

Der rechteckige Hauptbau wird durch die symmetrisch angeordneten Nebengebäude eingerahmt, die einen Ehrenhof bilden. Geschwungene Auffahrtrampen führen zum dreibogigen Arkadenvorbau, den die ringförmige Krone der Saalkuppel überragt. Die besondere Akzentuierung des zentralen Festsaaltraktes, die auf den älteren Fischer von Erlach zurückgeht, setzt die einzelnen Baukörper optisch deutlich voneinander ab. Das Fehlen der in der Planung vorgesehenen Attikaplastiken wird durch die Pilasterordnung der Fassade noch verstärkt; dieser „unfertige" Zustand ist bis heute spürbar.

Die Innenräume, vor allem der Kuppelsaal, die Marmorgalerie und die Kapelle, sind Kabinettstücke festlicher barocker Ausstattungskunst. Die qualitätvollen Stuckarbeiten stammen von den Brüdern Johann und Balthasar Hagenmüller, die großartigen Fresken von Daniel Gran. Leider wurde sein meisterhaftes Deckenfresko im Kuppelsaal im Zweiten Weltkrieg durch einen Bombentreffer weitgehend zerstört.

Das Palais ist bis heute im Besitz der fürstlichen Familie Schwarzenberg, die es bewohnt und darin ein Hotel und ein Restaurant betreibt.

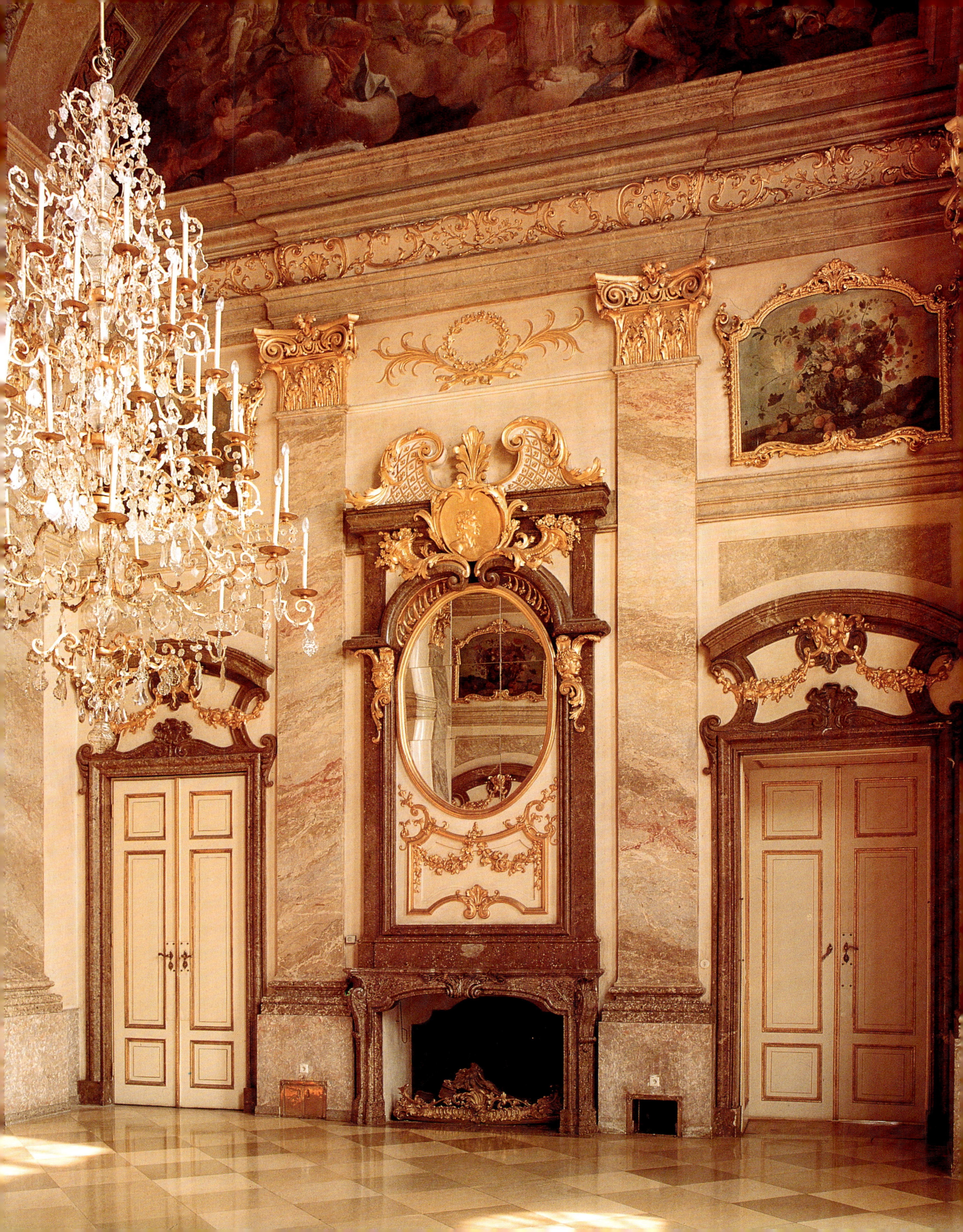

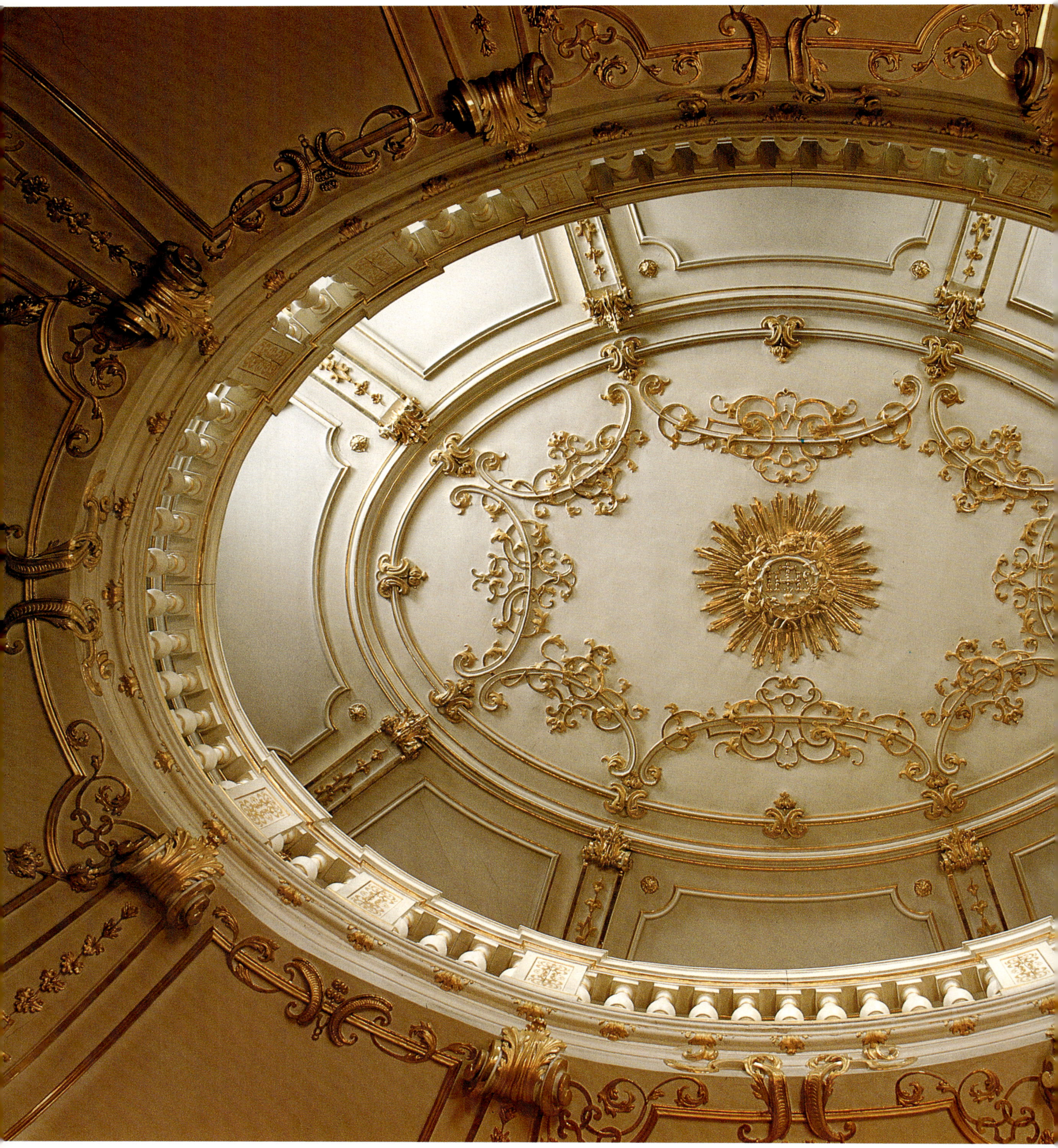

*Formvollendete Harmonie und
spannungsreiche Linienführung:
Decke der Kapelle (links) und
Kuppel des Saals.*

*Vorhergehende Seite:
Der Kuppelsaal.*

In der Ausgestaltung der Marmorgalerie (links und rechte Seite) kam das ganze Repertoire kunstvoller Dekorationstechniken zur Anwendung.

Die Gartenfassade des Palais.

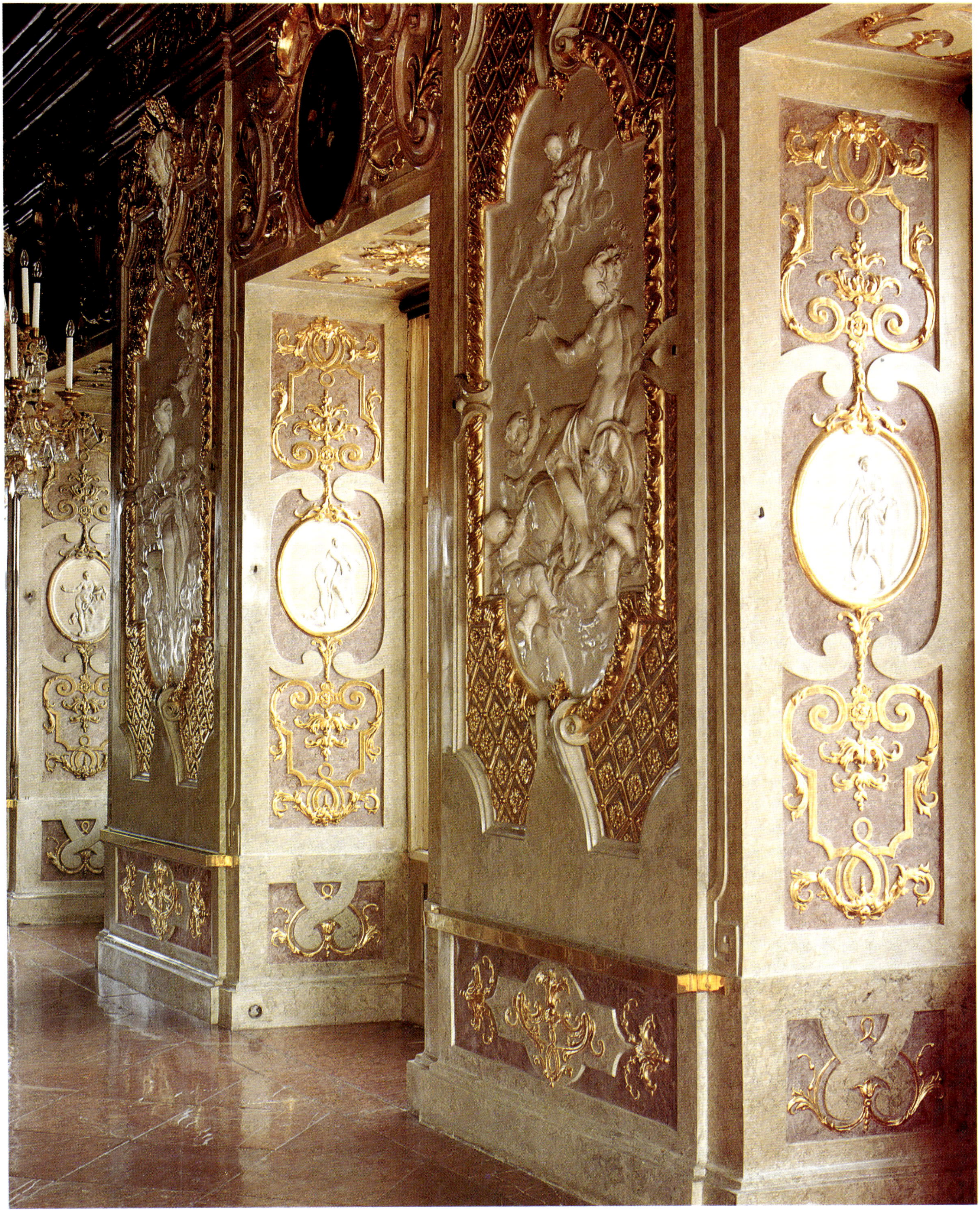

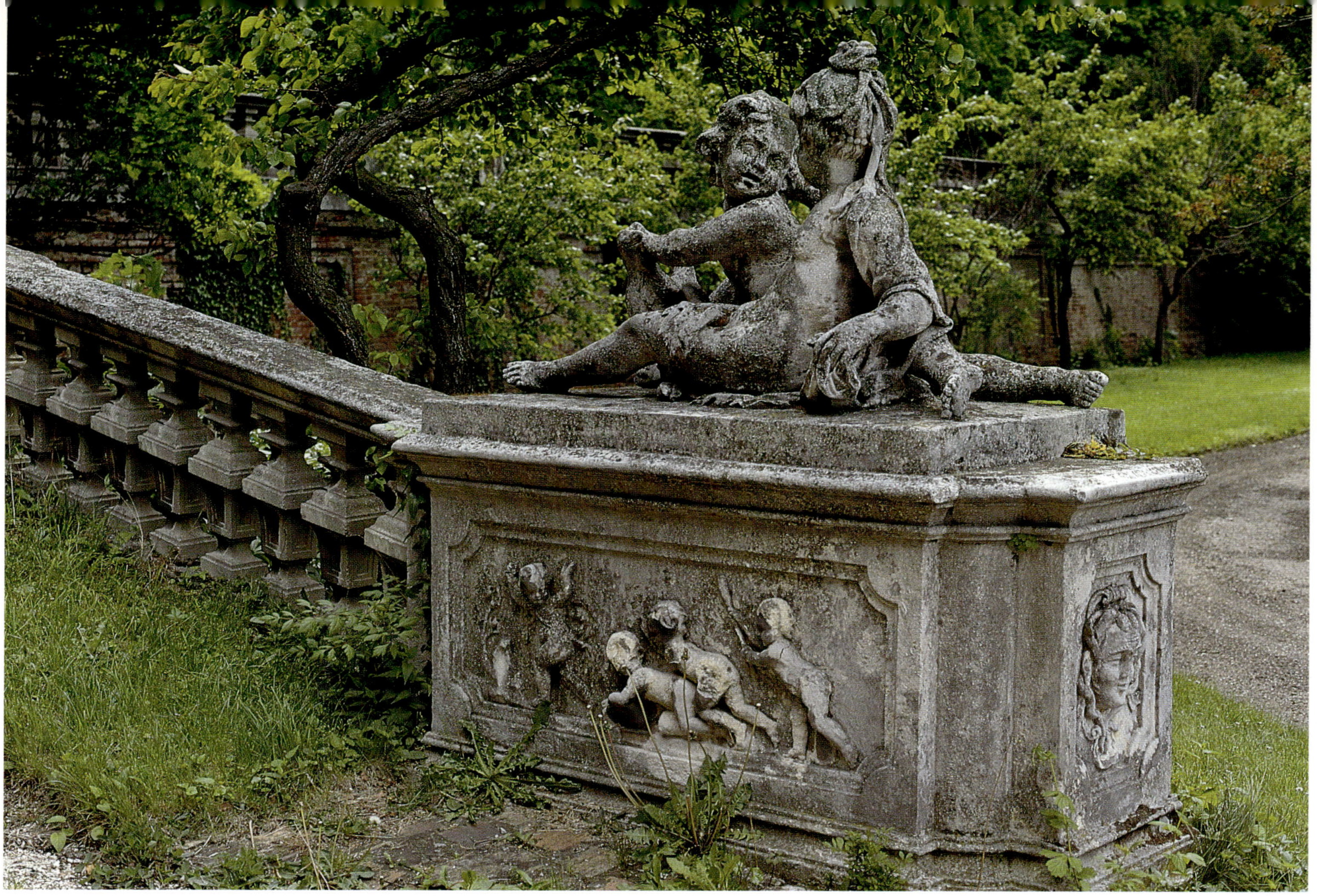

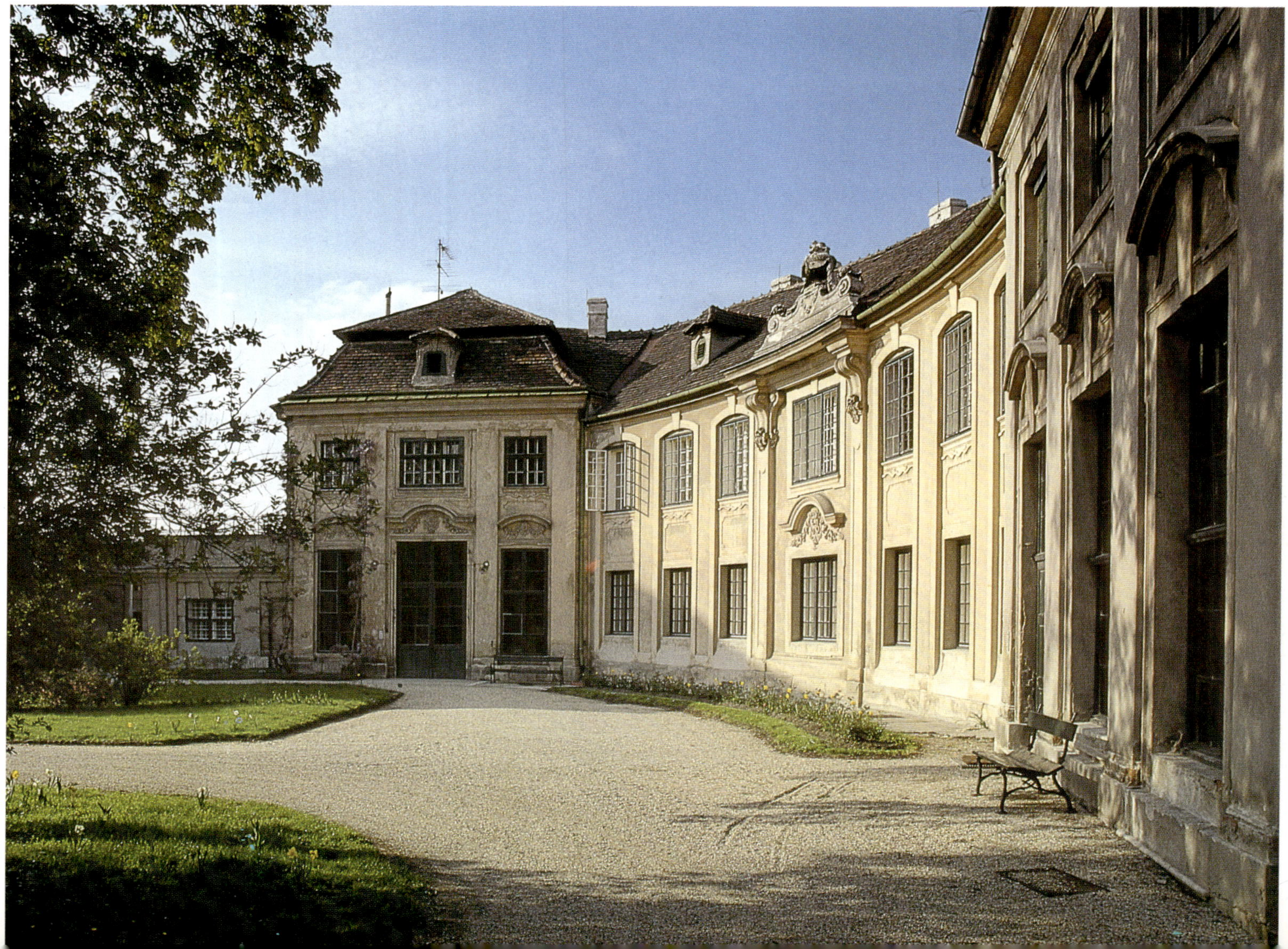

Linke Seite:
Die Steinbalustrade mit einer Putto-Gruppe erinnert an die ehemals reiche barocke Ausstattung des Gartens (oben); die gartenseitigen Nebengebäude.

Eine der Raptusgruppen von Lorenzo Mattielli im Garten.

Palais Strozzi

Im Jahr 1702 ließ die verwitwete Gräfin Maria Katharina Strozzi auf den ausgedehnten Gartengründen vor der Stadt ein kleines Sommerpalais errichten. Möglicherweise stammte der Entwurf des ursprünglichen Baues von Johann Lukas von Hildebrandt. Der überhöhte Mittelteil auf annähernd quadratischem Grundriß wurde damals von zwei eingeschossigen, dreifach vorspringenden Seitenflügeln flankiert. Vom Mittelteil weg führten beidseitig weit ausladende Freitreppen. Das ursprüngliche Aussehen des Palais dokumentieren einige historische Ansichten und eine Beschreibung aus dem Jahr 1704, in der es unter anderem heißt: „... eine Schönne gantz Neu von gueten Maderiallien zwey garn huch auferbaute Khostbare Lustwohnung oder Gartenhaus mit einer schönnen Fatschate. Wie auch einer doppelten preciosen Stainernen Stiegen geziehrt ... und einer Stainernen fundana mit Ein springeten Wasser aus einem Pahseng ..."

Nach dem Tod der Gräfin Strozzi erbte ihr Neffe, Johann Ludwig Graf von Khevenhüller, den Besitz, der ihn 1716 an den Erzbischof von Valencia, Antonio Francesco Folco de Cardona, verkaufte. Der spanische Kirchenfürst war im Gefolge Kaiser Karls VI. nach Wien gekommen und vererbte diesem 1724 das Palais. Kaiserin Maria Theresia schenkte die Erbschaft 1753 dem Grafen Karl Chotek als Anerkennung für seine Verdienste. In den dreißiger Jahren des 19. Jahrhunderts wohnte der Maler Friedrich Amerling in einem Seitentrakt. Seit 1840 ist das Palais in staatlichem Besitz. Es diente als k. k. Zivilmädchenpensionat; heute steht es der Finanzverwaltung zur Verfügung.

Bereits um die Mitte des 18. Jahrhunderts wurde das Gartenpalais durch eine Aufstockung und die totale Veränderung der Dachzone um sein graziles, heiteres Erscheinungsbild gebracht. Nach einer Erweiterung um einige Achsen und der Vereinfachung der Fassaden wurde es schließlich durch einen gründerzeitlichen Vordertrakt gegen die Josefstädter Straße abgeschlossen.

Trotz der vielfachen Veränderungen ist der Charakter eines intimen barocken Gartenpalais bis heute erhalten geblieben.

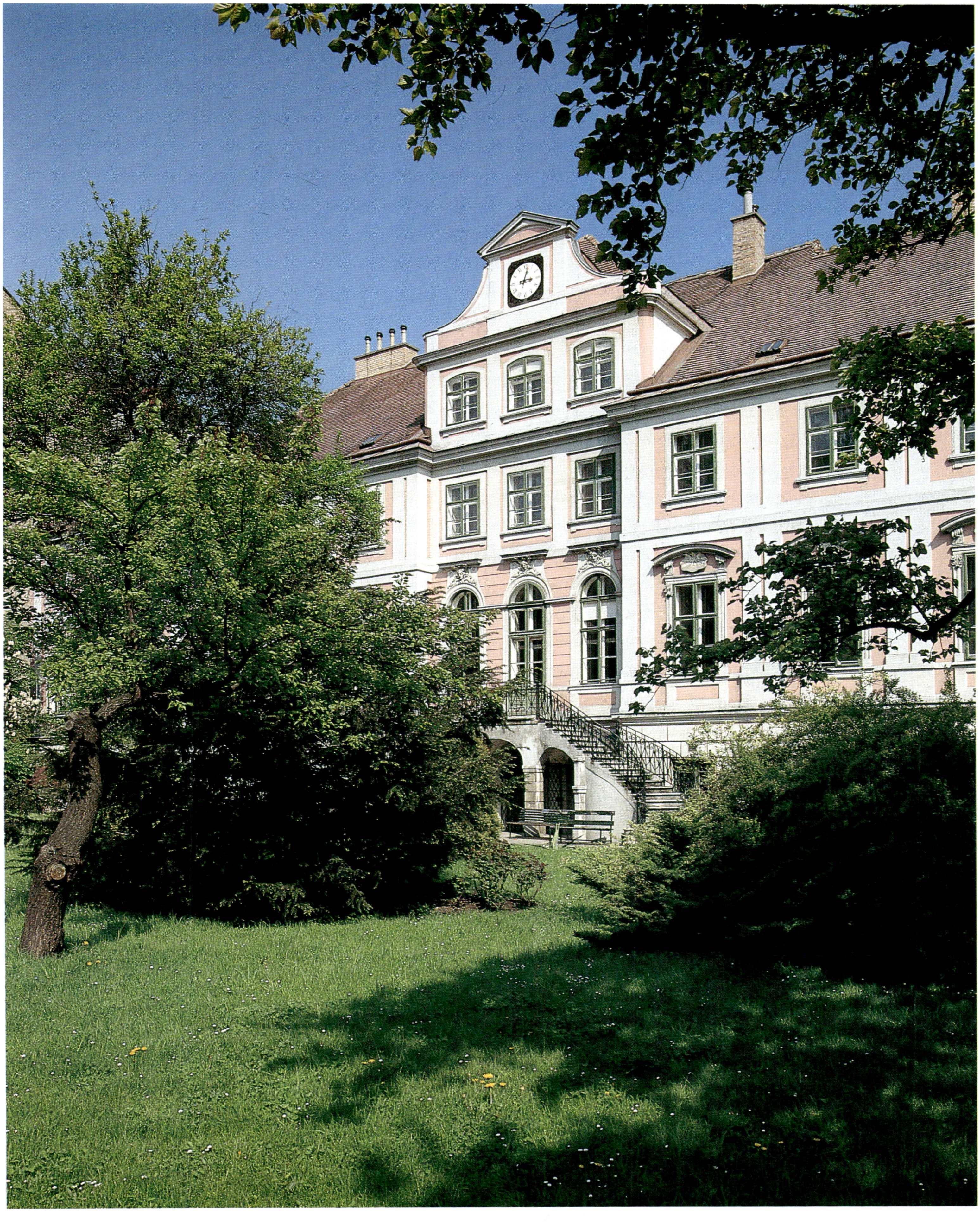

Palais Schönburg

Durch seine Lage in einem Garten vermittelt das Bauwerk noch gut den Charakter eines kleinen barocken Gartenpalais in der Vorstadt. Das heutige Erscheinungsbild weicht allerdigs deutlich vom originalen Zustand von Palais und Garten ab. Ursprünglich waren die Seitenflügel des um 1705 für Graf Thomas Gundacker Starhemberg errichteten und Johann Lukas von Hildebrandt zugeschriebenen Palais nur einstöckig und wurden von dem ovalen Mitteltrakt überragt. Im 19. Jahrhundert wurden sie aufgestockt und die Dächer verändert; der Mittelteil mit seiner durchbrochenen Attika und den Figuren blieb erhalten. Von der fürstlichen Familie Schönburg-Hartenstein, in deren Besitz das Palais 1841 kam, wurden mit Ausnahme der Bibliothek sämtliche Räume umgestaltet.

An die weitläufige barocke Gartenanlage mit ihren Bassins und figurengeschmückten Alleen, die nach Süden durch ein großes Gartenbelvedere abgeschlossen wurde, erinnern nur noch die beiden steinernen Sphingen auf den Pfeilern, die das Tor zum kleinen erhaltenen Garten flankieren.

Die Hoffassade (oben) und die Gartenfassade des Palais.

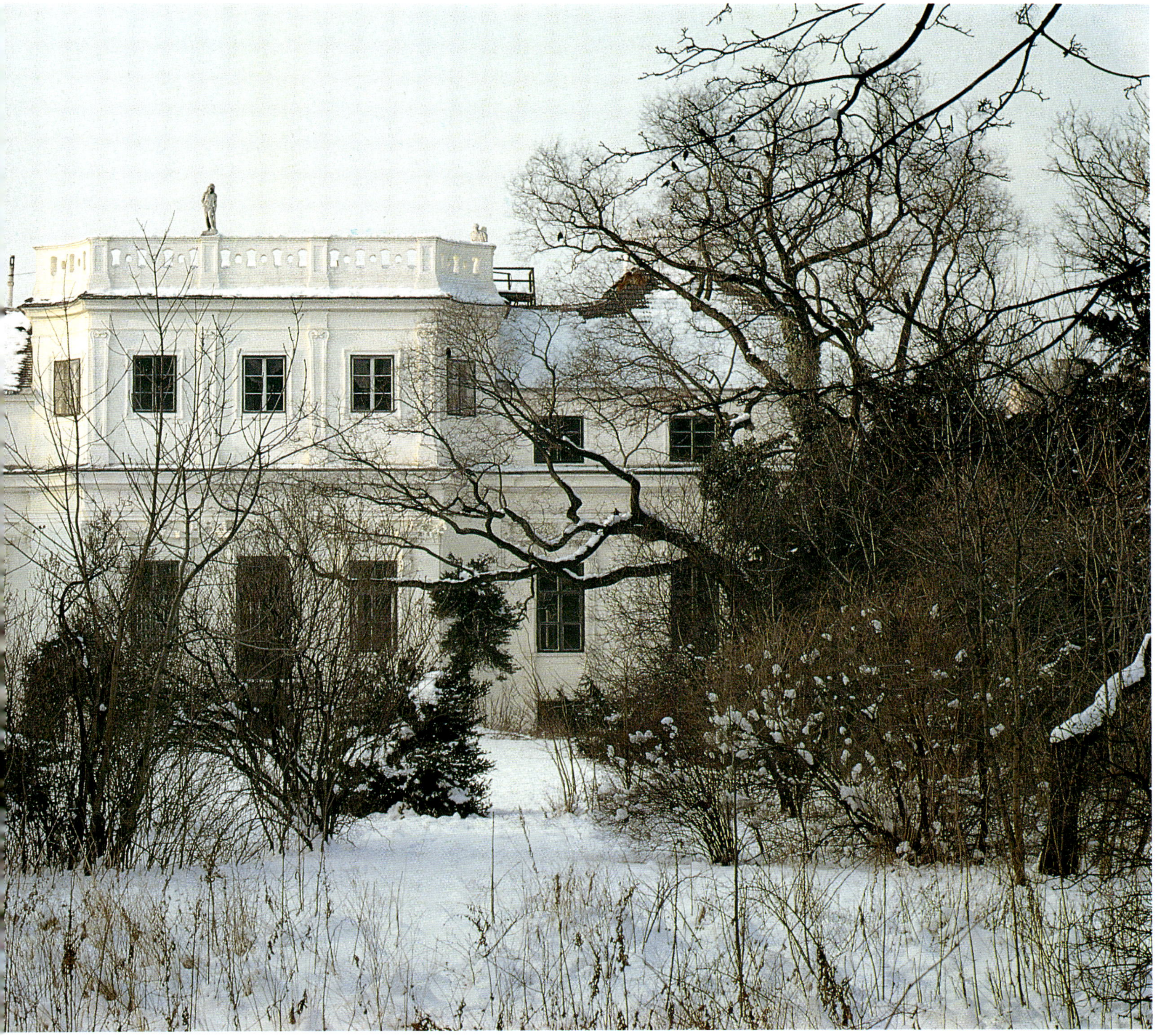

Palais Schönborn

Der von Kaiser Joseph I. nach Wien berufene und zum Reichsvizekanzler ernannte Friedrich Karl Graf von Schönborn erwarb 1706 vom Landmarschall Otto Ehrenreich Graf von Abensperg-Traun den sogenannten Neuhof mitsamt dem dazugehörigen Gartenareal. Mit der Um- und Neugestaltung des Gebäudes beauftragte er Johann Lukas von Hildebrandt und dessen Bauführer Franz Jänggl. Der relativ kleine Bau wurde bereits 1725 erweitert und später, wahrscheinlich von Isidor Canevale, klassizistisch verändert. Aus der langgestreckten, ruhig gegliederten Fassade entlang der Laudongasse tritt der Mittelrisalit durch seine reiche Ornamentik hervor. Er trägt über dem Portal auf girlandengeschmückten Voluten einen Balkon mit einem schönen Schmiedeeisengitter und im Feld des Giebels das von Löwen flankierte Schönborn-Wappen.

Unter Graf Schönborn, der 1729 Bischof von Bamberg und Würzburg wurde, beherbergte das Palais eine vielgerühmte Kunstsammlung, die nach dem Tod Schönborns in das Stadtpalais in der Renngasse übertragen wurde. Ebenso gerühmt wurde der Garten, dem die damals sehr seltenen Tulpen, die hier gezogen wurden, große Bewunderung eintrugen. In einem Brief an seinen Onkel berichtete der Reichsvizekanzler darüber: „Schließlich muß ich EW. Kurfürstl. Gnaden erzählen, wie wunderschön und copios die Tulipane seyn, ich glaube schon 2.000 Stück dem Hofe geschickt zu haben ... Ich höre, daß nichts Schöneres in der Welt als Qualität und Diversität der Anemonen und Ranunculi seyn, welche nunmehr in meinem Garten aufgegangen synd ..."

Ab 1750 wurde das Palais an verschiedene Adelsfamilien vermietet. 1845 eröffnete die Schauspielerin Amalie Vogl, verehelichte Baronin Pasqualati, hier ein Liebhabertheater, das als „Pasqualatitheater" bekannt wurde, sowie eine Theaterschule. 1862 wurde das Palais von der Gemeinde Wien erworben und der Garten in einen öffentlichen Park umgewandelt. Seit 1920 ist im Schönborn-Palais das Österreichische Museum für Volkskunde untergebracht.

Die Straßenfront mit dem schönen Portal und der bunt gefaßten Wappenkartusche.

Der gartenseitige Mittelrisalit.

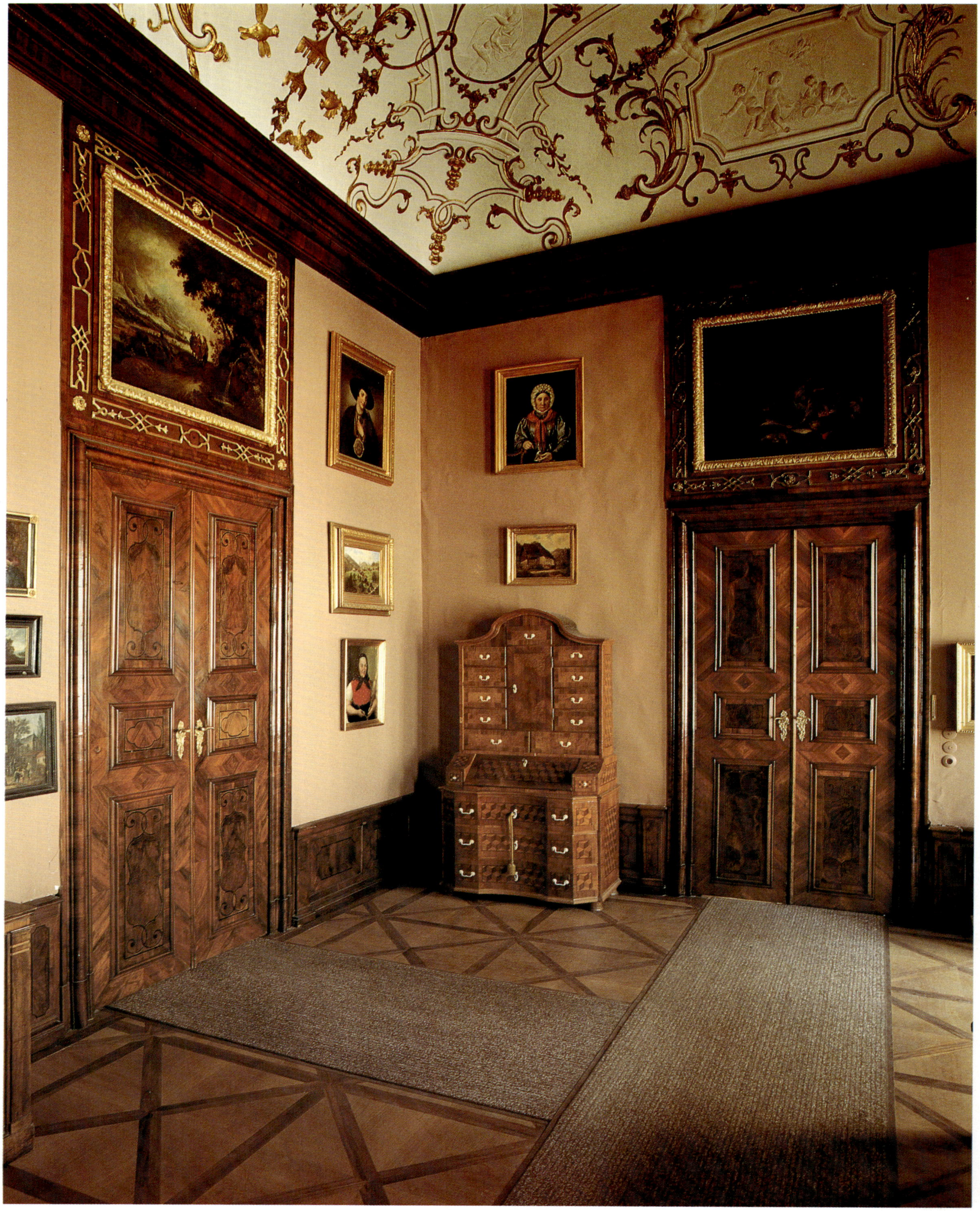

*Linke Seite:
Das ehemalige „Bilderzimmer"
hat einen Teil seiner originalen
Ausstattung behalten.*

*Das Treppenhaus stellt mit seinen
kunstvollen Steinmetzarbeiten den
vielgerühmten Kunstsinn der Familie
Schönborn unter Beweis.*

Palais Auersperg

Hippolyt Marchese Malaspina verkaufte im April 1700 die Gründe des früheren Freigutes Rottenhof, auf denen in der Folge die Josefstadt, der heutige 8. Wiener Gemeindebezirk, entstand, an die Stadt Wien. Ein Teil der Rottenhofgründe gelangte in den Besitz des Reichsgrafen Ferdinand Karl von Weltz und bald darauf von dessen Erben an den Marchese Hieronymus Capece di Rofrano. Auf ihn geht vermutlich der Bau des um 1710 errichteten Gartenpalais zurück, wenngleich nicht eindeutig geklärt ist, ob es sich um einen gänzlichen Neubau oder den Umbau eines bereits bestehenden Gebäudes handelte. Als Bauschöpfer werden sowohl Johann Bernhard Fischer von Erlach als auch Johann Lukas von Hildebrandt genannt. Vermutlich stammt der ursprüngliche Entwurf von Hildebrandt, während Fischer von Erlach die Veränderungen und Ergänzungen plante, die von dem Baumeister Johann Christian Neupauer 1721 ausgeführt wurden.

1777 kam das Palais in den Besitz von Philipp Graf Kinsky; 1781 erwarb es der Oberstkämmerer und Erblandmarschall in Tirol, Johann Adam Fürst von Auersperg, um den Preis von 70.000 Gulden. Unter dem Fürsten wurde das Palais restauriert und prachtvoll eingerichtet. Niccolo Rossi schuf das nicht erhaltene große Deckengemälde im Festsaal, Josef Karl Henrici die Stukkaturen; Johann David wurde mit den baulichen Aufgaben betraut. Die einschneidendste Veränderung, bedingt auch durch die Anhebung des Straßenniveaus, erfuhr das Palais im Jahr 1885 unter dem Fürsten Vinzenz Auersperg. Nach Entwürfen von Gangolph Kayser wurde der Mittelrisalit mit einem Säulenvorbau verse-

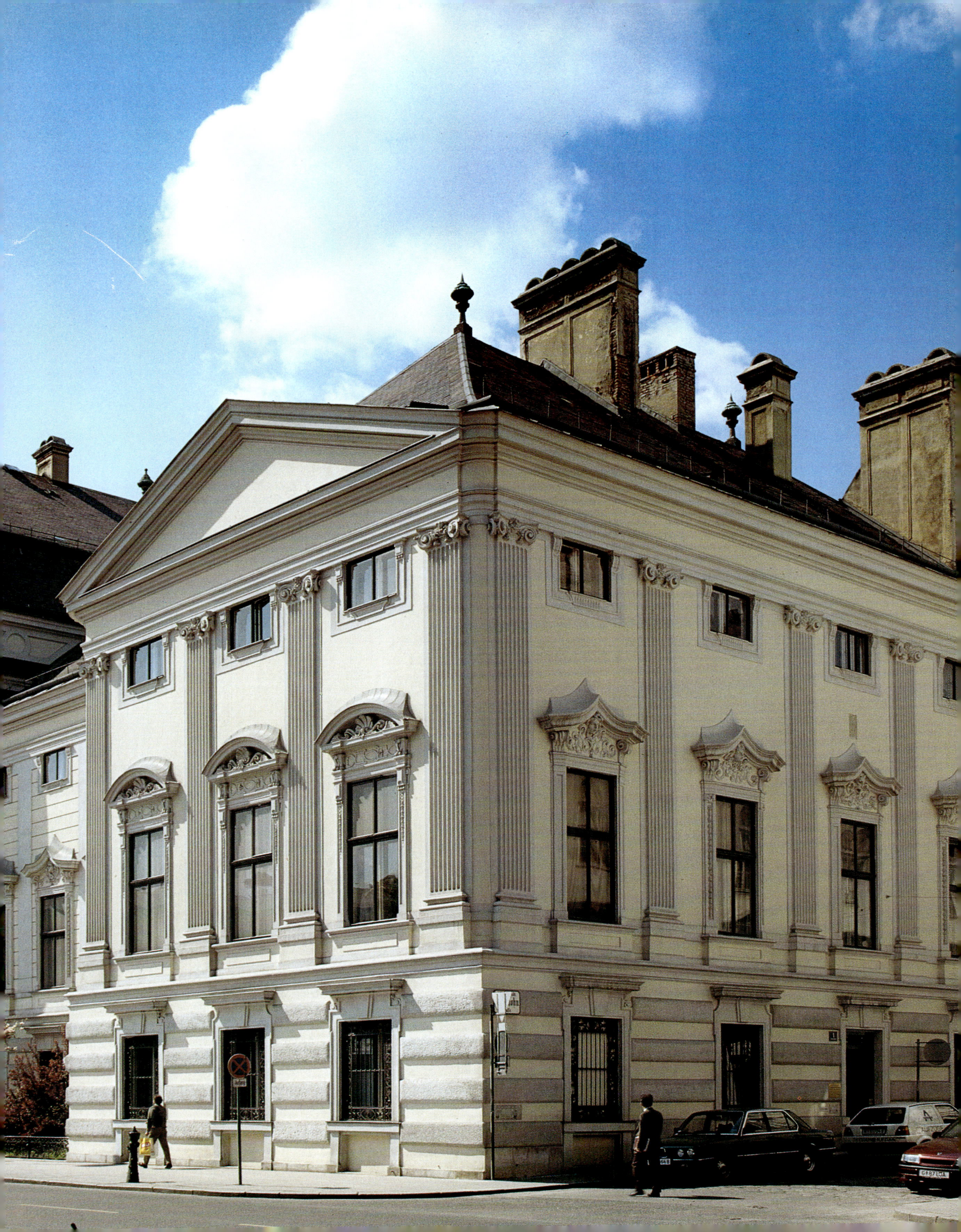

*Vorhergehende Seite:
Die in der zweiten Hälfte des
19. Jahrhunderts umgestaltete
Hauptfassade.*

hen und die Fassade nach Süden durch einen Zubau verlängert, der die Symmetrie des Gebäudes stark veränderte. Im 19. Jahrhundert wurde auch der Barockgarten in einen englischen Landschaftsgarten umgewandelt; ebenso wurden die Interieurs mehrfach dem jeweiligen Zeitgeschmack angepaßt. Trotz dieser Veränderungen ist, im Äußeren wie im Inneren, das barocke Gartenpalais noch heute klar ersichtlich.

Das Palais Auersperg hat zum Ruf Wiens als Musik- und Theaterstadt auf vielfältige Weise beigetragen. Den jung verstorbenen Sohn des Erbauers, Peter Rofrano, hat Hugo von Hofmannsthal in der Figur des Rosenkavaliers im Libretto zu Richard Strauss' Oper verewigt. Im sogenannten Bauernfeindsaal, der zum Palais gehörte, wurde in den siebziger Jahren des 18. Jahrhunderts ein ständiges Theater eingerichtet. Als der musikliebende Feldmarschall Friedrich Wilhelm Herzog von Sachsen-Hildburghausen das Palais bewohnte, wurde es zum Schauplatz glanzvoller Soireen und Konzerte, die lange Zeit von dem Komponisten Christoph Willibald Gluck geleitet wurden. Wolfgang Amadeus Mozart dirigierte hier 1786 eine Privataufführung seiner Oper „Idomeneo". Den gesellschaftlichen Höhepunkt in der Geschichte des Palais aber bildeten die großartigen Feste des Fürsten Johann Adam Auersperg. Anläßlich der Dreifachhochzeit im Hause Kaiser Leopolds II. im Jahr 1790 traf sich im Palais Auersperg alles, was in Wien Rang und Namen hatte. Im Tagebuch von Wenzel Müller, dem Direktor des Leopoldstädter Theaters und künstlerischen Leiter des Festes, liest man darüber: „Den 27tn (Dezember) haben wir Gesang und Tanz bey Fürst Adam Auersperg gegeben, in Gegenwart des Allerhöchsten Hofes: Kaiser – Könige – Erzherzöge etc. etc. Fürst Auersperg gab der Gesellschaft 50 Dukaten zum verteilen ..." Lorenzo Daponte arrangierte 1791 im Auftrag des Fürsten ein äußerst pompöses Fest zu Ehren des Königs von Neapel.

Seit der Behebung der schweren Kriegsschäden ist das Palais Auersperg wieder Schauplatz von festlichen Veranstaltungen und Bällen und setzt so die alte Tradition fort.

Die Salons und der ovale Festsaal wurden im Geschmack des Klassizismus eingerichtet.

Die vertäfelte Loggia läßt wie andere Einrichtungsdetails englische Vorbilder erkennen.

Typische klassizistische Wanddekorationen: Mythologische Themen in Grisaillemalerei.

Steinerner Atlant am Fuß der Prunktreppe.

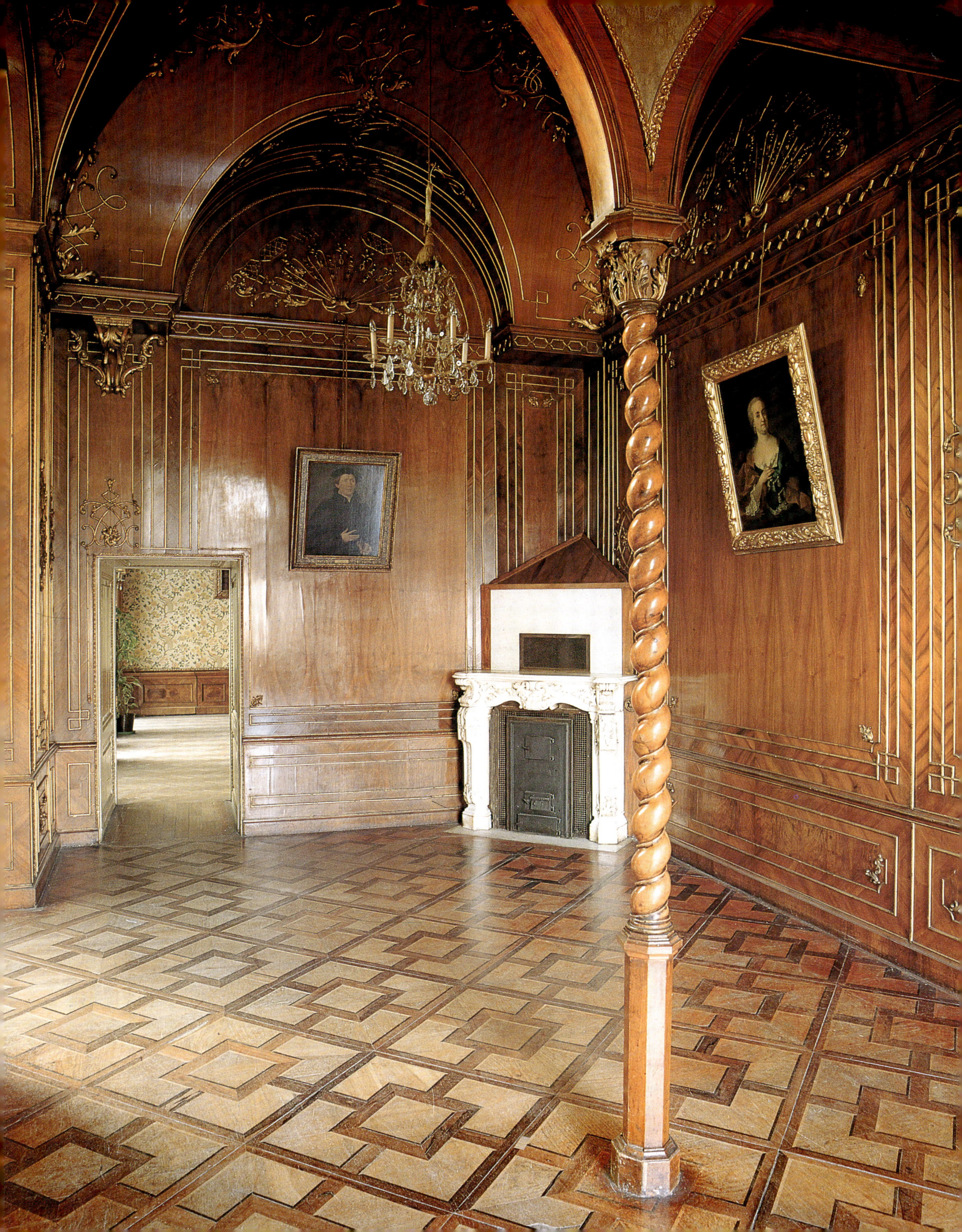

Palais Trautson

Johann Leopold Donat Graf Trautson, Obersthofmeister erst Kaiser Josephs I., danach Kaiser Karls VI. und als ranghöchster Minister 1711 in den Reichsfürstenstand erhoben, beauftragte Johann Bernhard Fischer von Erlach mit dem Bau eines Palais, das aufgrund seiner Lage am Rande der Stadtbefestigung auf den sogenannten Ulrichsgründen die Funktion eines Stadt- und eines Gartenpalais erfüllen konnte. Als Baubeginn ist das Jahr 1710 überliefert, als Bauführer scheint der „Kays. Hoff und Landschaffts Maurer Maister" Christian Alexander Oedtl auf.

Die der kaiserlichen Residenz zugewandte Hauptfassade des Palais ist gleichsam der offizielle rangbetonende Baukörper, während die im rechten Winkel dazu verlaufende Gartenfassade den privaten Duktus einer Villa suburbana aufweist. Der Bau zählt zu den bedeutendsten und eigenständigsten Werken Fischer von Erlachs und ist ein Hauptwerk des Wiener Barockklassizismus. Seine Qualität wurde auch von den Zeitgenossen erkannt und gewürdigt. So schreibt Küchelbecker über das Palais: »Von denen weltlichen Gebäuden behält das schöne und prächtige Fürstliche Trautonische Palais unter allen den Ruhm, welches nicht nur sehr groß, sondern auch von einer ungemeinen Architecture ist. Es hat dasselbe an der Faciada ein schönes Fronton mit Corinthischen Wand-Pfeilern, und oben auf dem Dach stehen sehr viele Statuen ..."

Trautson wollte sich mit diesem Bau nicht ein Denkmal seines politischen Ranges und seines Reichtums setzen; es ging ihm vielmehr um ein Werk von zeitloser Schönheit, das auf den großen Vorbildern der Vergangenheit aufbaute. Im Mittelpunkt standen dabei der antike Tempelbau und das Gestaltungsrepertoire des Andrea Palladio. Auf dieser historischen Basis entwickelte Fischer von Erlach ein neues, eigenschöpferisches Werk, das Hans Sedlmayr „einen der nobelsten Paläste Europas" nennt.

Die Hauptfassade wird durch den stark vorspringenden dreiachsigen Mittelrisalit dominiert, der von einem mächtigen Dreiecksgiebel bekrönt ist. Die beiden vierachsigen Seitenflügel sind ähnlich wie der Mittelteil, jedoch wesentlich zurückhaltender instrumentiert.

Horizontal ist der Bau in Sockelgeschoß, Haupt- und Mezzaningeschoß gegliedert. Im genuteten Sockelgeschoß befindet sich die große, dreitorige Portalanlage, die die gesamte Breite des Risalits einnimmt. Das festliche, triumphbogenähnliche Portal mit seinen toskanischen Doppelsäulen und den darüber stehenden Figurenpaaren unterstreicht die Selbständigkeit des Risalits, die durch die hohen Rundbogenfenster im Hauptgeschoß eine zusätzliche Betonung erfährt. Ihre Fensterverdachungen sind so sehr in die Höhe gezogen, daß sie fast die Mezzaninfenster erreichen. Der reiche Dekor, besonders die auf den Verdachungen lagernden Figuren, stellen einen optischen Zusammenhang zum großen Giebelrelief her, das die versammelten Götter im Olymp zum Inhalt hat. Auch die Reliefs über den Fenstern der Seitenflügel zeigen Szenen der Mythologie.

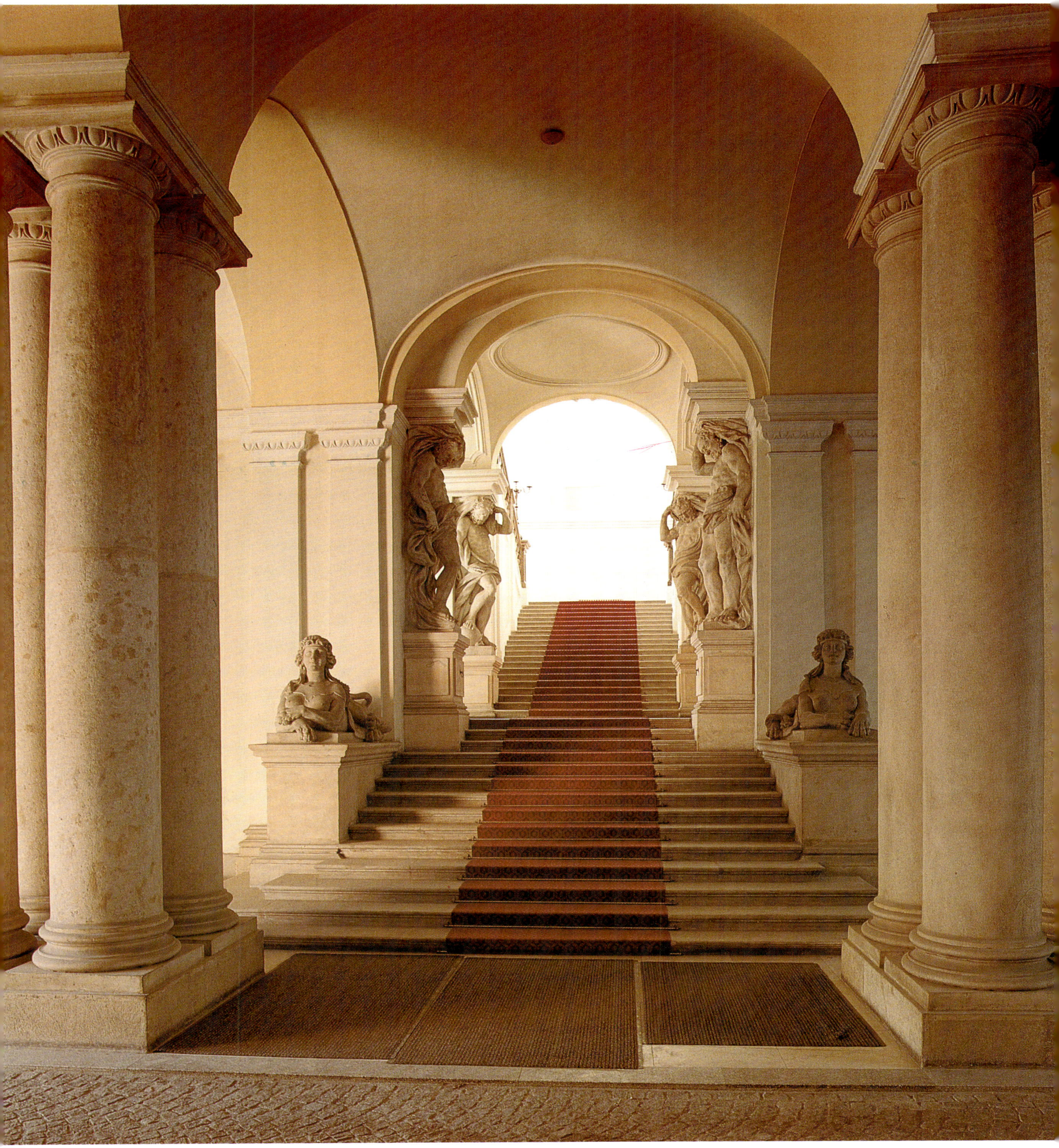

Die Gemälde ungarischer Magnaten im Festsaal erinnern an die Verwendung des Palais durch die ungarische Garde.

Vorhergehende Seite und unten: An das großzügige Vestibül schließt das Treppenhaus mit seinem bedeutenden bildhauerischen Schmuck an.

Die Gartenfassade stellte mit dem heute zerstörten Garten eine in sich geschlossene ästhetische und funktionelle Einheit dar. Die strenge klassizistische Fassadenkonzeption trat mit der gegenüberliegenden Orangerie, dem großen Pavillon und dem Gartenparterre in ein spannungsreiches Verhältnis. Die Sala terrena bildete den räumlichen Übergang vom Gebäude zum Garten; zur Gänze freskiert, ist sie einer der wenigen im Original erhaltenen Räume dieser Art. Im ursprünglichen Zustand erhalten ist auch das vornehm zurückhaltende Vestibül, das in das große, auffallend sparsam dekorierte Treppenhaus überleitet. Der große Festsaal mit seiner monumentalen Pilasterordnung wurde im Laufe der Zeit mehrfach verändert.

Nach dem Aussterben der Familie Trautson wurde das Palais 1760 von Kaiserin Maria Theresia erworben; sie übergab es der von ihr gegründeten königlich-ungarischen Leibgarde. Entsprechend der neuen Verwendung wurde das Gartenparterre als Reitschule umgestaltet und die Orangerie durch Stallungen ersetzt. 1961 wurde das Palais Trautson in desolatem Zustand von der Republik Österreich erworben und für die Justizverwaltung adaptiert; es ist Sitz des Bundesministeriums für Justiz.

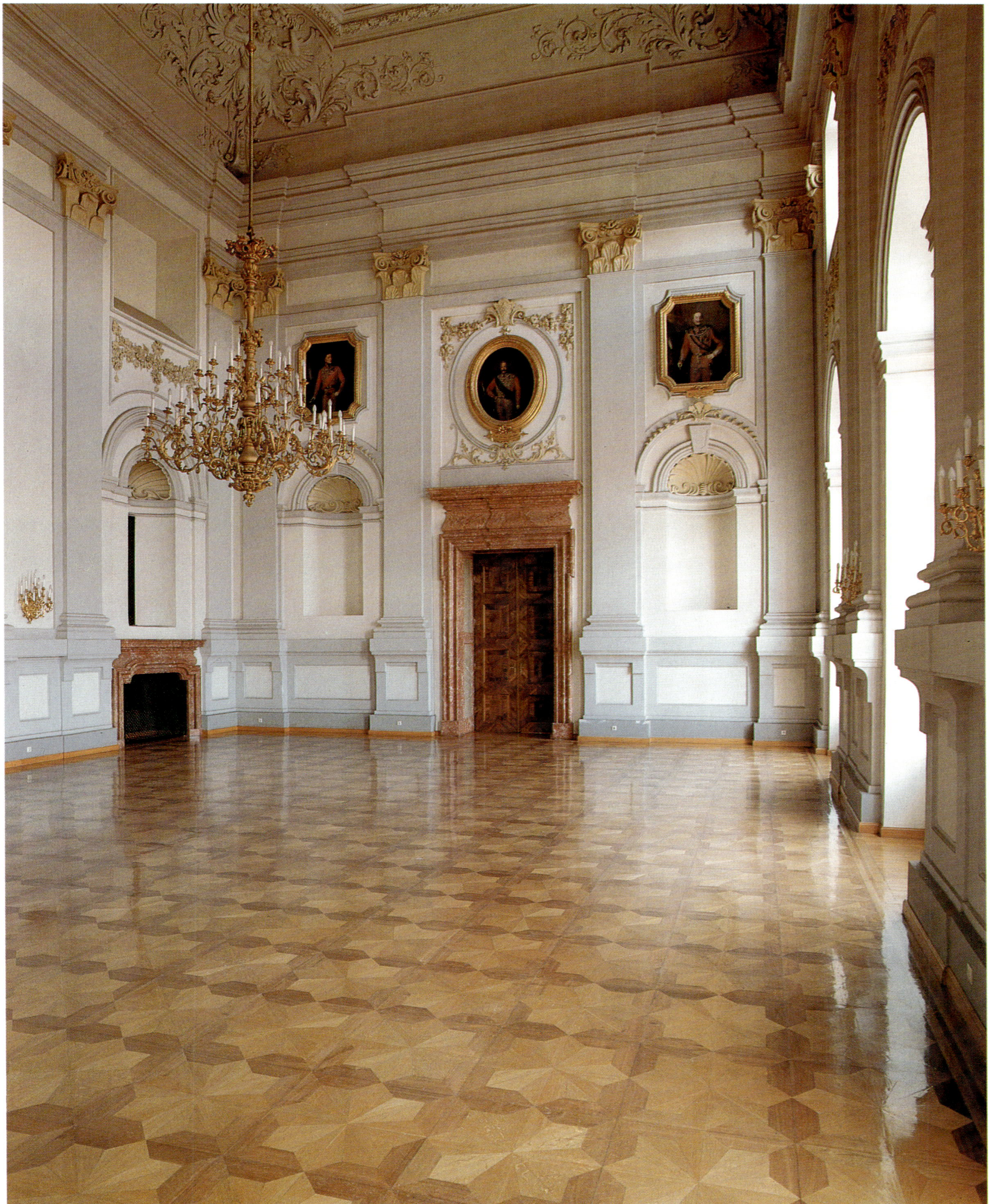

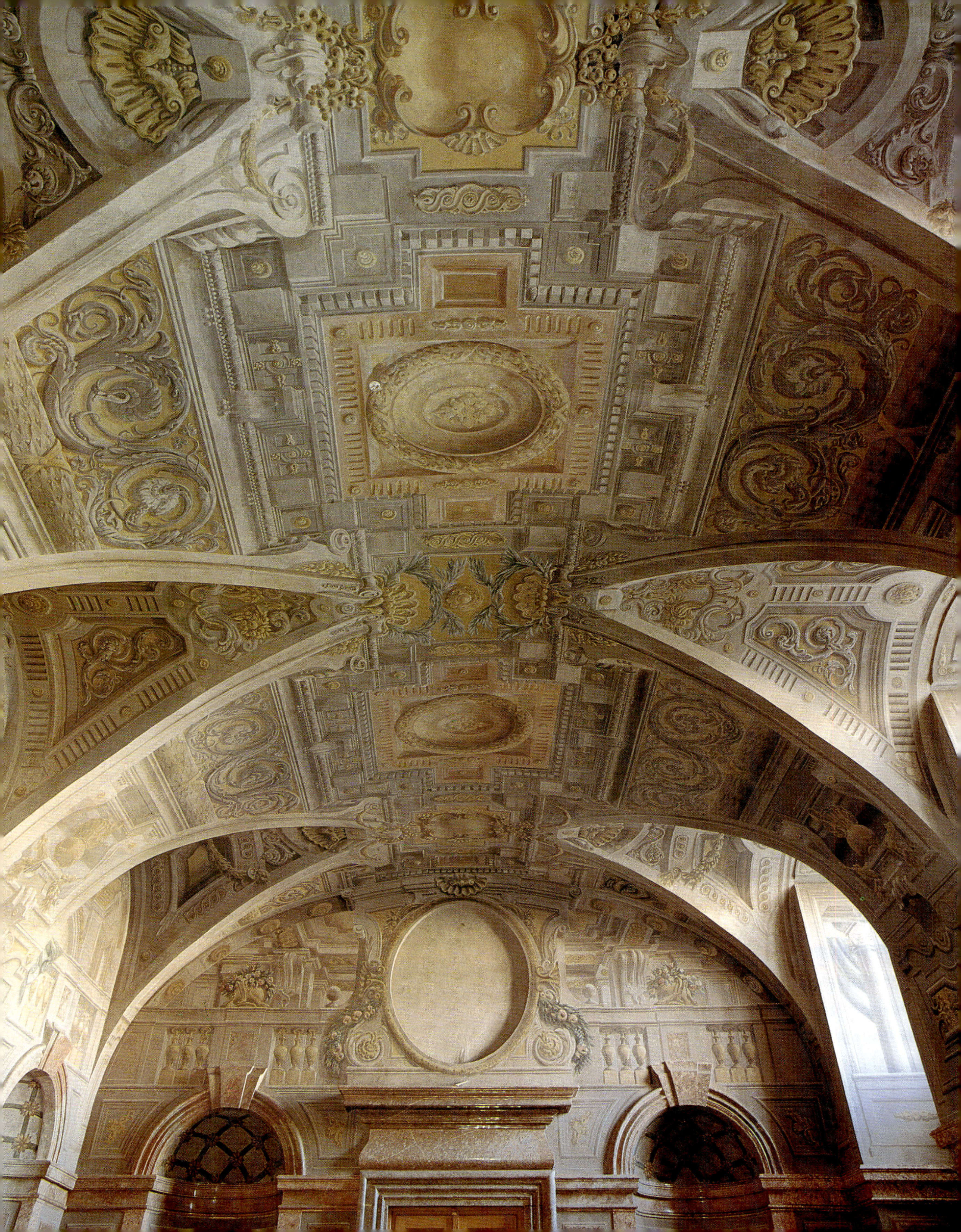

Die illusionistischen Fresken von Mercantonio Chiarini und Ceaetano Fanti zählen zu den schönsten Werken der Quadraturmalerei in Wien.

Die Seitenfassade, auf den ursprünglichen Barockgarten bezogen, bildet eine selbständige ästehetische Einheit.

Belvedere

Prinz Eugen von Savoyen erwarb ab 1693 mehrere Grundstücke am Rennweg für den Bau eines Gartenpalais. Der Stadtplan von Anguissola und Marinoni aus dem Jahr 1706 zeigt den damaligen Stand der Planung: Am Rennweg sollte das Palais errichtet werden (das dann, in etwas abgewandelter Form, als Unteres Belvedere verwirklicht wurde), während am gegenüberliegenden Ende des langgestreckten Areals, an der Stelle des späteren Hauptbauwerks, nur ein Gartenbelvedere vorgesehen war, zugleich abschließender Blickfang der Gartenarchitektur und Aussichtspavillon am höchsten Punkt des Terrains. Die Planung der Gesamtanlage lag in den Händen Johann Lukas von Hildebrandts, der bereits seit 1702 für den Prinzen tätig war.

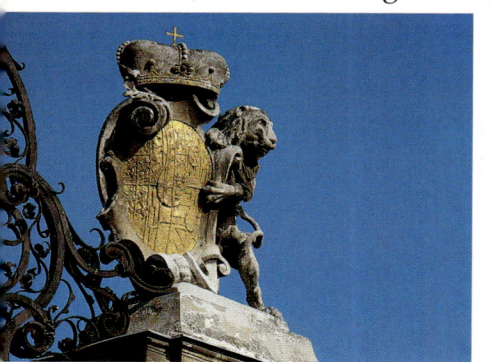

Die Errichtung des Unteren Belvederes erfolgte in den Jahren 1714 bis 1716. Nach den Raumstrukturen und der Anlage der Wirtschaftsbauten zu schließen, bestand zu diesem Zeitpunkt bereits die feste Absicht zum Bau des oberen Palais. Das Untere Belvedere ist ein langgestreckter eingeschossiger Bau, der aus einem siebenachsigen Mittelrisalit und zwei Flügelbauten mit Eckpavillons besteht. Der Risalit ist durch seine Erhöhung über die drei Mittelachsen und die Dachsilhouette deutlich hervorgehoben, wie der Bau überhaupt durch die selbständigen Dachzonen akzentuierter gegliedert ist als durch die Fassadengestaltung. Diese erfolgt durch eine durchgehende Pilasterordnung, die, ebenso wie die großen Fensteröffnungen, bis fast zum Boden reicht. Die kleinteilig versproßten Fenster folgen französischen Vorbildern; sie verleihen dem Bau durch die Öffnungen in den Freiraum den Charakter eines Gartenhauses.

Den Mittelpunkt des Gebäudes bildet der Marmorsaal, der mit seinen drei Fensterachsen über zwei Geschosse reicht. Die reichen Dekorationen aus rotbraunem Marmor und die prächtigen Stuckarbeiten bestimmen zusammen mit dem Gold der gemalten Scheinarchitekturen den Raumeindruck. Die Quadraturmalerei stammt von Marcantonio Chiarini und dessen Schwiegersohn Gaetano Fanti, die eigens aus Bologna angereist kamen; das zentrale Deckenfresko malte Martino Altomonte. 1716 geschaffen, ist es eine Allegorie auf den Sieg des Prinzen Eugen über die Türken bei Peterwardein am 5. August desselben Jahres und die Verleihung der geweihten päpstlichen Ehrengaben, Schwert und Hut, die ihm dieser Triumph eintrug. Zu den weiteren hervorragenden Raumschöpfungen zählen das ehemalige Schlafgemach des Prinzen, der von Jonas Drentwett ausgemalte Groteskensaal, die Marmorgalerie mit den mythologischen Marmorstatuen von Domenico Parodi und der Spiegelsaal, in dem Balthasar Permosers berühmte Apotheose des Prinzen Eugen aufgestellt ist. Heute beherbergt das Untere Belvedere das Österreichische Barockmuseum und in der ehemaligen Orangerie das Museum Österreichischer Kunst des Mittelalters.

Das obere Belvedere als Hauptgebäude der gesamten Anlage wurde in weniger als zwei Jahren 1721/22 errichtet. Da es ausschließlich der Repräsentation gewidmet war, kommt hier die

*Über der figurengeschmückten
Hauptkaskade erhebt sich das
Obere Belvedere.*

Das Haupttor, der repräsentative Zugang zum Oberen Belvedere.

Das Triumphbogenportal gibt den Blick auf den Mittelpavillon des Unteren Belvederes frei.

Gartenparterre vor dem Unteren Belvedere.

barocke Festlichkeit in vollkommenster Weise zur Geltung. Das Obere Belvedere ist nicht nur das Meisterwerk Hildebrandts, sondern ein Höhepunkt der Barockarchitektur überhaupt. Aus der Ferne wirkt der Bau in seiner dominierenden Höhenlage als ein monumentales Gartenbelvedere, in seiner riesigen Erscheinung doch märchenhaft und entmaterialisiert. Gesteigert wird diese Wirkung durch die lebhafte Gliederung der Dachzone und durch den außerordentlichen Reichtum der kleinteiligen und flächenhaften Fassadendekoration und des plastischen Attikaschmucks. Der breite Mitteltrakt mit seinem weit vorspringenden Mittelrisalit, die niedrigeren Seitenflügel und die achteckigen Eckpavillons erscheinen durch die unterschiedlich geformten Dächer als selbständige Bauteile, die von einer durchgehenden Pilasterordnung zusammengehalten werden und eine ästhetische Einheit bilden.

Die Sala terrena, deren Gewölbe von vier mächtigen Atlanten getragen werden, öffnete sich ursprünglich gegen den Garten in fünf Bögen, die Ausblicke über die Stadt in der Ferne freigaben. Das daran anschließende Treppenhaus, das zur Hofseite hin offen war, führt zum in roten Tönen gehaltenen Marmorsaal. Sein großes Deckenfresko, ein Werk Carlo Carlones, zeigt eine Allegorie der Fama, die den ewigen Ruhm des Bauherrn verkündet; die Architekturmalerei stammt von Gaetano Fanti. Die gesamte, nur zum Teil erhaltene Innenausstattung des Schlosses entstand unter der Leitung von Claude Le Fort du Plessy. Neben den genannten Malern trugen Giacomo del Po und Francesco Solimena dazu bei; Santino Bussi schuf die Stukkaturen.

Der Belvederegarten gewährt auch heute, trotz der starken Reduktion des originalen Figurenbestandes und der Vereinfachung des ursprünglichen Bepflanzungsprogramms, noch einen ausgezeichneten Einblick in die Welt barocker Gartengestaltung. Für seine Konzeption berief Prinz Eugen einen internationalen Fachmann aus München. Dominique Girard, Gartenbauinspektor des Kurfürsten Max Emanuel von Bayern, war ein Schüler André Le Nôtres, des Gartenarchitekten von Versailles; ihm gelang es, in der doppelten Ansicht des Belvederegartens

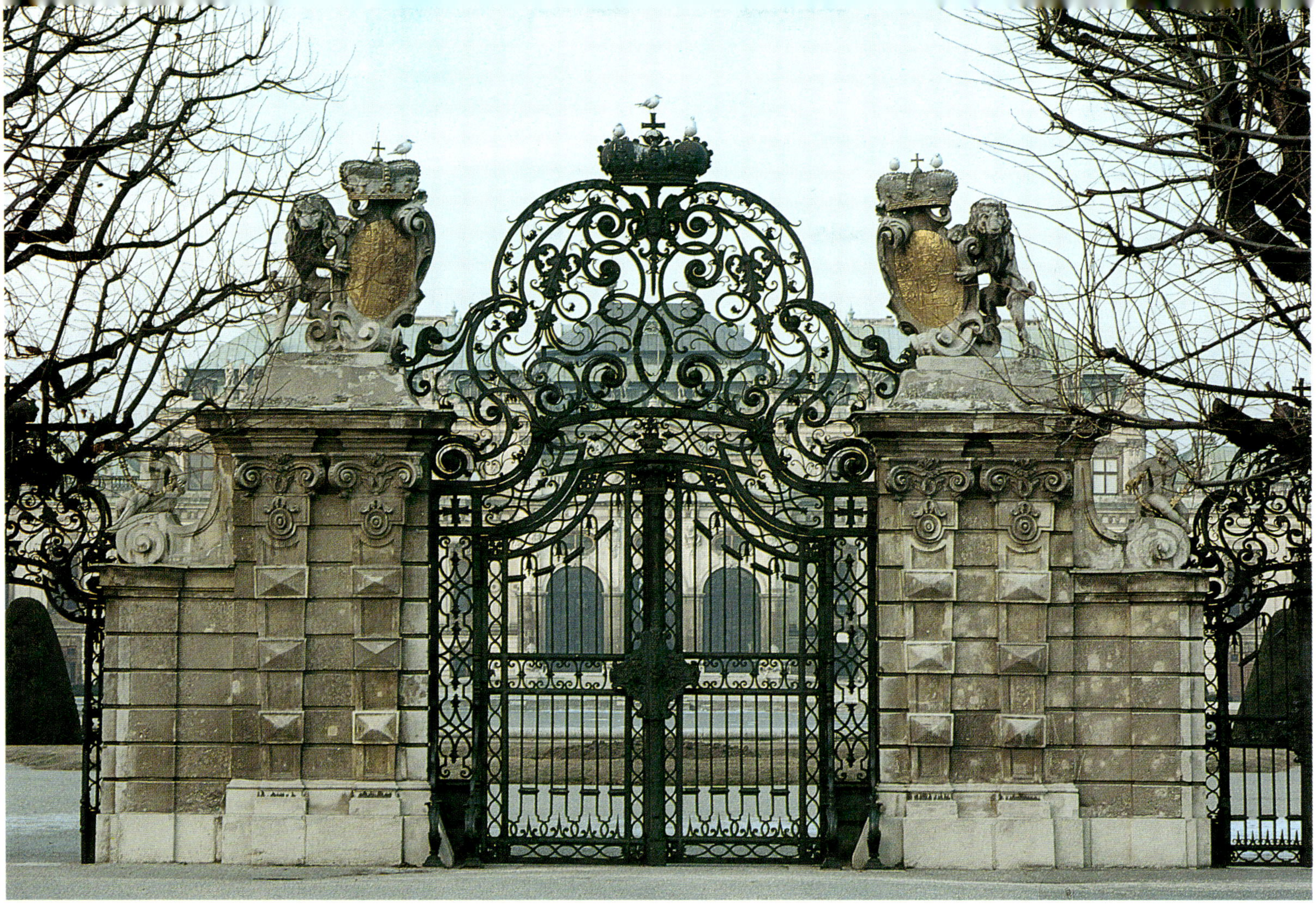

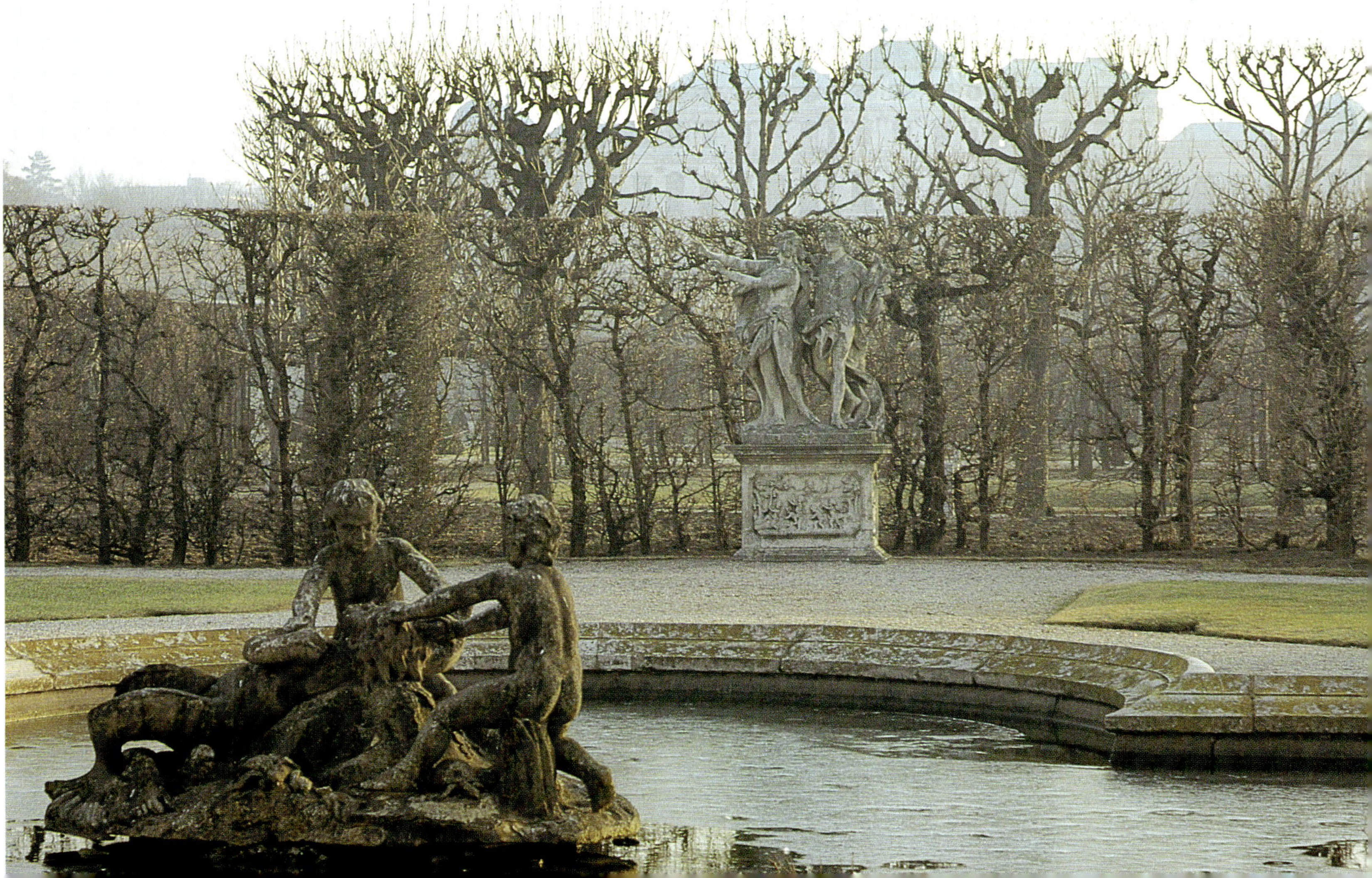

eine Entsprechung zur Gegenüberstellung der beiden Schloßbauten zu schaffen und eine Verbindung zwischen ihnen herzustellen. Für die Betrachtung von unten wie von oben konzipiert, zeigt der Garten von jeder der beiden Seiten ganz unterschiedliche Wirkungen. Er ist in zwei Abschnitten geteilt, den sonnenbeschienen, sanft abfallenden oberen Teil mit den beiden großen Parterres, und den ebenen unteren Bereich, der mit seinen schattenspendenden Bosketten und dem Labyrinth das ganze Repertoire barocker Gestaltungsvielfalt aufweist. Die Niveauunterschiede werden durch Treppenanlagen, Rampen und Kaskaden bewältigt. Das Bassin im Hof des Oberen Belvederes verleiht mit seiner ungewöhnlich großen Wasserfläche dem Gebäude eine zusätzliche impressionistische Wirkung. „In der Spiegelung wird die Architektur zu einer in Farben und bewegten Linien aufgelösten Fata Morgana. Auflösung und Unberechenbarkeit bilden den größten Kontrast zur Strenge des übrigen Gartens." (Erika Neubauer)

1752 erwarb Kaiserin Maria Theresia das Belvedere von der Erbin des Prinzen Eugen. Sie veranstaltete hier 1770 anläßlich der Vermählung ihrer jüngsten Tochter Marie Antoinette mit dem Dauphin das glanzvollste Fest, das das Schloß je gesehen hatte. Sieben Jahre später wurde die kaiserliche Gemäldegalerie aus der Stallburg ins Obere Belvedere übertragen. Seit der Eröffnung im Herbst 1781 war die Galerie bei freiem Eintritt allgemein zugänglich. 1897 wurde das Obere Belvedere Residenz des Thronfolgers Erzherzog Franz Ferdinand. Heute befindet sich hier ein Museum österreichischer und internationaler Kunst der 19. und 20. Jahrhunderts, wie die Museen um Unteren Belvedere ein Teil der Österreichischen Galerie.

Die formenreiche Hoffront des Oberen Belvederes verdoppelt sich im Spiegel des Bassins.

Das Treppenhaus des Oberen Belvederes; die Reliefs zeigen Szenen aus dem Leben Alexander des Großen.

Detail der Hoffassade.

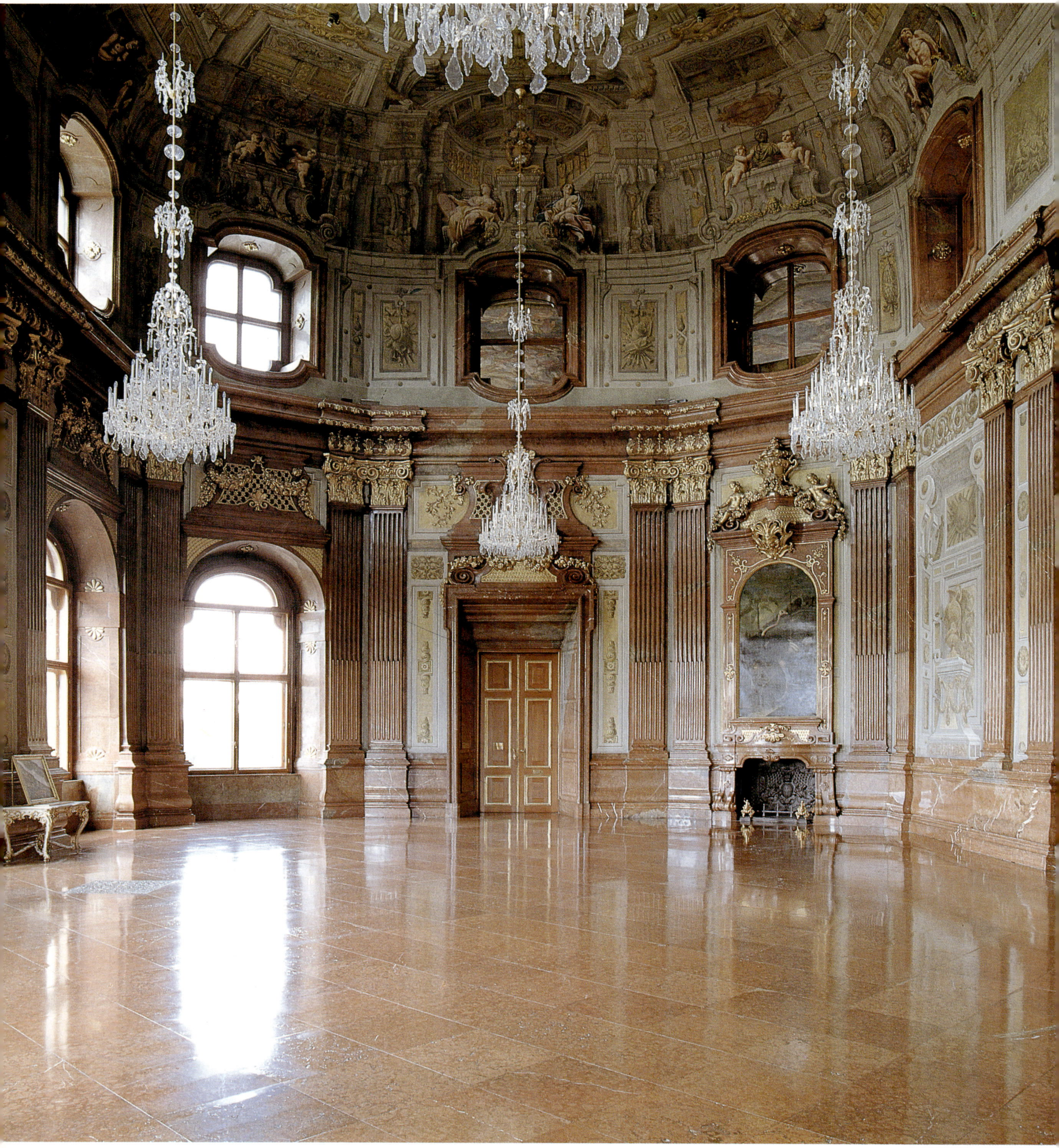

Linke Seite und oben:
Der Marmorsaal des der Repräsentation vorbehaltenen oberen Schlosses. Das Deckenfresko von Carlo Carlone verherrlicht den Ruhm des Bauherrn.

Die wuchtigen Atlanten der Sala terrena.

*Rechte Seite:
Die Apotheose des Prinzen
Eugen von Balthasar Permoser
im Goldkabinett.*

Groteskensaal (links) und Marmorgalerie im Unteren Belvedere.

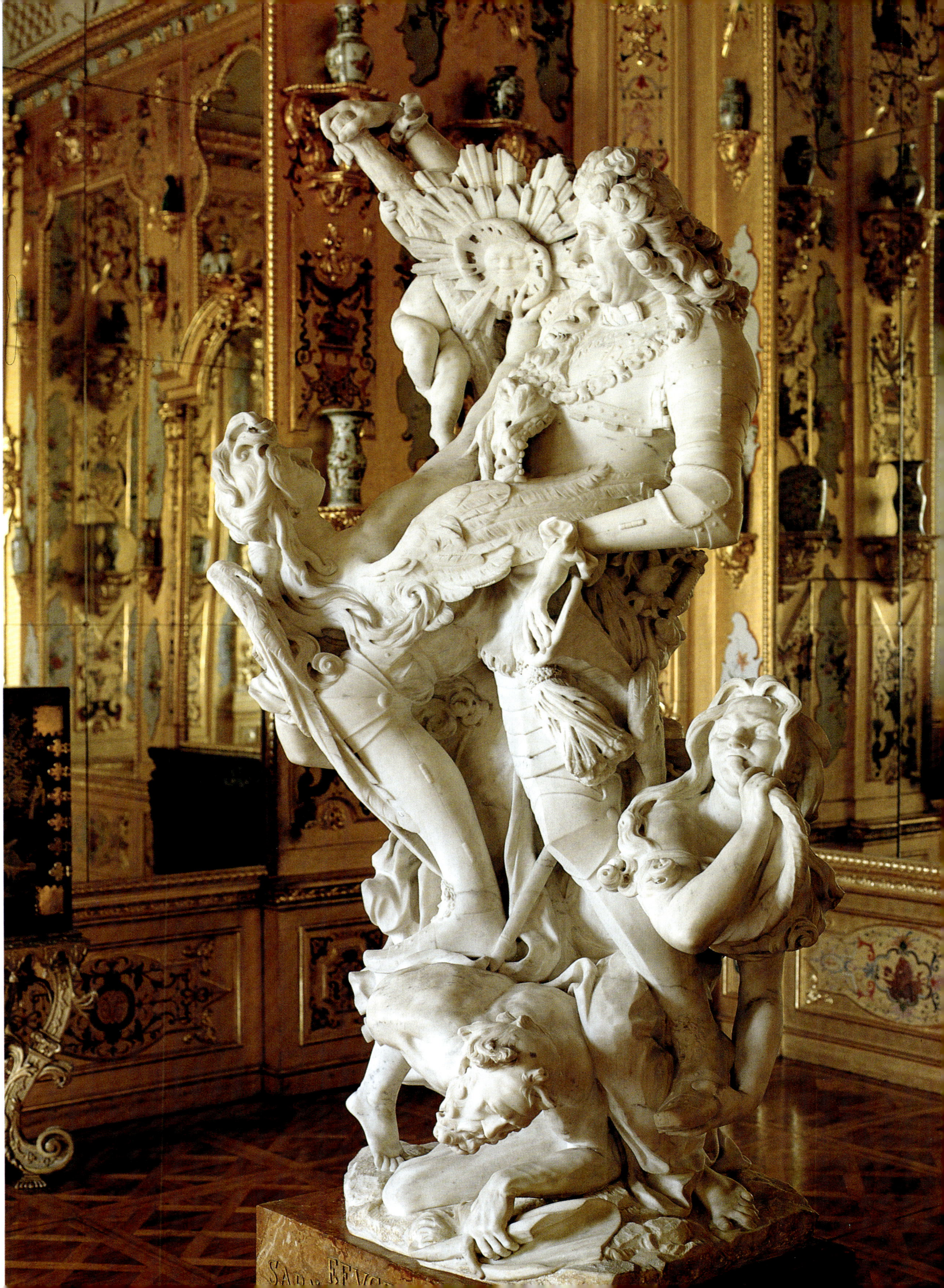

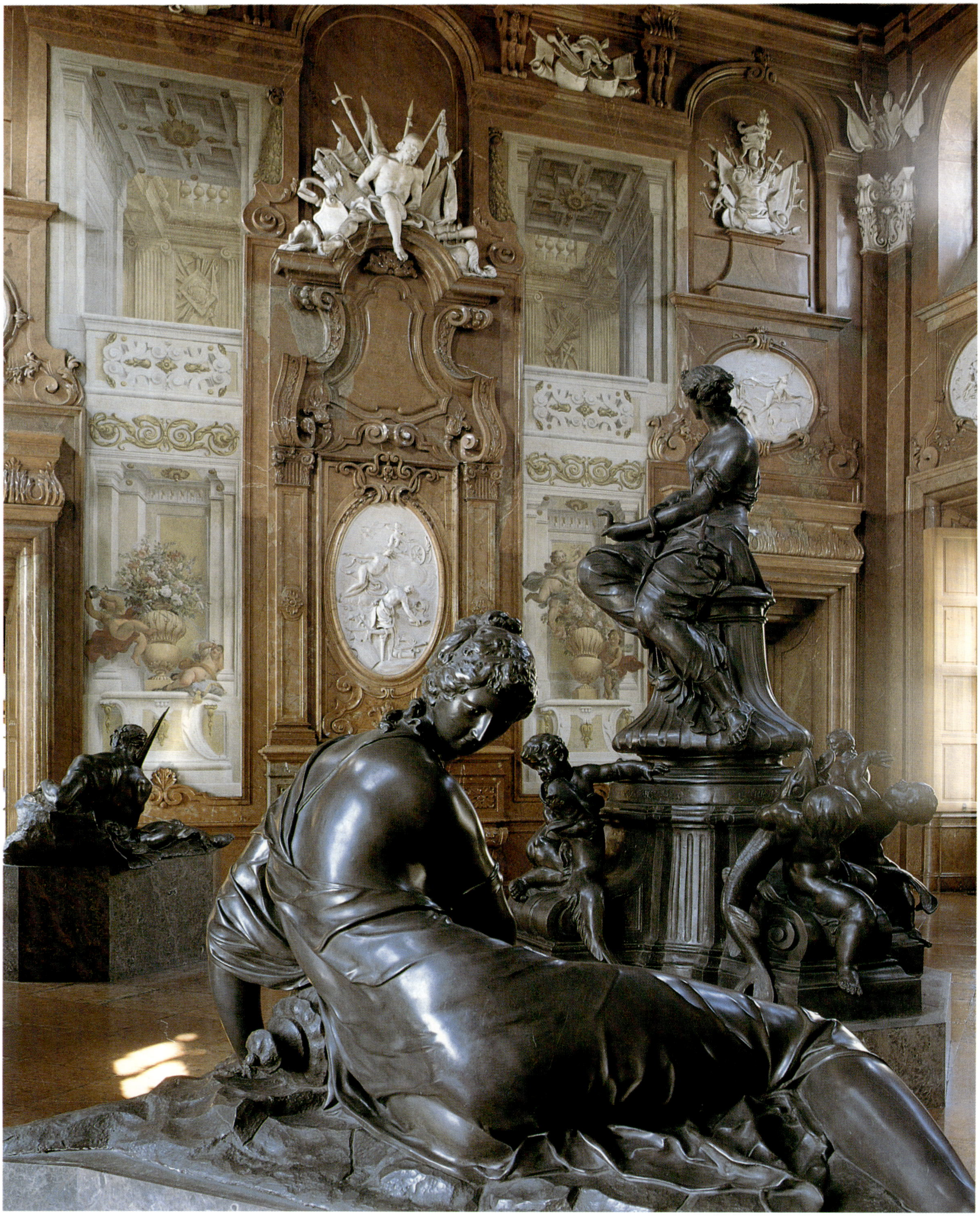

In den Fresken des Schlafzimmers sind Licht und Finsternis einander gegenübergestellt: „Apoll und Klythia" versinnbildlichen die Sonne, den Tag.

*Linke Seite:
Der Marmorsaal des Unteren Belvedere mit den Originalfiguren des Providentiabrunnens von Georg Raphael Donner.*

Domenico Parodis Statue der Diana in der Marmorgalerie.

Palais Rasumofsky

Der russische Gesandte Graf (später Fürst) Andreas Kyrillowitsch Rasumofsky erwarb für sein Projekt mehrere Grundstücke und Häuser, sodaß sein Besitz schließlich von der Landstraße bis zum Donaukanal reichte. Das riesige Grundstück sollte den adäquaten Rahmen für seinen Palast bilden, der den hohen Repräsentationsansprüchen Rasumofskys entsprechen mußte. Auf dem gesamten Areal wurde von Konrad Rosenthal ein englischer Park angelegt; an der höchsten Erhebung wurde 1806/07 von Louis von Montoyer das grandiose Palais errichtet, das zu den Hauptwerken des Wiener Klassizismus zählt. Der mächtige Bau besteht aus dem kubischen Hauptgebäude und dem rechtwinklig anschließenden Gartentrakt. Durch die spätere Verbauung des Areals – mit Ausnahme der heute noch bestehenden kleinen Parkanlage – und durch Aufschüttungen ist die einstige Höhenwirkung völlig verlorengegangen.

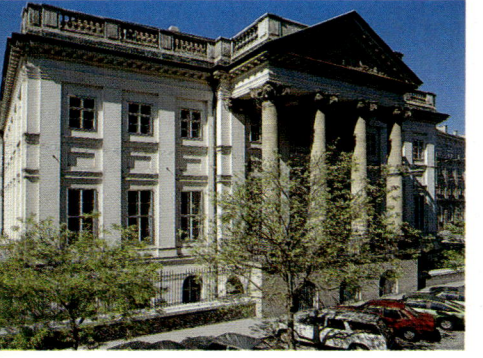

Das Hauptgebäude ist durchgehend mit Lisenen bzw. Pilastern gegliedert. Die Mitte jeder der vier Fronten ist durch einen Risalit oder Portikus betont. Die Säulen der Gartenseite tragen einen Balkon, jene gegen die Geusaugasse einen Dreiecksgiebel, dessen Relief eine Verherrlichung des Rasumofskywappens darstellt. Das Vestibül ist eine der Antike nachempfundene Säulenhalle, die in den kreisrunden Kuppelsaal führt. Dieser Raum, mit seinen vielfältigen reichen Stuckverzierungen ein erster Höhepunkt des großartigen Interieurs, hat eine sehr feierliche tempelartige Wirkung.

Der Festsaal in der Mittelachse des Palais zählt zu den bedeutendsten Werken Montoyers in Wien. Eine dicht vor die Wand gestellte Säulenreihe trägt auf hohem Gebälk die Decke wie einen Baldachin. Auch dieser Saal erinnert an spätantike Tempelräume; er hat große Ähnlichkeit mit dem ebenfalls von Montoyer stammenden Zeremoniensaal der Hofburg. Im Sinne eines Gartenpalais wurde der Garten quasi in den Festsaal miteinbezogen, was von den Gästen auch so empfunden wurde: „Man tanzte in dem Saale, dessen eine Seite offen ist und den Blick nach einer schönen Gartenpartie hat, die glänzend erleuchtet war." Während das Erdgeschoß – Festsaal, Marmorsäle und Kuppelsaal – der Repräsentation gewidmet war, befanden sich die Wohnräume im Obergeschoß. Eine Rarität ist die malerisch ausgestattete Trinkstube im Keller.

Während des Wiener Kongresses war das Palais Rasumofsky ein glanzvoller gesellschaftlicher Treffpunkt. Am Silvesterabend des Jahres 1814 gab der Fürst einen Ball zu Ehren des Zaren. Dieses Fest endete mit einer furchtbaren Brandkatastrophe, über die ein Zeitzeuge berichtet: „Da die Feuerglocke unaufhörlich tönte, kleidete ich mich um halb 6 Uhr an, um mich von diesem schrecklichen Ereignis zu überzeugen. Ich eilte auf den Wall nächst dem Stubenthor, wo ich eine Menge Menschen traf, und sah hier dieses fürchterliche Schauspiel, erhielt auch die Nachricht und überzeugte mich selbst, daß das gräflich Rasumofskysche Palais in Flammen stehe ... Der so schön und geschmackvoll erbaute Pallast, die herrlichen Anlagen bey selben

Die Gartenfassade mit ihrem mächtigen Portikus.

Der runde Kuppelsaal im Zentrum des Palais.

erlitten einen Schaden, den Jahrzehnte nicht zu ersetzen mögen. Am meisten bedauert man die auserlesene, reiche Bibliothek des Grafen, die größtentheils verbrannte, auch seine seltenen, schönen Pferde wurden bis auf wenige von der Wuth des Feuers verzehrt. Seine Majestät, unser Kaiser, war von halb 7 Uhr Morgens bis zur Mittagsstunde auf diesem Platze des Schreckens ... Schon wochenlange wurden die geschmackvollsten, kostspieligsten Vorbereitungen zu einem großen, in seiner Art einzigen Ballfeste getroffen, das der Graf Rasumofsky am ersten Jänner 1815 den hohen Monarchen zu Ehren geben wollte. Nun sind diese alle zerstört und das Ballfest nahm heute noch vor seinem Anfange ein schreckliches Ende ..." (Mathias Perth, handschriftliches Tagebuch.)

Es dauerte einige Jahre, bis die Schäden behoben waren. Der am meisten beschädigte Gartentrakt wurde nur mehr in sehr vereinfachter Form wiederhergestellt.

Das Palais Rasumofsky ist auch ein bedeutendes Denkmal der Wiener Musikgeschichte. Als großer Gönner der Kunst – er unterhielt ein eigenes Streichquartett – zählte Fürst Rasumofsky zu den großzügigsten Förderern Ludwig van Beethovens. Unter der Leitung des Komponisten wurde im Palais seine 5. Symphonie uraufgeführt. Das Mäzenatentum setzte auch der nächste Eigentümer, Fürst Johann von Liechtenstein, fort, der im Palais die bedeutendsten Künstler seiner Zeit versammelte. Das Palais Rasumofsky ist seit 1851 Sitz der Geologischen Reichsanstalt (heute Geologische Bundesanstalt).

Der Festsaal mit seinen Monumentalsäulen ist ein Juwel klassizistischer Baukunst.

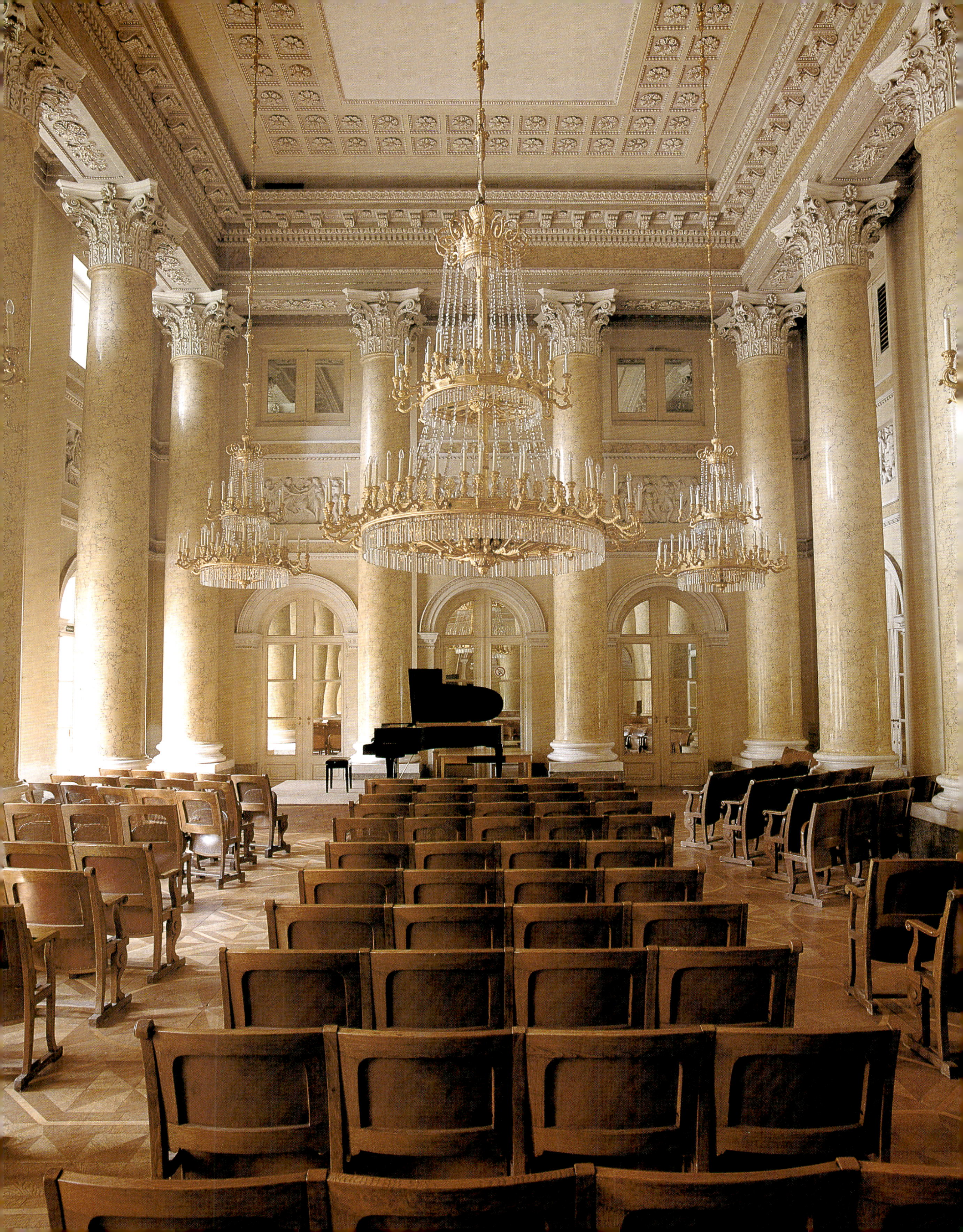

Palais Clam-Gallas

Das Palais Clam-Gallas, ein eleganter klassizistischer Bau, aus dessen schlichter Fassade ein tempelartiger Mittelbau vorspringt, wurde 1834/35 nach Plänen von Heinrich Koch als Sommersitz für den Reichsfürsten Franz Josef von Dietrichstein errichtet. 1850 kam der Besitz durch Heirat an die gräfliche Familie Clam-Gallas. In der zweiten Hälfte des 19. Jahrhunderts war das Palais Treffpunkt des sogenannten „Feudaladels"; eine Einladung zu den hier stattfindenden Soireen und Bällen war sehr begehrt und galt als hohe Auszeichnung. Der russische Graf Paul Vasili berichtet in seinen Erinnerungen über eine Einladung bei den Clam: „ ... Man wechselt drei Worte mit zwei Freunden, eine zehn Minuten dauernde Unterhaltung wird zwanzigmal unterbrochen, man kehrt nach Hause zurück, indem man sich fragt, was man dabei gewonnen hat, so glänzende Toilette zu machen und die Unannehmlichkeiten zu erdulden, eine halbe Stunde lang in einer Reihe von Equipagen im Schritt fahren zu müssen; man kann aber erzählen, man sei bei Clam gewesen – und das ist genug!" Das Palais ist heute Sitz des Französischen Kulturinstitutes.

Die kühle und vornehme Hauptfront.

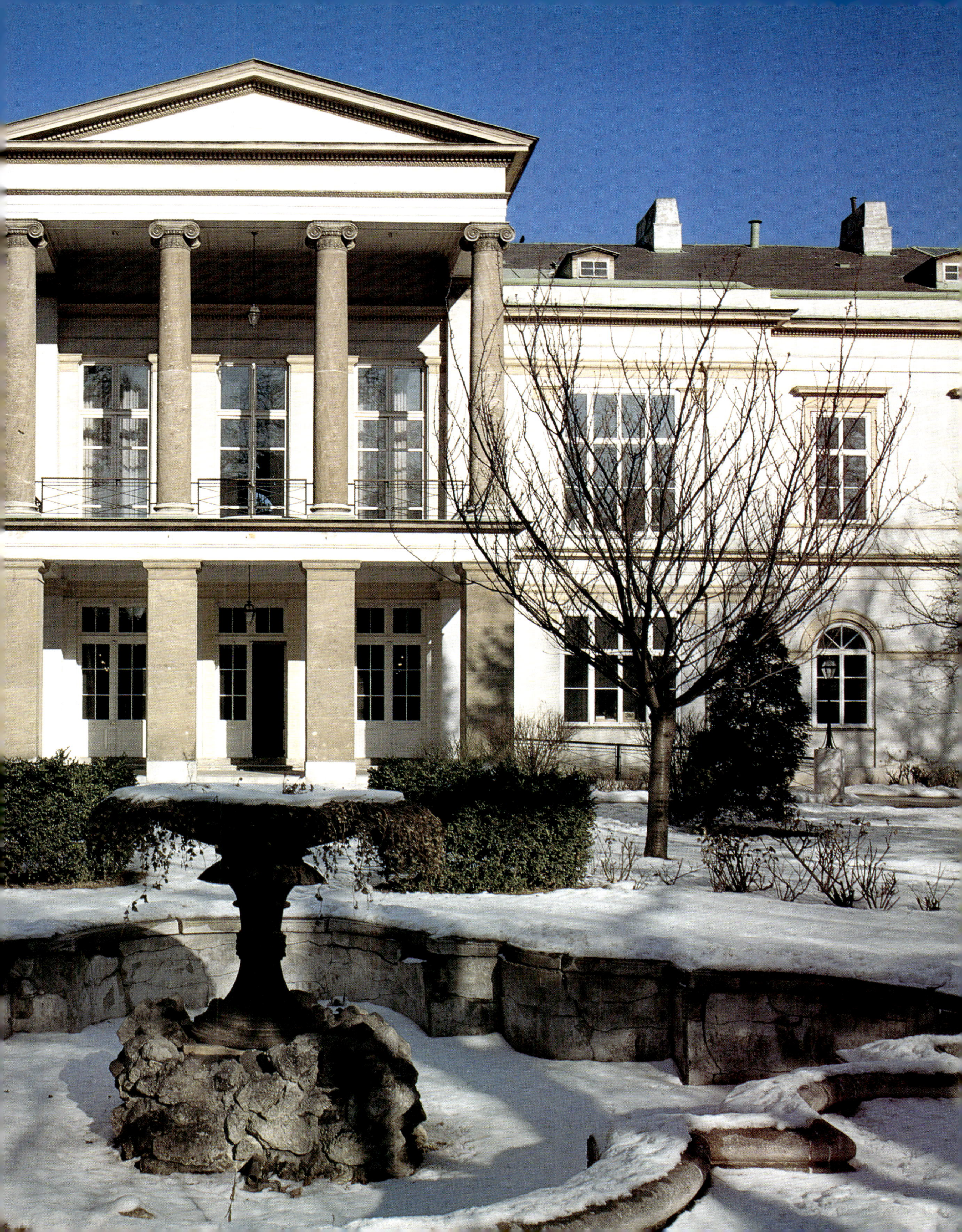

Palais Metternich

Fürst Clemens Lothar Metternich ließ in den Jahren 1846 bis 1848 im Garten der 1815 erbauten Villa Metternich am Rennweg nach Plänen der Architekten Johann Romano und August Schwendenwein ein neues Palais errichten. Der Bau ist von großer architekturgeschichtlicher Bedeutung, da er sich vom üblichen Duktus des späten Biedermeierklassizismus absetzt und eine neue, historisierende Formensprache vertritt, die sich in der Fassadengestaltung an das römische Cinquecento anlehnt. Das Palais zählt somit zu den frühesten Werken des Historismus, ohne dabei die typischen Stilmerkmale des Frühhistorismus vorwegzunehmen. Die in Formen des Rokokos reich ausgestatteten Salons der Beletage sind größtenteils im originalen Zustand erhalten. 1900 wurde das Palais um einen Trakt erweitert, in dem der große, im frühklassizistischen Stil gestaltete Festsaal und ein Musikzimmer nach Schönbrunner Vorbild eingerichtet wurden.

Fürst Metternich, der als Staatskanzler die Ära des Vormärz geprägt hatte, mußte im Revolutionsjahr 1848 ins Exil gehen; erst dreieinhalb Jahre später konnte er, inzwischen siebenundsiebzigjährig, nach Wien und in sein Palais zurückkehren, das er bis zu seinem Tod 1859 bewohnte. Die Villa Metternich wurde 1873 abgerissen; im gleichen Jahr wurde auch der weitläufige Garten bis auf einen kleinen Rest parzelliert. Das Palais Metternich ist seit 1908 Sitz der italienischen Botschaft.

Zimmerflucht in der Beletage.

*Rechte Seite:
Salon und Außenerscheinung
des Palais.*

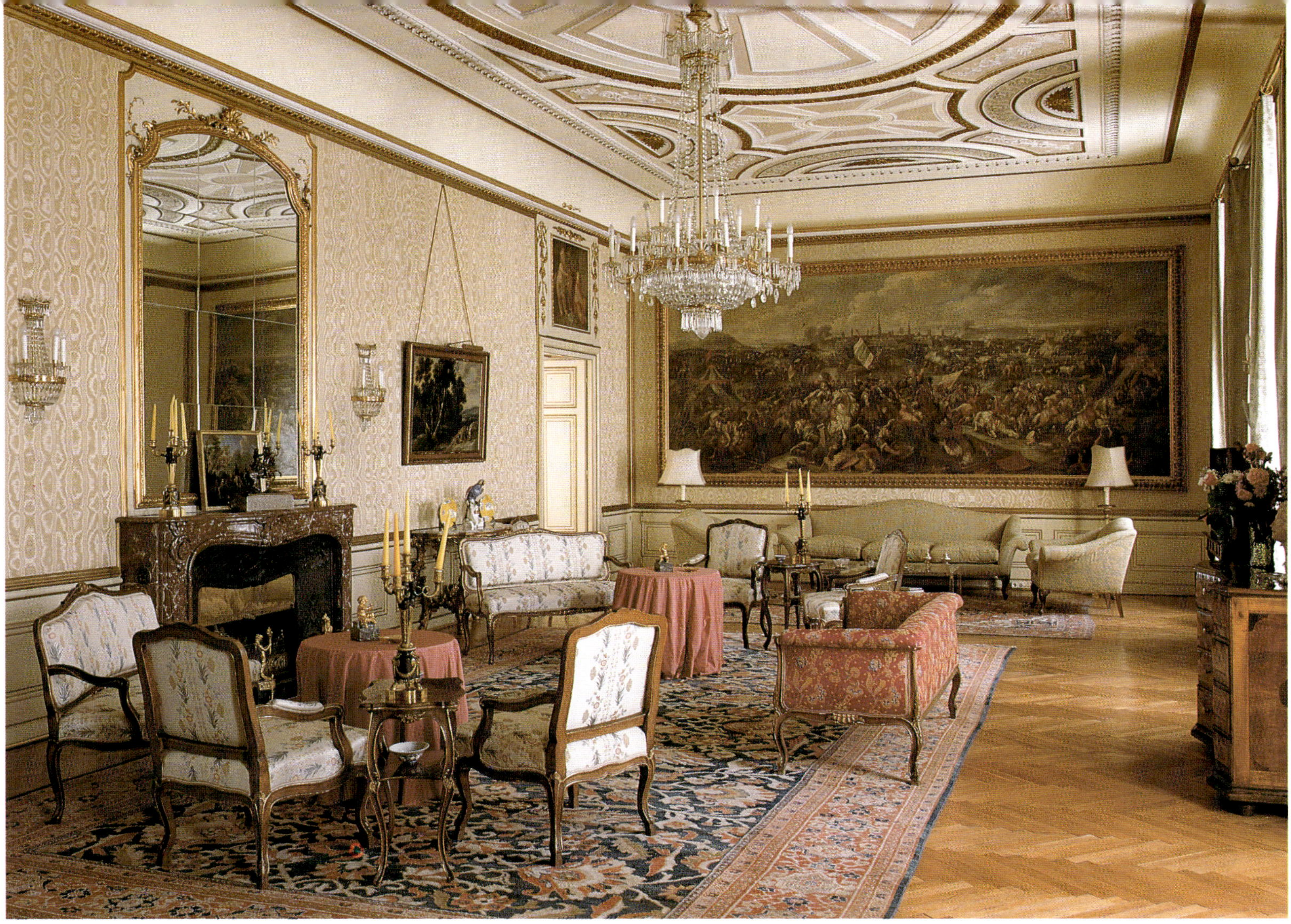

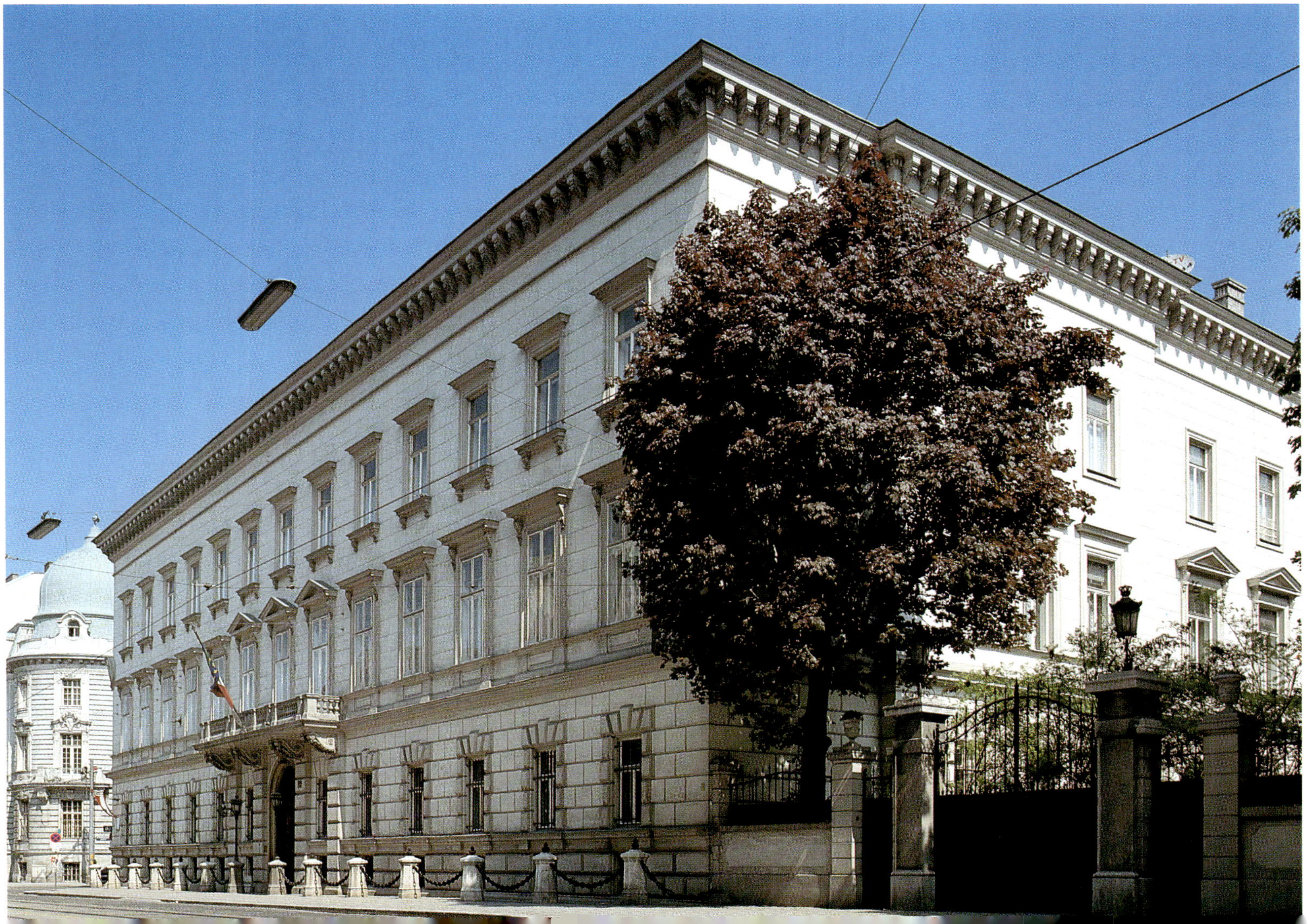

*Der prunkvolle Ballsaal greift
auf lokale Vorbilder zurück.*

*Das Musikzimmer mit
zierlichem Rokokodekor.*

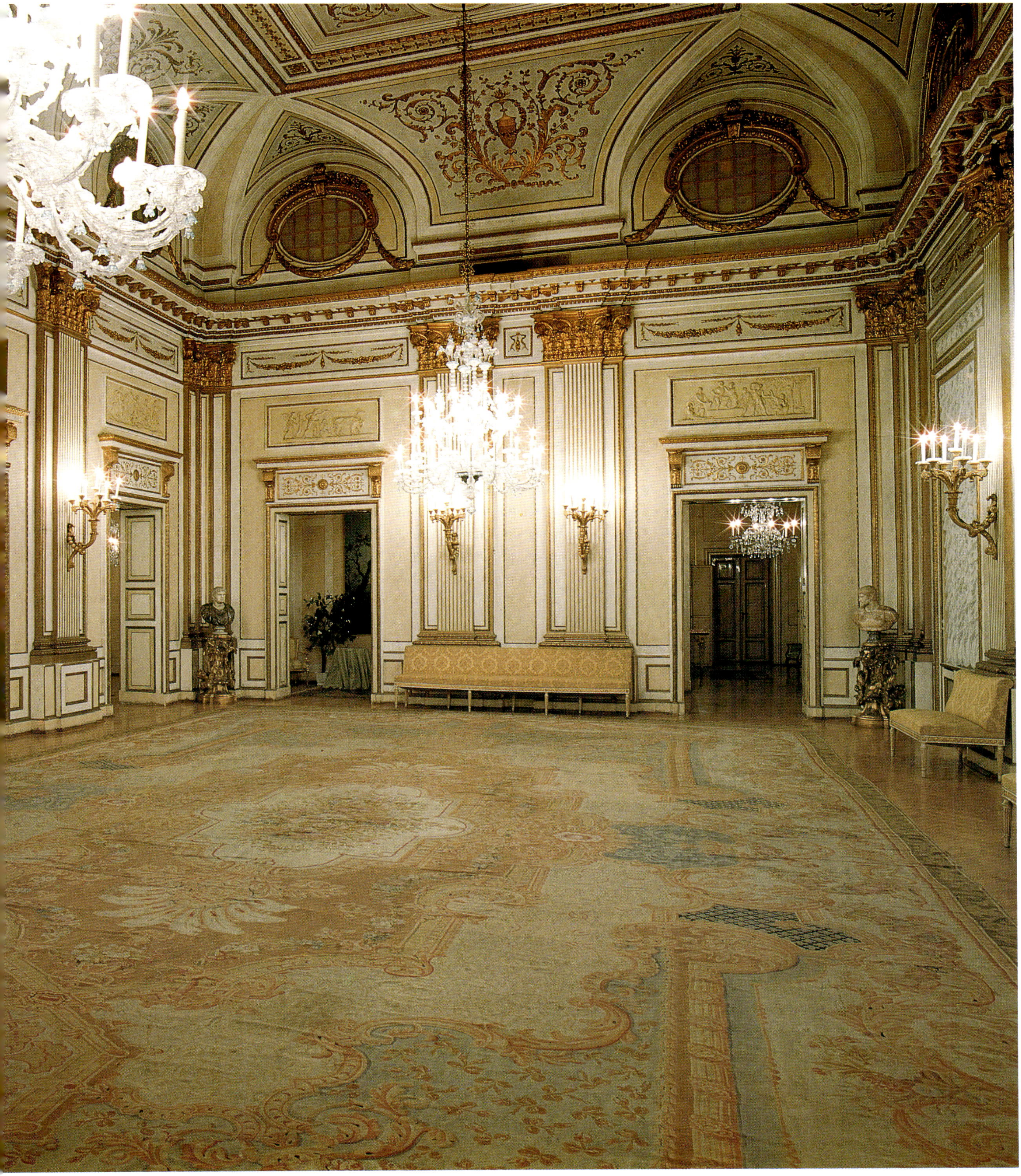

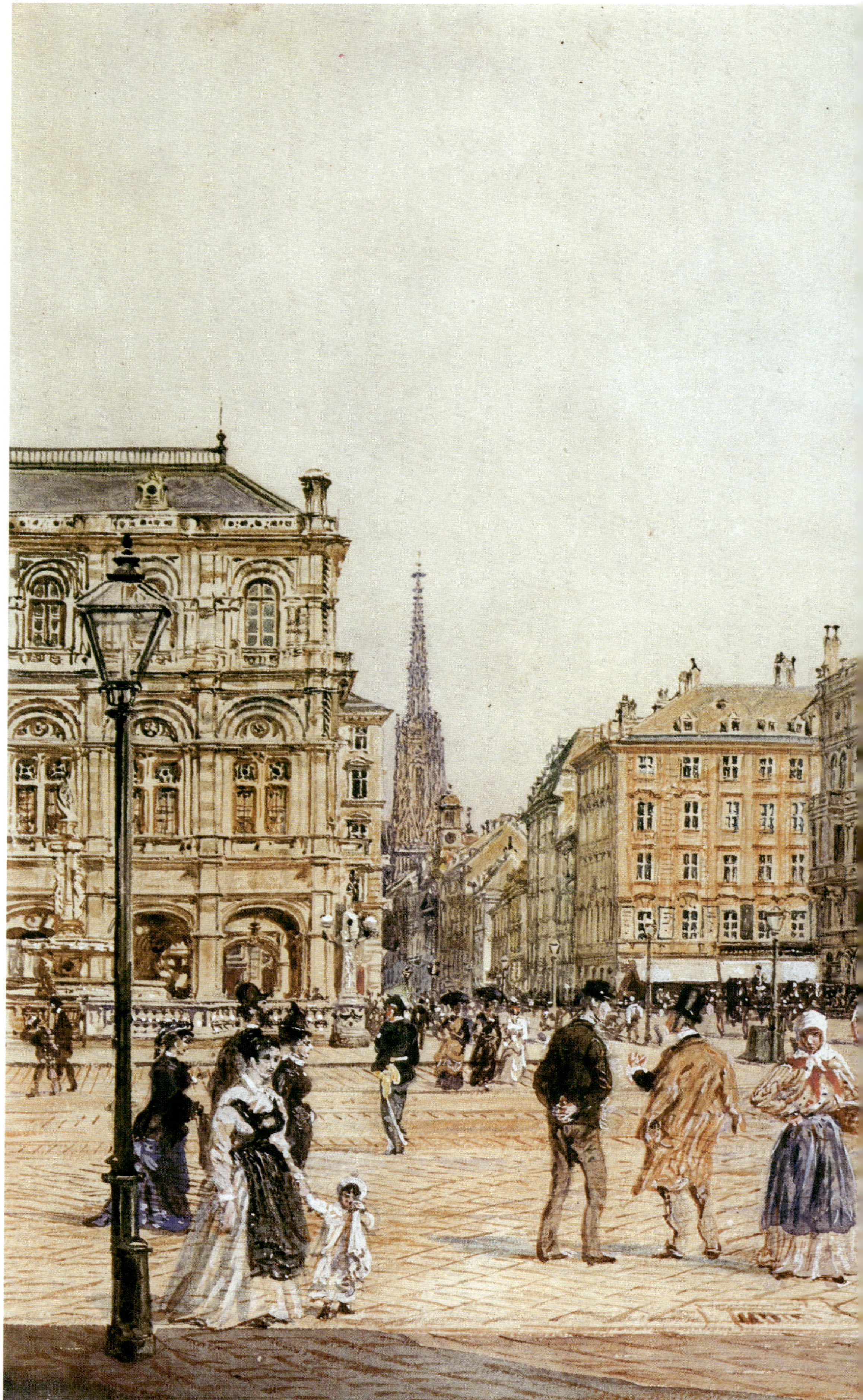

Ringstraßenpalais

Palais Todesco

Der Händler und Bankier Eduard von Todesco ließ 1861 bis 1864 von Ludwig von Förster und Theophil von Hansen einen großen Repräsentationsbau in der Kärntner Straße errichten, an jener Stelle, wo sich früher der Alte Kärntner Turm erhoben hatte. Die Fassaden des Palais weisen eine betont horizontale Gliederung auf und sind reich dekoriert, vor allem im Bereich der Beletage mit den beiden zweiachsigen Eckerkern und dem breitgelagerten Mittelbalkon. Die Kleinteiligkeit des Fassadendekors entspricht der relativ frühen Phase des historistischen Stils. Das vorkragende Dach wird von fast vollplastischen, zum Teil paarweise angeordneten Karyatiden getragen; die darüber liegende Balustrade ist mit Vasen besetzt.

Die Innenausstattung stammt im wesentlichen von Theophil von Hansen, der hier sehr deutlich das Ziel des Gesamtkunstwerks vor Augen hatte. Architektur, Malerei, Bildhauerei und Kunsthandwerk sollten bis ins kleinste Detail eine ästhetische Einheit bilden. Besonders beim Festsaal ist es gelungen, diesem hohen Anspruch gerecht zu werden. Die Gemälde, die in die kassettierten Decken eingelassen sind, stammen von Carl Rahl und Gustav Gaul.

Eduard von Todesco war ein klassischer Vertreter der Ringstraßenepoche. Als Börsengenie schnell zu großem Reichtum gekommen, machte er sich durch seine Vorliebe für Fremdwörter, die er meist falsch verwendete, zur Zielscheibe des Spottes. Er wurde zum Inbegriff des Ringstraßenbarons, dessen Bildung mit seinem Anspruch auf kultivierte Lebensart nicht Schritt halten konnte. Seine geistreiche Gattin Sophie, geborene Gomperz, dagegen war der beliebte Mittelpunkt im vielbesuchten Salon des Hauses, in dem führende Persönlichkeiten aus Politik und Kultur verkehrten. Eduard von Bauernfeld machte sich seinen Reim auf das Verhältnis des Gastgeberpaares zu den Gästen: „Jedes Licht hat seinen Schatten, jede Frau hat ihren Gatten!" Auch Eduard Hanslick, der führende Musikkritiker seiner Zeit, stellte fest, daß es in den Salons der Finanzaristokratie die Frauen waren, „feingebildet, von anmutigem Benehmen und für alles Schöne empfänglich", von denen die eigentliche Anziehungskraft ausging. „Die Herren des Hauses störten nicht; genug, wenn sie freundlich gelaunt waren und sich nicht viel einmischten."

Das Palais Todesco ist seit 1947 Sitz der Österreichischen Volkspartei.

Linke Seite:
Deckendetail und Türe aus
dem Festsaal.

In der Erscheinung der Hauptfassade
tritt die Beletage durch die Fülle
gestalterischer Details besonders hervor.

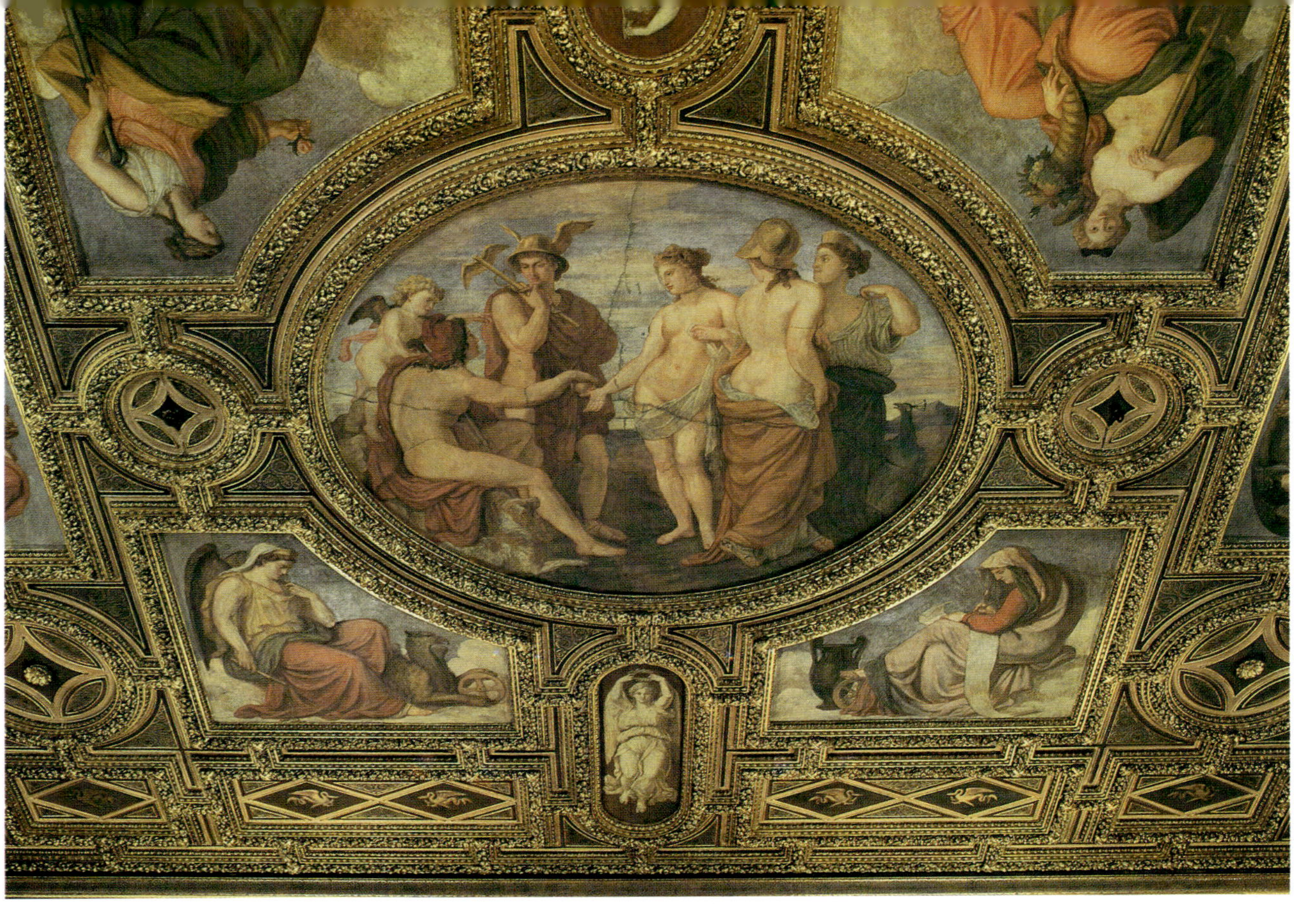

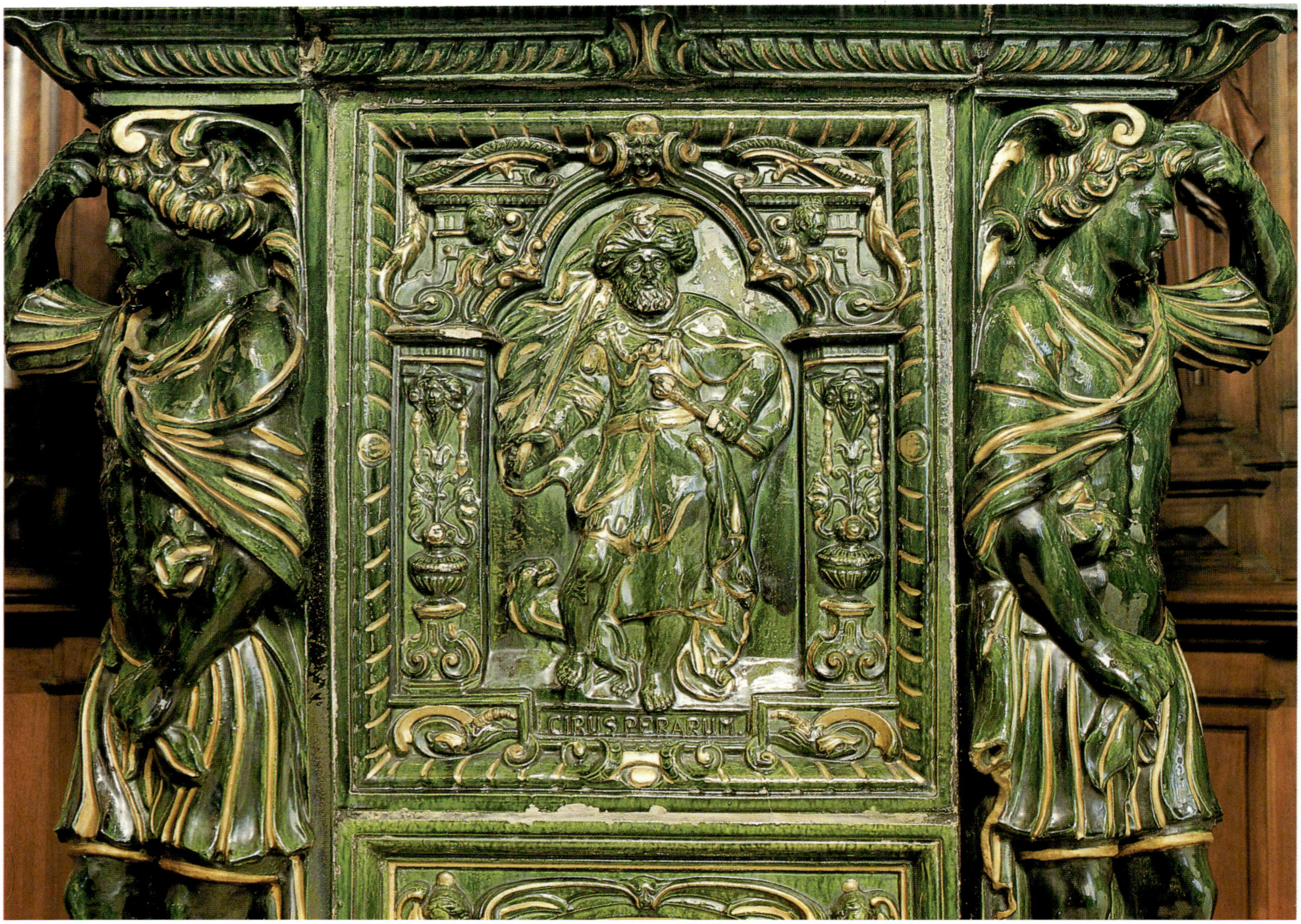
CIRUS PERARUM

Linke Seite:
Das Urteil des Paris, Deckengemälde nach Entwurf von Carl Rahl im ehemaligen Speisesaal; Detail vom Kachelofen des Hausherrnzimmers.

Der große Festsaal.

Palais Württemberg

Das äußerst repräsentative Palais am Kärntner Ring wurde 1863 bis 1865 für Philipp Herzog von Württemberg und seine Gemahlin Erzherzogin Maria Theresia errichtet. Die Architekten waren Arnold von Zenetti und Heinrich Adam; an der Innengestaltung wirkte Carl Kayser mit. Der reiche Skulpturenschmuck im Feld des mächtigen Dreiecksgiebels und im Bereich des Portals (wo er nur zum Teil erhalten ist) demonstrierte den Rang des Bauherrn nach außen hin.

Der lebenslustige Herzog sah sich durch seine finanziellen Verhältnisse jedoch bald genötigt, das Palais zu verkaufen. Anläßlich der Weltausstellung 1873 wurde es in das Hotel Imperial umgewandelt. Bei der Aufstockung im Jahr 1928 wurde der Giebel um zwei Geschosse angehoben; dadurch wurden die Proportionen des Gebäudes wesentlich verändert. Von der ursprünglichen Raumausstattung sind einige Suiten erhalten geblieben, die in ihrer Dekoration Rokokoanklänge zeigen. Besonders prachtvoll sind der gewölbte Marmorsaal und das von der Haupttreppe der Münchner Hofbibliothek inspirierte Treppenhaus.

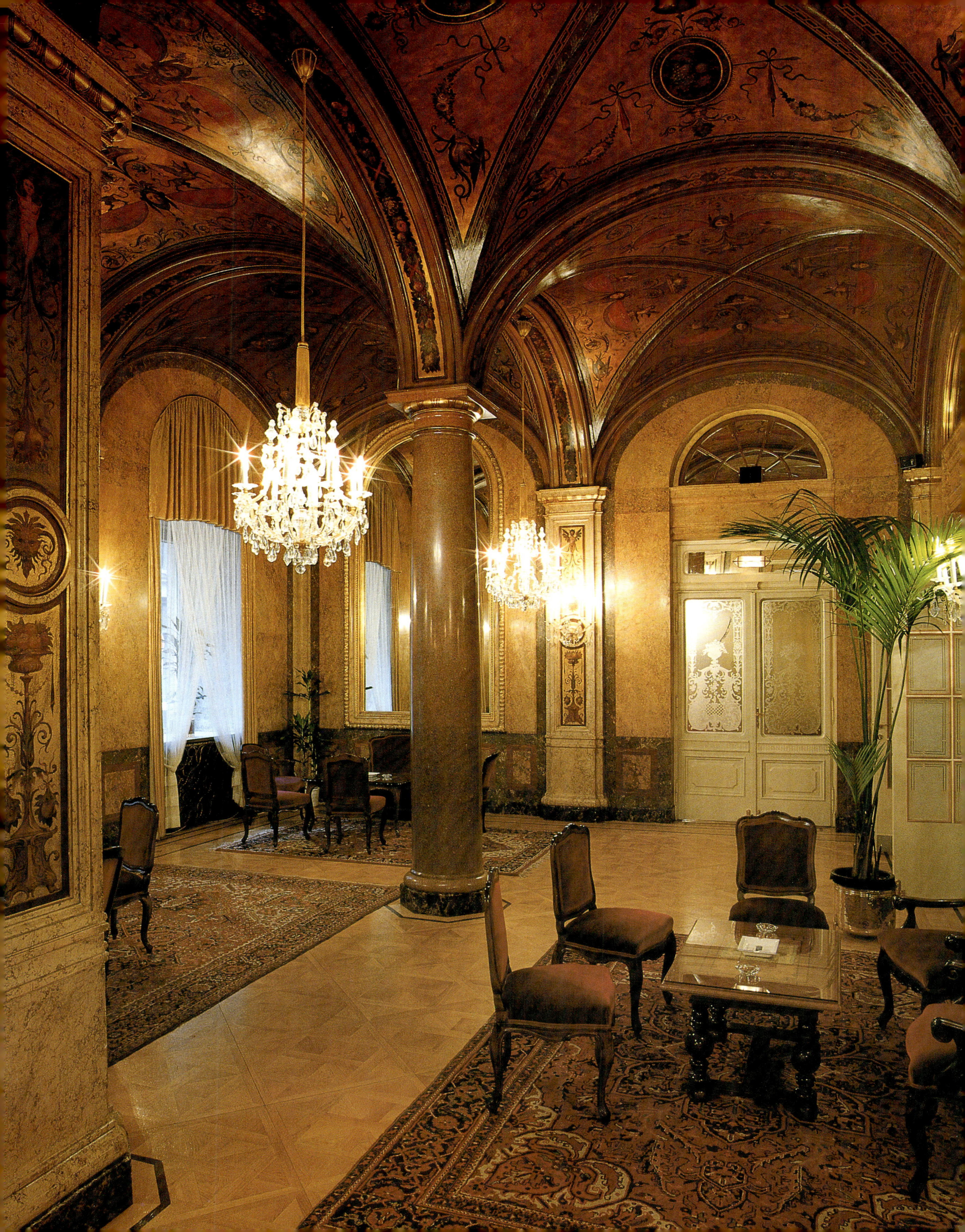

226

Salon in der Fürstensuite.

*Linke Seite:
Wappenkartusche im Treppenhaus.*

Die Decke des Treppenhauses.

*Malereien auf Goldgrund im
Gewölbe des Marmorsaales.*

*Das in seiner abgestuften
Farbgebung äußerst raffinierte
Treppenhaus.*

*Vorhergehende Seite:
Der Marmorsaal.*

Palais Schey

Der Bankier Friedrich Freiherr Schey von Koromla erwarb das Grundstück am Opernring Ecke Goethegasse und ließ 1863/64 von dem Architektenduo Johann Romano und August Schwendenwein ein Palais errichten. Baron Schey war ein angesehener Finanzexperte, Protektor des Künstlerhauses und des Musikvereins sowie des Museums für Kunst und Industrie. Zu seinen liebsten Projekten zählten die Handelsakademie am Karlsplatz und das Stadttheater in der Seilerstätte. Als großer Theaterfreund und Bewunderer des Burgtheaterdirektors Heinrich Laube wollte er diesem nach dem erzwungenen Abgang vom Burgtheater eine neue Wirkungsstätte schaffen.

Das Palais Schey entstammt der „klassischen Periode" der Ringstraßenzeit. Der sehr hohe rustizierte Sockel fördert die besondere Betonung der Beletage, deren Fenster die größte Plastizität aufweisen. Das große Portal zur Goethegasse hat mit seinen vier freistehenden Säulen eine auffallende Raumwirkung. Der Repräsentationsanspruch setzt sich im äußerst großzügig gestalteten Treppenhaus fort. Seine außergewöhnlich reichen Stuckdekorationen sind der Formensprache des Barockstils nachempfunden.

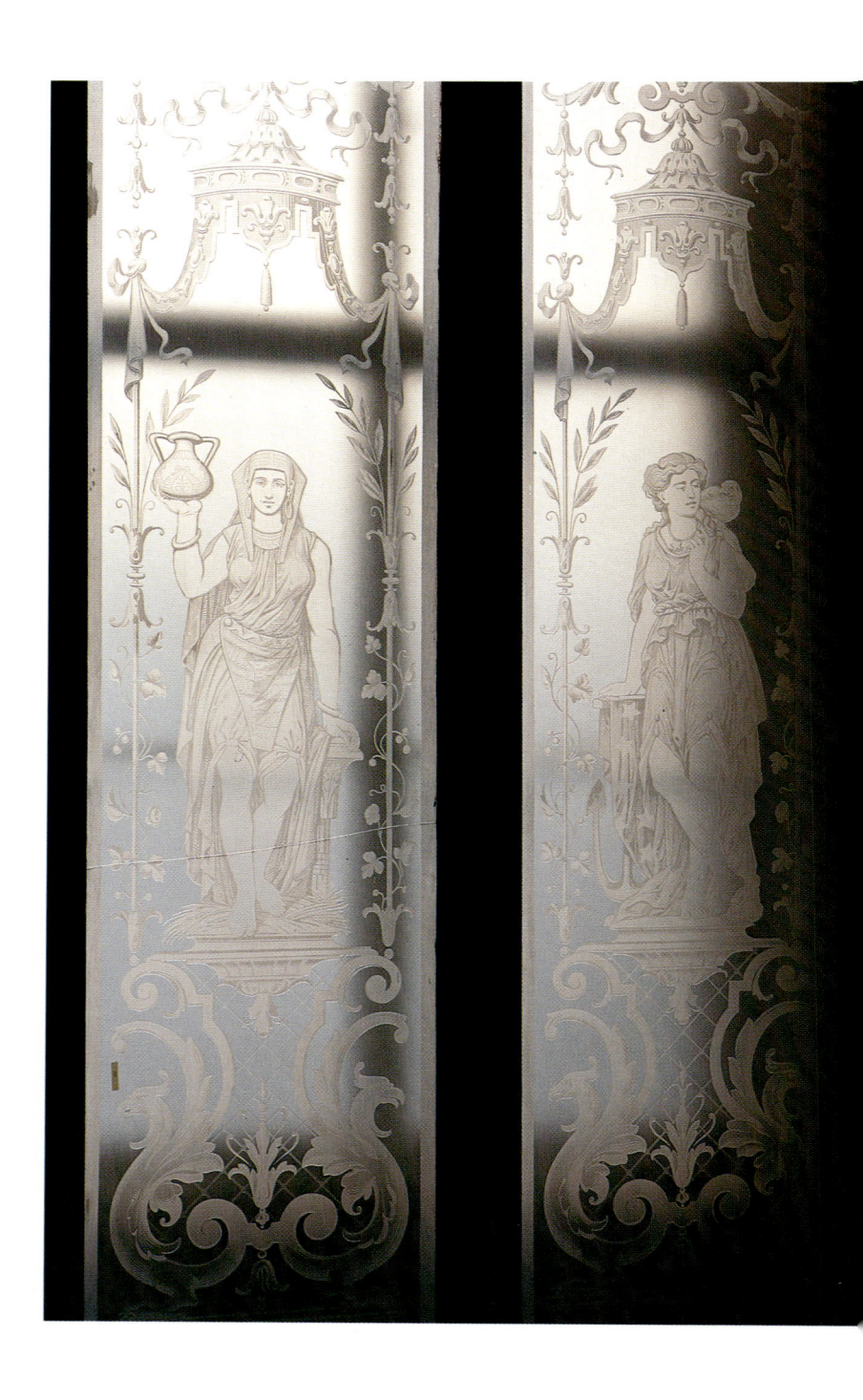

Oben:
Detail vom Eingangstor.

Geätzte Scheiben im Treppenhaus.

Die Fassadengestaltung entspricht dem klassischen Typus des Ringstraßenpalais.

Palais Erzherzog Ludwig Viktor

Das erste Bauwerk auf dem großen, einheitlich geplanten Schwarzenbergplatz wurde ab 1863 von Heinrich von Ferstel für den jüngsten Bruder von Kaiser Franz Joseph, Erzherzog Ludwig Viktor, errichtet. Die Bauzeit betrug insgesamt sechs Jahre, die Kosten beliefen sich auf 480.000 Gulden. Die Gestaltung des Palais wurde vom Erzherzog entscheidend mitbestimmt. Der Entschluß eines Mitglieds des Kaiserhauses zum Bau des Palais im Stadterweiterungsareal bewirkte eine entscheidende Aufwertung der Ringstraße als Wohnadresse.

Das Palais ist ein äußerst repräsentativer Bau, der deutlich von der Formensprache der italienischen Renaissance beeinflußt ist. Die Hauptfassade wendet sich dem Platz zu; die unregelmäßige Grundrißsituation wird im Bereich Schubertring-Pestalozzigasse formal mit einem runden überkuppelten Eckturm gelöst. Sämtliche Fassaden sind plastisch rustiziert und im Bereich der Beletage durch hohe vergiebelte Fenster betont. Die Hauptfassade wird durch einen mächtigen Mittelrisalit hervorgehoben. Über den Portalöffnungen des Erdgeschosses sind die fünf großen Rundbogenfenster des Festsaales situiert; freistehende korinthische Säulen tragen Figurenpodeste. Die Figuren stellen Persönlichkeiten dar, die eine wichtige historische Beziehung zum Kaiserhaus besessen haben: Niklas Graf Salm, Ernst Rüdiger Graf Starhemberg, Ernst Gideon von Laudon, Joseph von Sonnenfels, Johann Bernhard Fischer von Erlach, Prinz Eugen von Savoyen. Die beiden Mittelfiguren sind Karyatiden, die den Dreiecksgiebel über der großen Wappenkartusche tragen. Eine Balustrade schließt die Dachzone ab. Die großzügige und künstlerisch sehr bedeutende Ausstattung erreicht ihren Höhepunkt im Treppenhaus und in den Festräumen der Beletage. Diese Räume bildeten den glanzvollen Rahmen der zahlreichen Feste des Erzherzogs, von dem die Fürstin Nora Fugger zu berichten weiß: „Erzherzog Ludwig Viktor, der jüngste der Brüder, war eine sehr eigentümliche Persönlichkeit. Ein geistreicher Diplomat sagte von ihm, er sei ein Seladon, ein König des Madrigals, ein Fürst des Tanzes. Die Charakteristik ist nicht übel, wenn man hinzusetzt, daß Erzherzog Ludwig Viktor nicht selbst tanzte, sondern nur gerne dem Tanze zusah. Er war grundverschieden von seinen Brüdern, war weder militärisch noch kunstverständig, schwächlich, unmännlich, geziert und von garstigem Äußeren. Er führte ein sehr weltliches Leben, war über alles – nicht immer richtig – unterrichtet, seine Zunge war scharf wie die einer Giftschlange ... In seinem Palais am Schwarzenbergplatz gab er jeden Fasching mehrere Bälle, oft auch große Diners. Mit seinen Einladungen war er aber sehr wählerisch. Es gab Familien, die er grundsätzlich nicht einlud, nicht etwa weil sie sich etwas zuschulden hatten kommen lassen, sondern einfach nur deshalb, weil sie ihm nicht gefielen."

Kaiser Franz Joseph verbannte seinen Bruder nach Schloß Kleßheim bei Salzburg, nachdem die Skandale um ihn immer größere Ausmaße angenommen hatten. Das Palais übergab er

SOCIETE GENERALE ALSACIENNE DE BANQUE
BANK
SOGENAL
Heiße Wurst

Das von schlanken Säulen getragene Gewölbe des Vestibüls.

Die Haupttreppe ist Formen der Renaissance nachempfunden.

1910 dem Militärwissenschaftlichen und Casino-Verein; es ist heute noch Sitz des Neustädter Offiziersvereins. Außerdem wird das Palais als Probebühne des Burgtheaters und für Aufführungen im sogenannten „3. Raum" verwendet.

Salon in der Beletage.

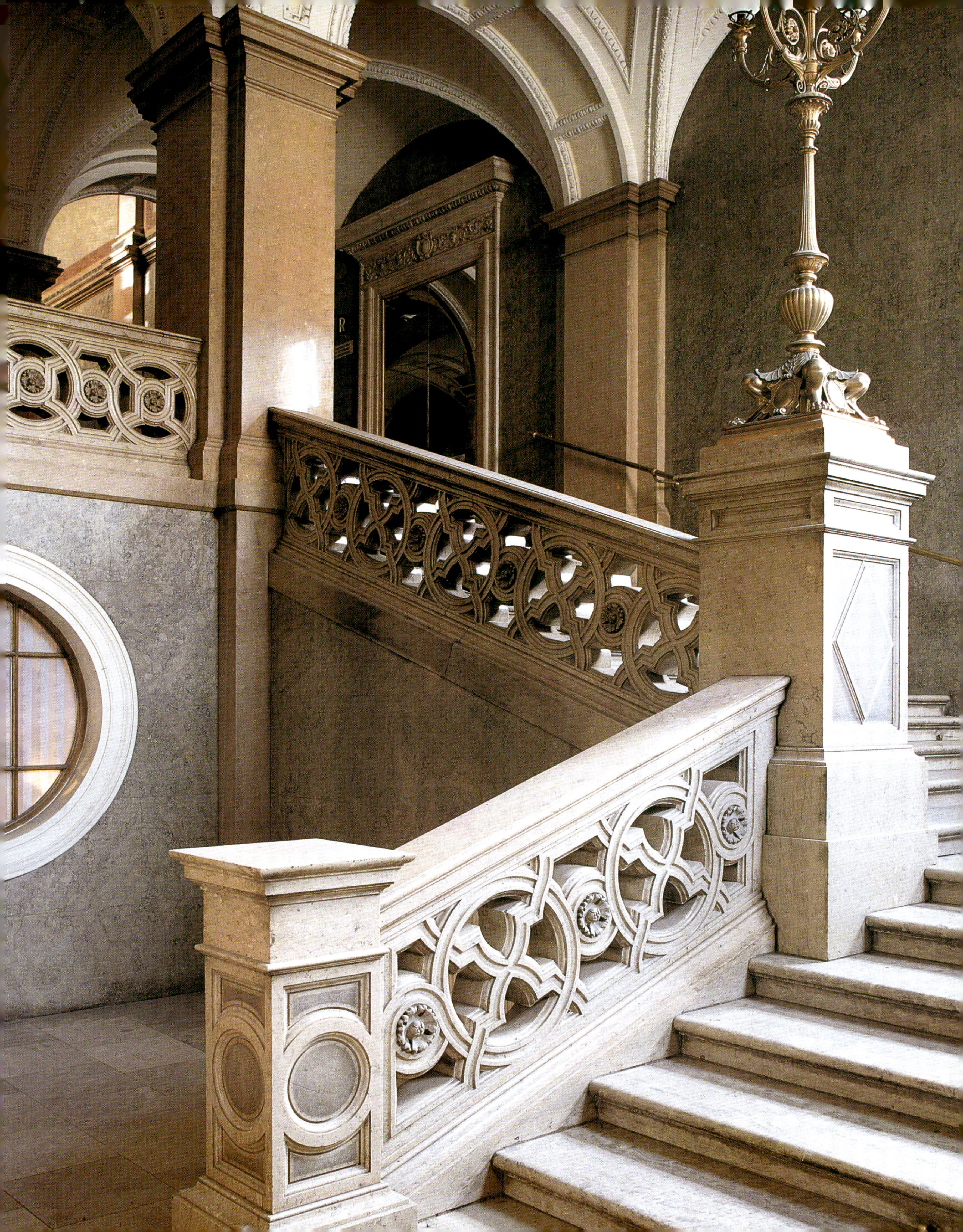

Palais Erzherzog Wilhelm

Das Palais des Erzherzogs Wilhelm, auch Deutschmeisterpalais genannt, ist quasi die Krönung der privaten Ringstraßenpalais. Theophil von Hansen ist der Schöpfer dieses architektonischen Meisterwerks, das von 1864 bis 1868 errichtet wurde. 1870 ging das Palais in den Besitz des Deutschen Ordens über, dessen Großmeister Erzherzog Wilhelm war.

Die drei großen Rundbogenportale erstrecken sich über die hohe Sockel- und Mezzaninzone, die durch eine flache Rustizierung mit der äußerst effektvoll gestalteten Beletage kontrastiert. Der nur leicht vorspringende fünfachsige Mittelrisalit wird durch freistehende Säulen gegliedert, die Seitenflügel durch eine entsprechende Pilasterordnung. Über dem reich ornamentierten oberen Mezzanin erhebt sich ein figurengeschmücktes Attikageschoß. Die Steigerung vom flachen Sockel über die raumgreifende Beletage zur plastischen Attika verleiht dem Palais eine gewisse Kopflastigkeit; sie ist ein typisches Merkmal der historistischen Architektur. Die Karyatiden der Attika sind Ordensherolde, die Balustradenfiguren stellen Hochmeister des Deutschen Ordens dar. Glanzstück der durchwegs hervorragenden Raumausstattungen ist der Speisesaal, der in seiner Farbgebung und Materialbeschaffenheit eine festlich sakrale Wirkung ausstrahlt. Wie in allen seinen Werken strebte Theophil von Hansen auch bei diesem Palais das Gesamtkunstwerk an, weshalb selbst kleine Details wie Türschnallen oder Appliken dem gestalterischen Gesamtkonzept unterworfen sind. Das Gebäude ist nach umfassender Restaurierung seit 1981 Sitz des OPEC Fund for International Development.

Der Speisesaal zählt zu den Hauptwerken historistischer Interieurkunst.

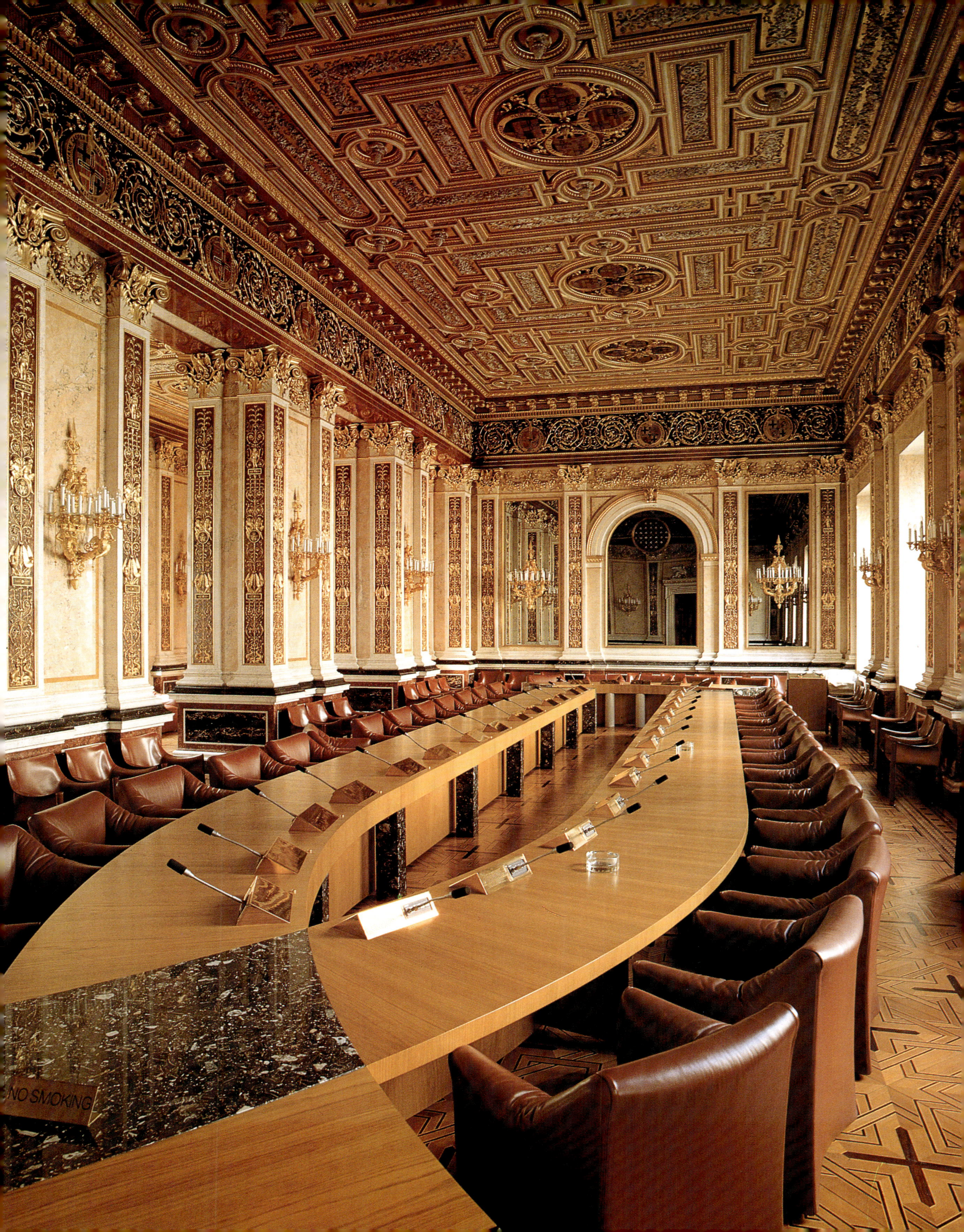
NO SMOKING

*Der gewölbte und marmorverkleidete
ehemalige Pferdestall.*

Der überdachte Innenhof.

Die Schaufront an der Ringstraße.

Palais Larisch

Das private Wohnpalais des Großgrundbesitzers und Finanzministers Johann Graf Larisch von Moennich wurde 1867/68 von Eduard van der Nüll und August Sicard von Sicardsburg im Stil der französischen Renaissance errichtet. Die Hauptfassade zur Johannesgasse besitzt einen etwas vorspringenden Mittelteil in Form einer völlig durchkomponierten Schaufront. Auch der charakteristische runde Eckturm ist ein Zitat der französischen Architektur des 16. Jahrhunderts. Die hohe Qualität der Architektur und der Dekorationen im Äußeren wie im Inneren macht das Gebäude zu einem Hauptwerk des Historismus in Wien. Die ovale Hauptstiege ist eine raffinierte platzsparende Lösung; auch das Vestibül täuscht trotz seiner kleinen Grundfläche großzügige Weiträumigkeit vor. Die klassische Raumeinteilung des Wiener Wohnpalais der Ringstraßenepoche sah im Parterre die Wirtschafts- und Büroräume vor, im Mezzanin befanden sich die Räume des Hausherrn, in der Beletage die Gesellschaftsräume und die Wohnung der Dame. Im zweiten Geschoß lagen die Zimmer der Kinder, der Gäste und der Dienerschaft, gelegentlich auch ein bis zwei Mietwohnungen.

Hinter dem Pavillon des Wienflußportals erhebt sich das Palais mit seiner vornehmen Fassade.

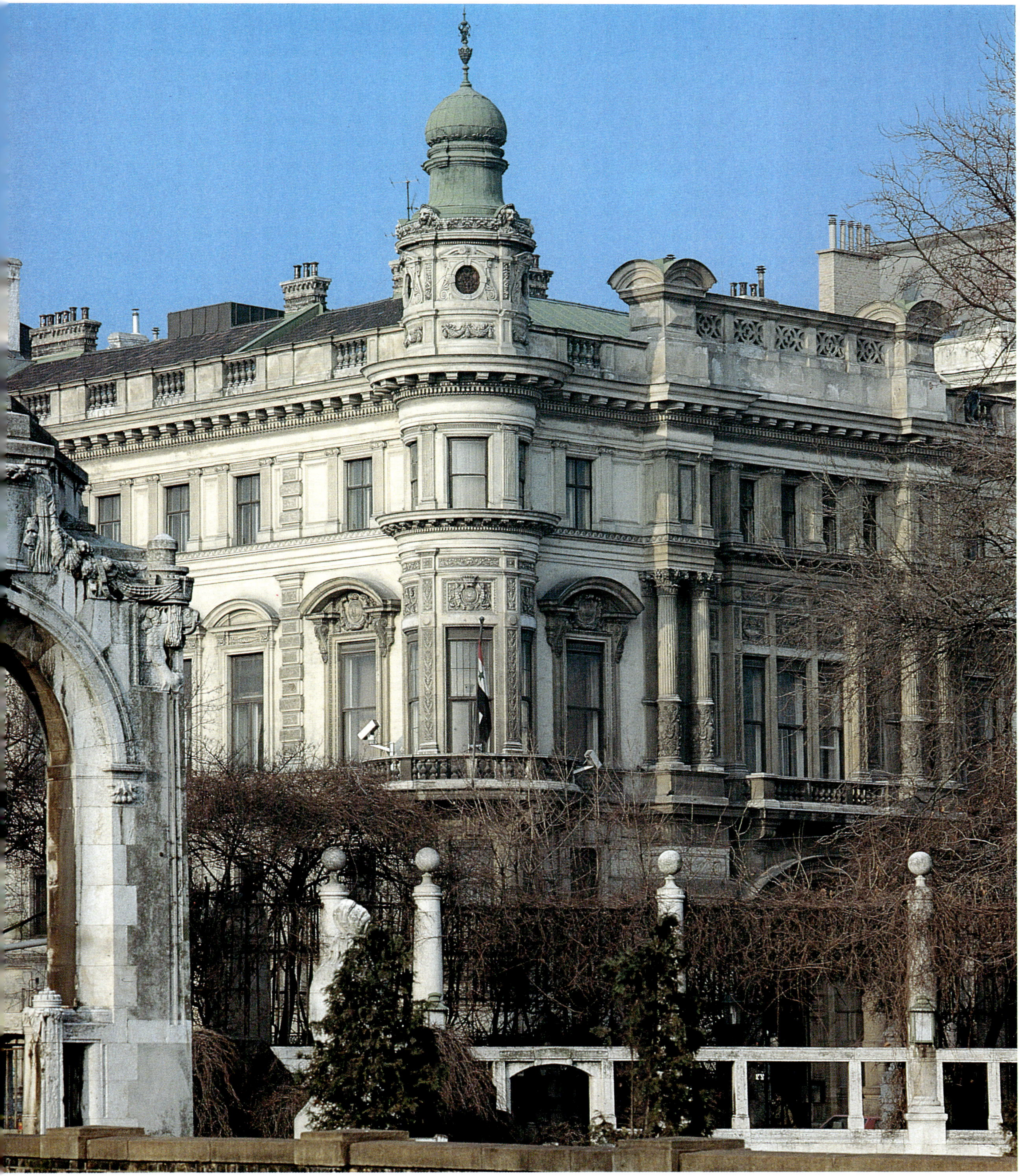

Palais Lützow

Das 1870 für den Grafen Carl von Lützow errichtete Palais zählt zu den reifsten und besten Schöpfungen des großen Ringstraßenarchitekten Karl von Hasenauer. Der Bau ist ein Musterbeispiel eines privaten Wohnpalais auf dem Ringstraßenareal, das im Wesentlichen zur Nutzung durch eine Familie konzipiert wurde. Die einzige Mietwohnung im Obergeschoß wurde über eine separierte Treppe erreicht. Die prachtvolle Haupttreppe führte direkt zu den Salons der Beletage. Bei der Fassadengestaltung verzichtete Hasenauer auf seine typische Ornamentierungsfreude und nahm sich die klassische Renaissance zum Vorbild. Das räumlich vorspringende Portal und die Plastizität der Ädikulafenster verleihen der ruhigen, hochgesockelten Fassade betonte Monumentalität und Noblesse. Das Mittelfenster der Beletage wird durch die Wappenkartusche und die liegenden Giebelfiguren besonders hervorgehoben. Auch die Innendekorationen sind von vornehmer Zurückhaltung. Die feinen Malereien der Supraporten zählen zu den schönsten Beispielen historistischer Dekormalerei.

Das Palais kam 1899 in den Besitz des Fürsten Max Egon IV. zu Fürstenberg und ist seit 1937 Sitz einer Versicherungsgesellschaft.

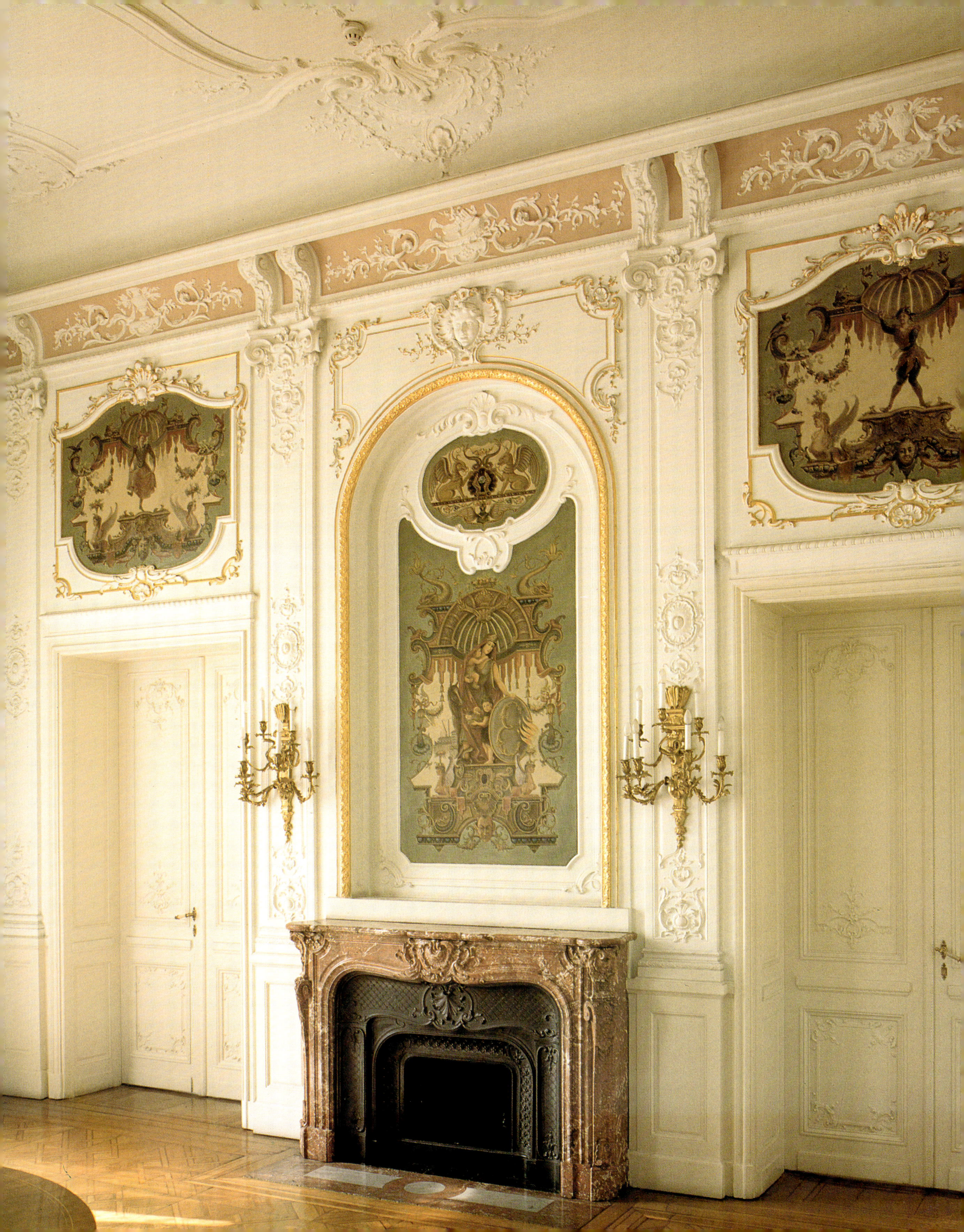

Palais Epstein

Ursprünglich sollte auf dem Grundstück dieses „vornehmsten Distrikts der Ringstraße" im Nahbereich zur Hofburg das Adelige Casino errichtet werden. Der außergewöhnlich hohe Preis für die Parzelle verhinderte jedoch das Vorhaben. Dem Bankier Gustav Ritter von Epstein aber war die geforderte Summe nicht zu hoch. Der Entwurf für das Palais stammt von Theophil von Hansen und mußte auf Wunsch des Bauherrn mehrfach abgeändert werden. Ungewöhnlich ist die betont kubische Form des von 1870 bis 1873 errichteten Palais, das auf die bei Hansen sonst üblichen Risalite verzichtet. Auch die reichliche Verwendung von Terrakottaschmuck in Form von Girlanden, Festons, Löwenköpfen und den zahlreichen Karyatiden im Attikageschoß ist auffallend. Die Portalzone erhält durch die vier großen auf Sockeln stehenden Karyatiden, die den darüberliegenden Balkon tragen, ihre signifikante Wirkung. Die Beletage besitzt meisterhafte historische Interieurs. Die Bilder in den prachtvollen Plafonds schufen Eduard Bitterlich und Christian Griepenkerl nach Skizzen von Carl Rahl; die Bildhauerarbeiten stammen von Vincenz Pilz und Franz Melnitzky. Das Palais Epstein mußte bereits 1883 verkauft werden; seit 1922 ist es (mit einer Unterbrechung von 1938 bis 1955) Sitz des Wiener Stadtschulrates.

Die Hauptfront des blockhaften Baues und das Karyatidenportal.

*Der ehemalige Empfangssalon der
Dame des Hauses.*

*Folgende Seiten:
Phantasievolles Deckendetail eines
Salons (links oben); Detail und
Gesamtansicht des Empfangssaales*

244

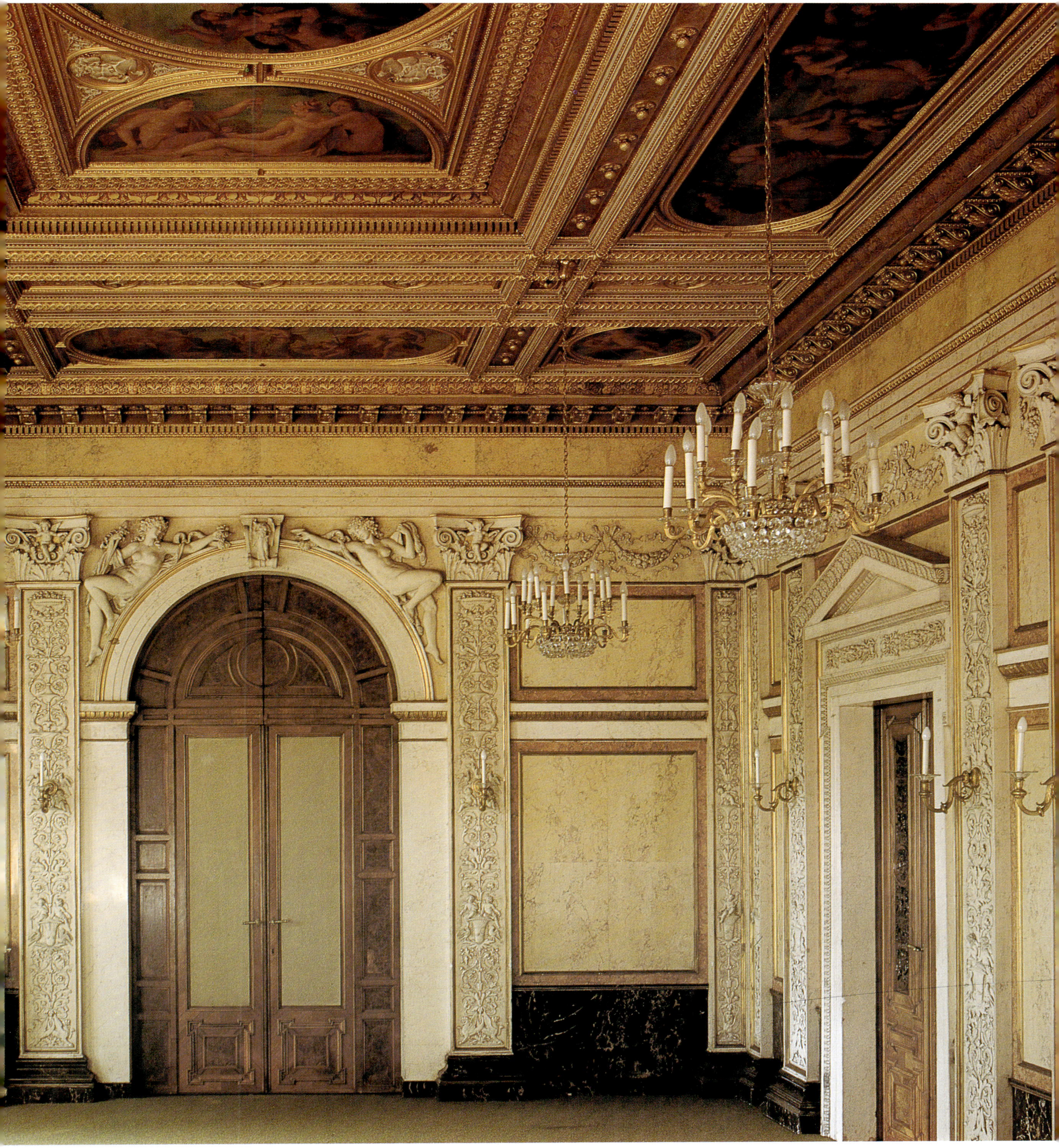

Palais Henckel-Donnersmarck

Das Palais der reichsgräflichen Familie Henckel von Donnersmarck, 1871/72 errichtet, ist ein typisches Werk der beiden Ringstraßenarchitekten Johann Romano und August Schwendenwein. Die vornehme, zurückhaltende Fassadengliederung birgt interessante Details, wie die Fensterkaryatiden im zweiten Geschoß und die bekrönende Ädikula mit dem Monogramm des Bauherrn. Das geräumige Treppenhaus ist mit großen Ahnenbildern geschmückt. Wie in der gesamten Baugestaltung liegt auch hier der Schwerpunkt in der Darstellung altadeliger Sphäre.

In dem Palais wohnte für einige Zeit Edmund Graf Zichy, eine der populärsten Persönlichkeiten der Ringstraßenära. Als begeisterter Förderer von Kunst und Kunsthandwerk lebte er in einer Wohnung, von der gesagt wurde, daß sie „mehr war als ein Museum". Von Zeitgenossen wird er als „behäbige, etwas zur Wohlbeleibtheit neigende Figur mit schneeweißen, langem Patriarchenbart" beschrieben, „der alle Sympathien der Wiener für sich hat. Den feinen Sinn für die Kunst, sowie seine allgemeine Bildung stellen den Grafen über das Niveau der Alltäglichkeit. Zichy ist nicht nur ein Kunstfreund dem Namen nach, sondern auch ein thatkräftiger Unterstützer derselben."

Oben:
Die Fassadengestaltung reflektiert die selbstbewußte Zurückhaltung des alten Adels.

Das Palais hat nach einer umfassenden Revitalisierung eine neue Verwendung als Hotel gefunden. Auch das benachbarte Palais Leitenberger wurde unter Wahrung der historischen Substanz in den Hotelbetrieb integriert.

Der repräsentative Treppenaufgang.

Ahnengalerie im Treppenhaus.

Salon in der Beletage.

Palais Ephrussi

Das Palais Ephrussi unterscheidet sich von anderen Ringstraßenpalais insofern, als es Teil eines aus mehreren Gebäuden bestehenden Komplexes ist. Dieser Baublock ist gewissermaßen symptomatisch für das gesamte Ringstraßenprojekt, denn er besitzt trotz der verschiedenen Bauherrn und Architekten, trotz der im einzelnen variierenden Gestaltungsformen, eine ästhetische und formale Einheit. Neben Theophil von Hansen waren Carl Tietz und Emil von Förster an der Planung der Gebäudegruppe beteiligt.

Theophil von Hansens enge Kontakte zu Griechenland und zu angesehenen griechischen Familien verschafften ihm auch in Wien einige bedeutende Aufträge, darunter das nicht mehr existierende Palais Sina am Neuen Markt und die Griechisch-orthodoxe Kirche zur Hl. Dreifaltigkeit am Fleischmarkt. Das Palais Ephrussi am heutigen Dr. Karl Lueger-Ring errichtete Hansen 1872/73 für den Bankier griechischer Abstammung Ignaz Ritter von Ephrussi. Das äußere Erscheinungsbild wird durch ruhige Geschlossenheit bestimmt. Horizontal ist das Gebäude in drei Zonen geteilt. Das hohe Erdgeschoß ist rustiziert, die beiden Hauptgeschoße sind durch mächtige Pilaster auf einer unverputzten Ziegelwand gegliedert. Dem zurückversetzten Attikageschoß, das von turmartigen Eckrisaliten überragt wird, ist ein vergoldetes Brüstungsgitter vorgestellt. Die Attika wird von Terrakottakaryatiden getragen. Der ausgezeichnete Zustand der Beletage-Räume vermittelt in exzellenter Weise sowohl die Wohnkultur der Ringstraßenära als auch das geniale Farbempfinden Theophil von Hansens. Die zurückhaltenden Töne der Wände ergeben einen spannungsreichen Kontrast zur reichen Farbigkeit der prächtigen Kassettendecken mit den darin eingelassenen Bildern. Sämtliche Deckengemälde behandeln Themen der griechischen Mythologie und sind Werke des Carl Rahl-Schülers Christian Griepenkerl. Das Palais Ephrussi ist Sitz der Casinos Austria AG, die in den letzten Jahren eine umfassende Sanierung veranlaßte.

Fassade des Palais Ephrussi am Ring.

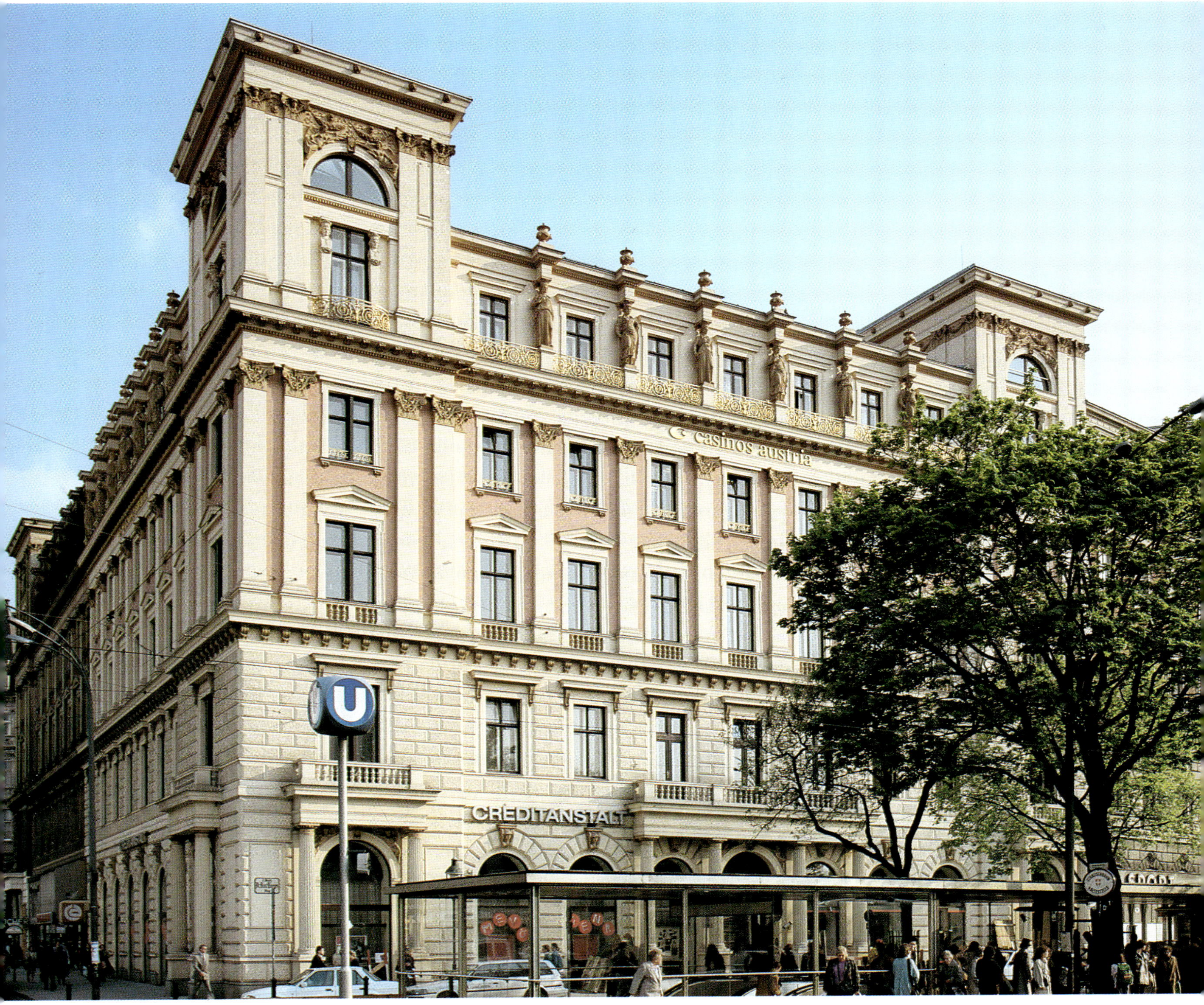
casinos austria
U
CREDITANSTALT

*Unten und folgende Seite:
Die Gestaltung des Interieurs
kulminiert in der Pracht der
vergoldeten Kassettendecken.*

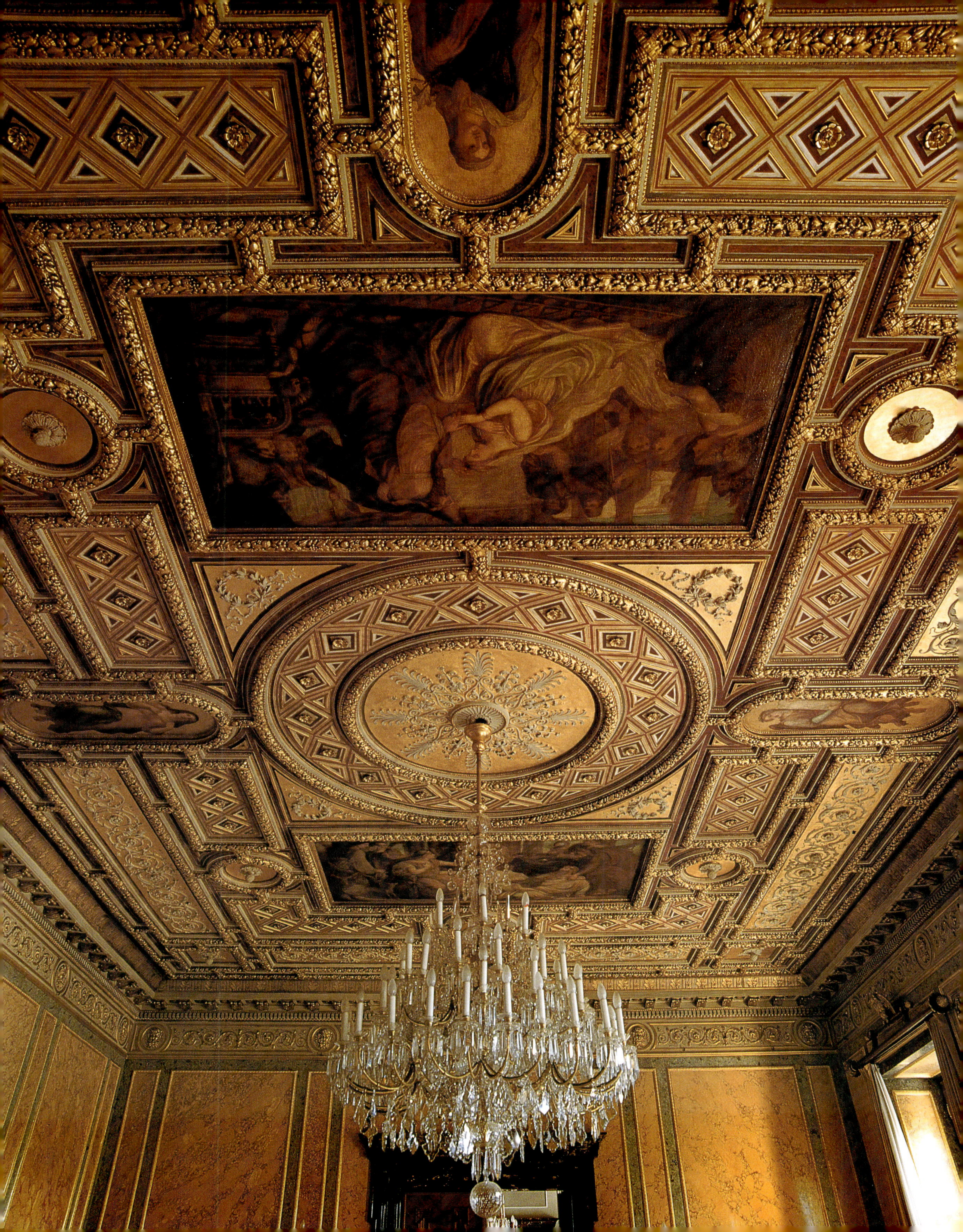

Palais Falkenstein

Das Palais Falkenstein wurde 1886 bis 1889 von dem Architekten Ludwig Richter und dem Baumeister Alois Schuhmacher für Max Graf Vrints zu Falkenstein erbaut. Das Palais – das Hauptwerk des Hansen-Schülers Richter – ist eines der bedeutendsten Beispiele des späten Barockhistorismus. Mit diesem Bau erfährt die Wiener Palaisarchitektur einen letzten prunkvollen Höhepunkt.

Das Palais mit seinem monumentalen Mittelrisalit ist deutlich nach dem Vorbild der französischen Klassik gestaltet. Haupt- und Obergeschoß sind durch mächtige Halbsäulen zusammengefaßt. Auf der Attika steht eine Nike-Figurengruppe, darüber erhebt sich das kuppelartige Dach. Das sehr repräsentative Treppenhaus öffnet sich arkadenartig zu den Räumen der Beletage, deren reicher Schmuck in barocker Manier ausgeführt ist. Das Palais in der Argentinierstraße ist heute Sitz der griechischen Botschaft.

Der mächtige, durch Halbsäulen gegliederte Mittelrisalit dominiert die Palaisfassade.

Das großzügige Treppenhaus.

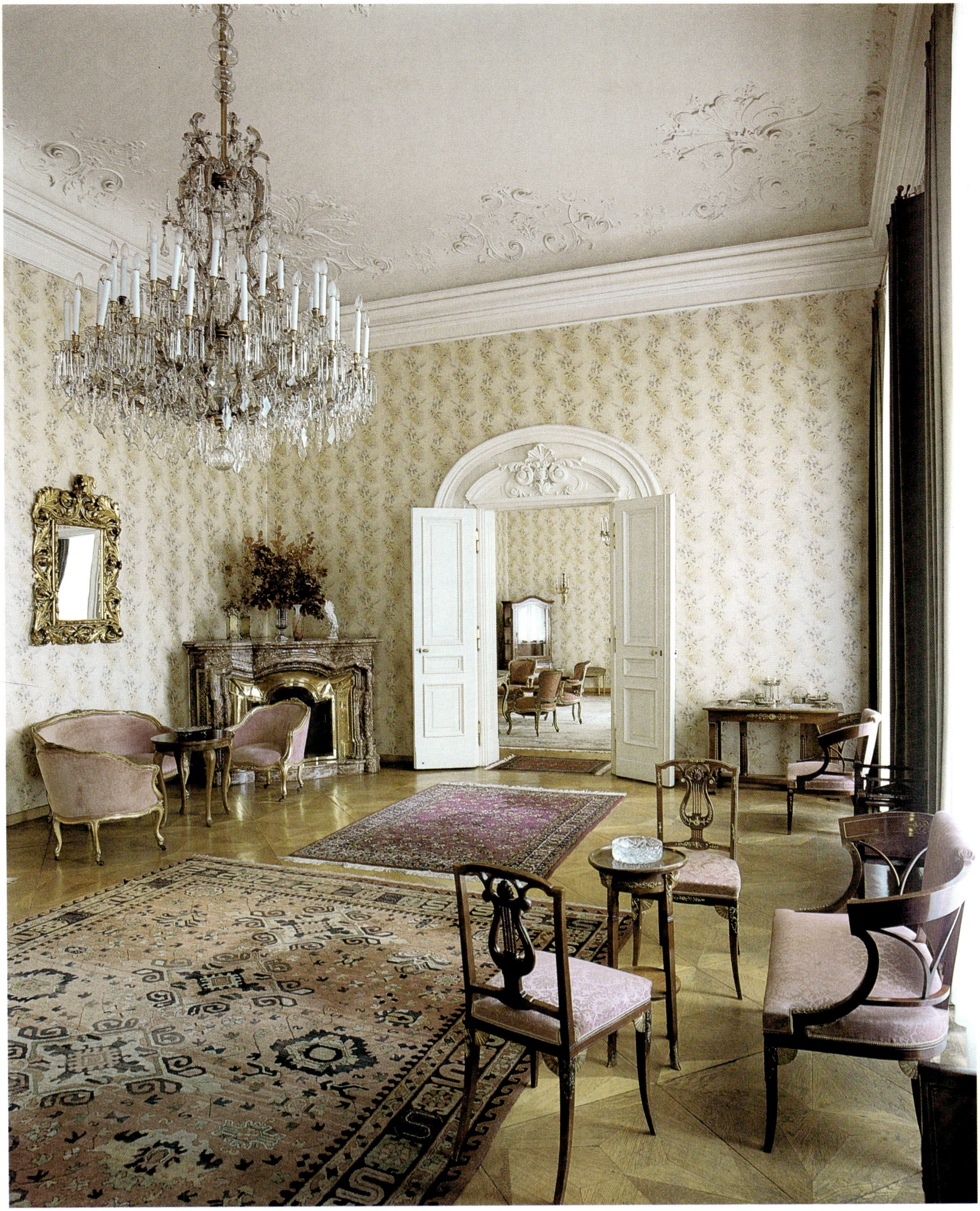

Palais Rothschild

Dieses noble Wohnpalais im „Belvedereviertel" wurde 1894 von den Architekten Ferdinand Fellner und Hermann Helmer für Baron Albert Rothschild erbaut. Das Architektenduo, führend auf dem Sektor des Theaterbaues, hat nur wenige Wohnpalais entworfen.

Zu den auffallendsten Charakteristika des einzigen erhaltenen Rothschildpalais zählen der vorschwingende Mittelteil der Fassade und das unverputzte Steinmaterial. Portal, Fenster und Attika weisen eine üppige barockisierende Dekoration auf. Das schwere Gebälk des Portals mit den Vasenaufsätzen wird von bewegten vollplastischen Atlanten getragen. Die einzelnen Salons sind phantasievoll und kostbar dekoriert. Friese, Wandvertäfelungen und Decken zeigen den Prunk der Rokokoornamentik und ergeben mit den original erhaltenen Möbeln ein seltenes Gesamtbild eines äußerst luxuriösen späthistoristischen Interieurs.

*Linke Seite:
Die Fassade verweist in Stil und
Material auf französische Vorbilder,
während die bewegten Atlanten des
Portals lokale Traditionen aufgreifen.*

*Das von einer Kuppel
überwölbte Vestibül ist das
eigentliche Zentrum der
inneren Raumordnung.*

*Der Ausklang herrschaftlicher
Wiener Salonarchitektur.*

255

BILDNACHWEIS:
Schutzumschlag: Theresianum.
Vorsatz: Wien-Panorama von Gustav Veith, um 1873
Antiquariat Bourcy & Paulusch, Wien: 6, 13, 14
Bundesdenkmalamt, Wien: 7, 54 o.
Johanna Fiegl: 220 u.
Historisches Museum der Stadt Wien: Vorsatz, 15, 218/219
Kunsthistorisches Museum, Wien: 17
Österreichische Nationalbibliothek, Bildarchiv: 82 u.
Sammlungen des Regierenden Fürsten von Liechtenstein, Vaduz: 11, 136/137
Prof. Gerhard Trumler: 158 (2), 159
alle anderen Aufnahmen:
Wolfgang Kraus

IMPRESSUM:

© 1991 Blanckenstein Verlag, München–Wien
Layout: Reinhard Fuchs
Repros: Fuchs GmbH, Salzburg
Herstellung: Lucchetti, Bergamo

Alle Rechte vorbehalten

ISBN 3-926678-22-4

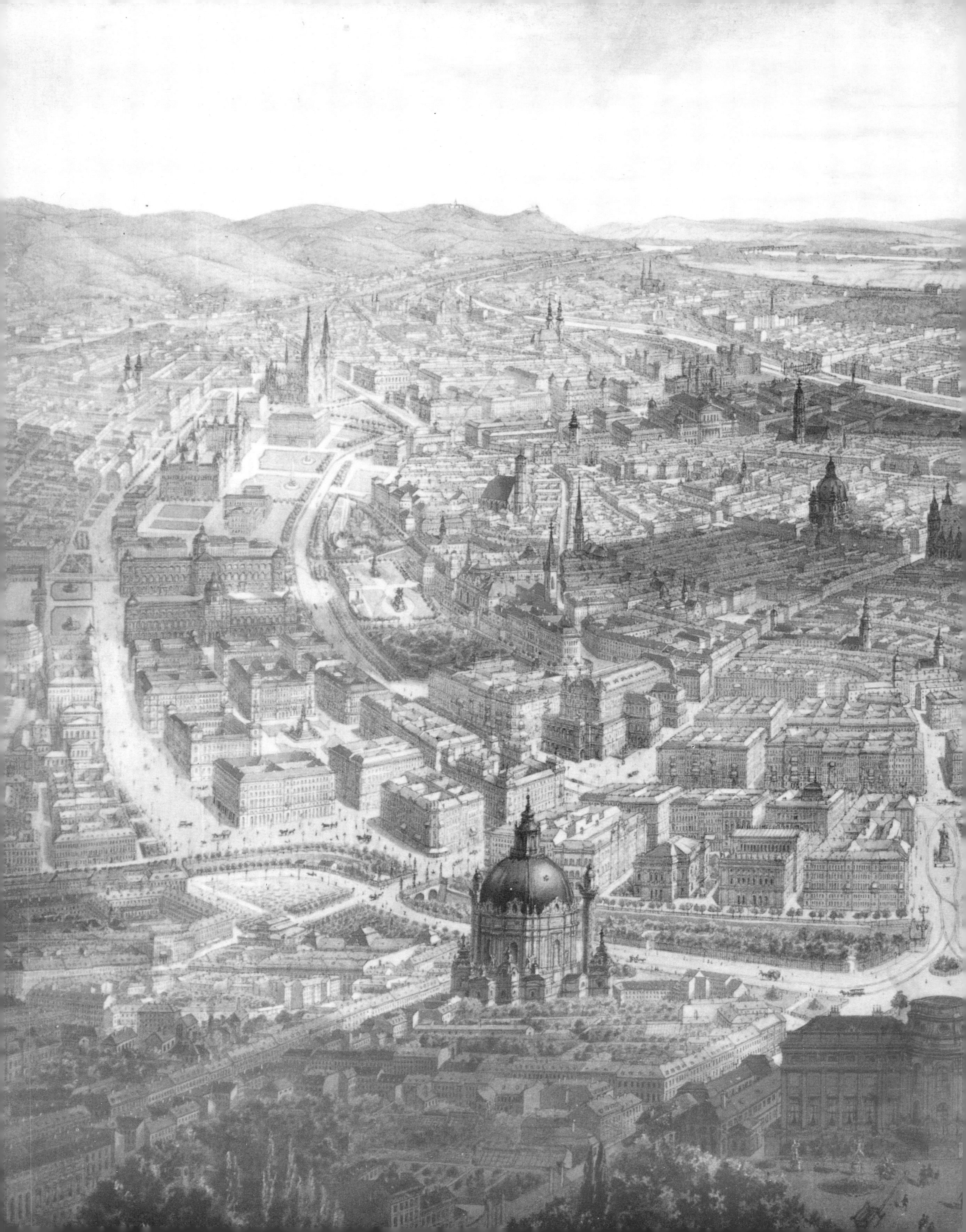

PELIKAN PROTOKOLL

④

Text und Storyboard: Richard MARAZANO
Zeichnungen und Farbe: Jean-Michel PONZIO

BEEINDRUCKEND, NICHT WAHR?

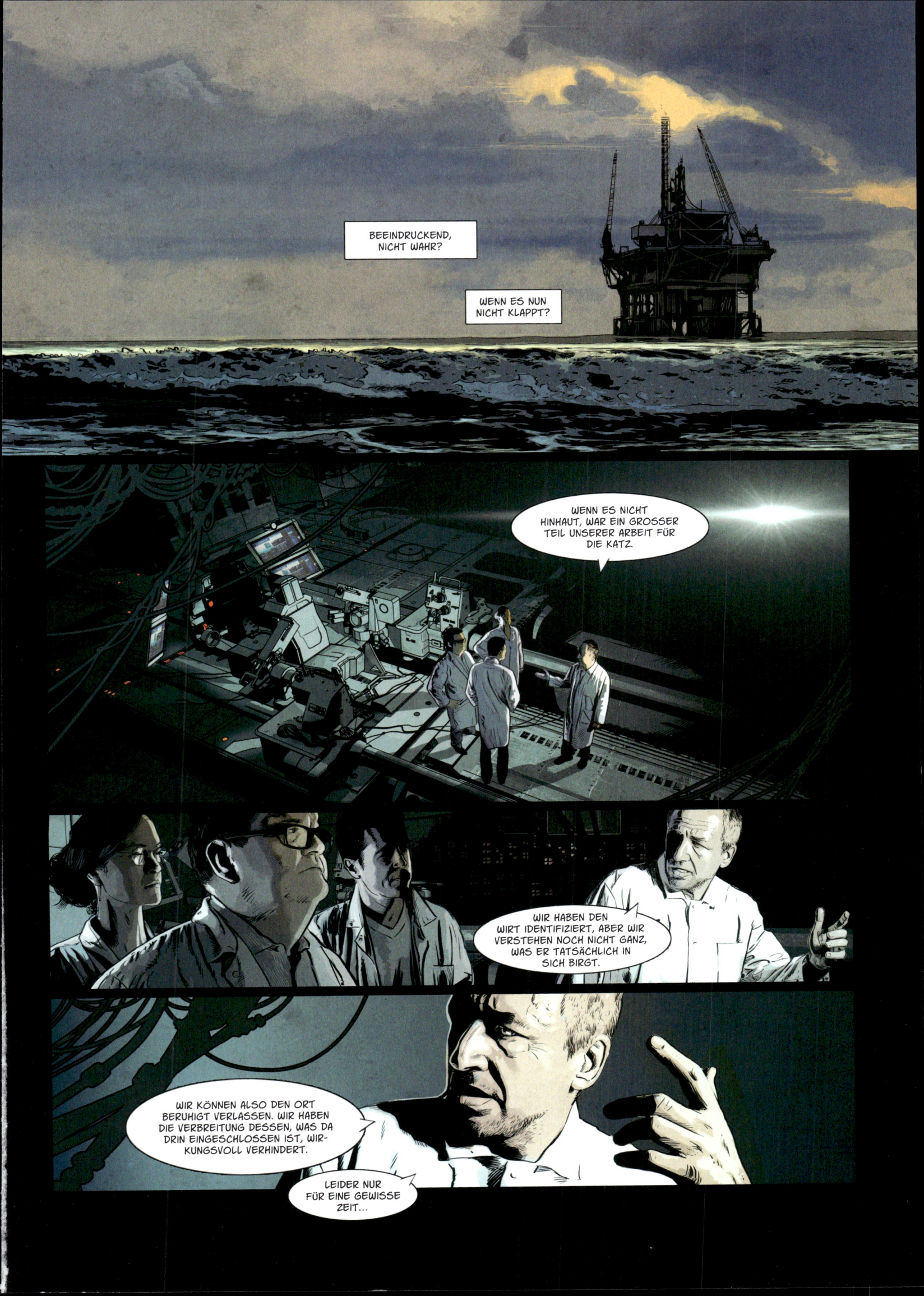

WENN ES NUN NICHT KLAPPT?

WENN ES NICHT HINHAUT, WAR EIN GROSSER TEIL UNSERER ARBEIT FÜR DIE KATZ.

WIR HABEN DEN WIRT IDENTIFIZIERT, ABER WIR VERSTEHEN NOCH NICHT GANZ, WAS ER TATSÄCHLICH IN SICH BIRGT.

WIR KÖNNEN ALSO DEN ORT BERUHIGT VERLASSEN. WIR HABEN DIE VERBREITUNG DESSEN, WAS DA DRIN EINGESCHLOSSEN IST, WIRKUNGSVOLL VERHINDERT.

LEIDER NUR FÜR EINE GEWISSE ZEIT...

NA, EINHEIT NR. 4, IST DAS NICHT AUFREGEND, IHREM SCHÖPFER ZU BEGEGNEN?
SIE SIND JA GESTÖRT. SIE REDEN WIE EIN SEKTIERER VON SEINEM ABGOTT.
ES IST GEWISSERMASSEN AUCH EIN GOTT, ODER? DURCH DIE QUANTENSTRUKTUR KANN ER SICH ENDLOS VERVIELFÄLTIGEN, UND DAS AM SELBEN ORT UND ZUR SELBEN ZEIT.
...
EINE ART ALLGEGENWART, DIE FOLGLICH NICHT NUR GÖTTERN ZUKOMMT. WENN ETWAS AM SELBEN ORT ZUR SELBEN ZEIT IN UNENDLICH VIELEN ZUSTÄNDEN EXISTIERT...
SIE SIND KOMPLETT VERRÜCKT!
NICHT, MARK, LASS SIE. SIE WIRD SCHON VERSTEHEN.
ER HAT SIE DOCH ALS VERSUCHSPERSON FÜR DAS PROTOKOLL-EXPERIMENT AUSGESUCHT. DAMIT BESTIMMT ER DAS, WAS SIE HEUTE SIND.
ER IST JETZT EIN TEIL VON IHNEN, OB SIE WOLLEN ODER NICHT.
BITTE, HÖREN SIE AUF...
SIE WERDEN GLEICH VOR IHREM SCHÖPFER STEHEN.

WIR KÖNNEN NICHT MEHR LÄNGER WARTEN.
EIN GRUND MEHR, AKTIV ZU WERDEN.
UND WENN ISABEL NICHT ZURÜCKKOMMT?
OKAY. ALSO, WAS MACHEN WIR?
WIR MÜSSEN HIER RAUS.
DU HAST MICH ÜBERZEUGT, BRAVO. WIR MÜSSEN HIER RAUS.
JETZT MÜSSEN WIR NUR NOCH DIE ÜBERZEUGEN, DIE UNS HIER EINSCHLIESSEN. DANN HABEN WIR ES SCHON HALB GESCHAFFT.
ÜBERREDEN KÖNNEN WIR SIE NICHT, ABER ZWINGEN. UND DAS MÖGLICHST SCHNELL.
UND WIE? WAS HABEN WIR DENN FÜR MITTEL? DIE HABEN ELEKTRO-SCHOCKER, UND WIR HABEN DAS PASSENDE NERVENSYSTEM DAZU.
AUS UNSERER KREUZLAHMEN TRUPPE WIRD NUN MAL KEINE REVOLUZZER-BRIGADE. ENDE.
GUT, EINEN MASSENAUFSTAND WIRD ES NICHT GEBEN. DESHALB MÜSSEN WIR DEREN SCHWACHSTELLE FINDEN.
UND SO DAS HAUS ZUM EINSTURZ BRINGEN.
ABER DIE STELLE, AN DER MAN ANSETZEN MUSS, KENNEN WIR EBEN NICHT! DIE ORGANISATION IST ZU KOMPLEX UND ZU FESTGEFÜGT!
GENAU. DAS BEIDES ZUSAMMEN IST DEREN GRÖSSTE STÄRKE…
… UND IHRE GRÖSSTE SCHWÄCHE.
TRIFF EINEN KNOTENPUNKT IN DEM NETZ, UND SIE SIND ERLEDIGT.
KRESSE HAT UNS DIE LÖSUNG SERVIERT: DIE GENERATOREN.
… OHNE DIE LÄUFT HIER GAR NICHTS!

PAH... WENN KRESSE UNS DAS GEZEIGT HAT, DANN WEIL ER UNS FÜR UNFÄHIG HÄLT...
... ODER WEIL DIE GENERATOREN DOCH NICHT SO WICHTIG SIND.
ACH WAS, DIE GLAUBEN DOCH, KEINER WÜRDE ÜBER DEREN GRENZEN HINAUSDENKEN, GENAU WIE SIE SELBST. DIE GLAUBEN, WENN WIR RAUSWOLLEN, DANN HOFFEN WIR WEITERHIN BRAV DARAUF ALS BELOHNUNG FÜR GUTE FÜHRUNG.
ENTWEDER DIE HOFFNUNG AUF DEN ERFOLG IHRES EXPERIMENTS ÖFFNET UNS DAS TOR ZUR FREIHEIT, ODER ES GEHT AUCH ANDERS, UND WIR KÖNNEN ABHAUEN.
WENN MAN DEREN KONZEPT WEITERDENKT, BRAUCHEN SIE NICHT MAL WÄRTER. WIR KONTROLLIEREN UNS GEGENSEITIG.
VOR ALLEM JETZT, WO ES EINE ANDERE TRIFFT. NÄMLICH SIE...
UND JEDER WARTET HEIMLICH AUF SEINE BEFREIUNG.
ABER ICH HOFFE NICHT MEHR DARAUF. MEINE EINZIGE CHANCE IST ES, JENSEITS VON DEREN BAHNEN ZU DENKEN.
DU HAST KRESSE SELBST GEHÖRT, OBWOHL DAS VIELLEICHT AUCH MANIPULIERT WAR.
KANN SEIN... UND VIELLEICHT REICHT IHNEN DAS SCHON, SOLANGE WIR ES BEIM ÜBERLEGEN BELASSEN.
ABER WENN WIR ANFANGEN ZU HANDELN... RADIKAL UND BRUTAL, WENN WIR ETWAS IN GANG BRINGEN, DAS VON ALLEIN FAHRT AUFNIMMT, DAS NICHT MEHR ZU STOPPEN IST...
... DANN HABEN SIE KEINE GEWALT MEHR ÜBER UNS UND DEN LAUF DER EREIGNISSE.
UNS BLEIBT NUR EINS, WENN WIR AUS DEM VERFLUCHTEN KERKER RAUSWOLLEN: WIR HABEN UNS SELBST DAHIN GEBRACHT, DASS WIR UNS DEM GANZEN UNTERWORFEN HABEN, UND DAS MÜSSEN WIR ÄNDERN!
DA MAGST DU RECHT HABEN...
VIELLEICHT MÜSSEN WIR DIE VERDAMMTEN GENERATOREN ABFACKELN, BEVOR DIE SCHWEINE SICH WAS NEUES AUSDENKEN.
UND NICHT NUR DARÜBER REDEN.

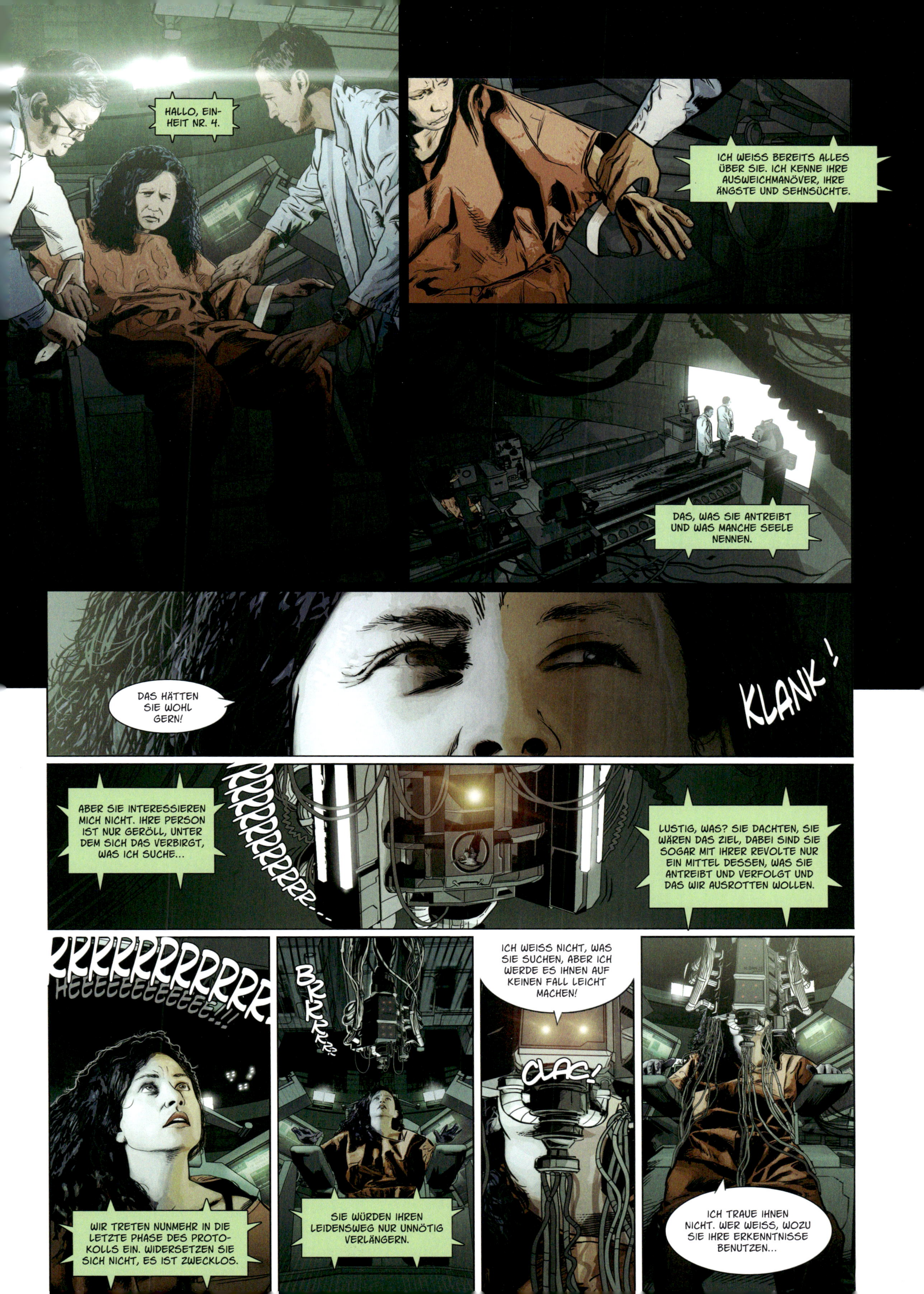
HALLO, EINHEIT NR. 4.
ICH WEISS BEREITS ALLES ÜBER SIE. ICH KENNE IHRE AUSWEICHMANÖVER, IHRE ÄNGSTE UND SEHNSÜCHTE.
DAS, WAS SIE ANTREIBT UND WAS MANCHE SEELE NENNEN.
DAS HÄTTEN SIE WOHL GERN!
KLANK!
ABER SIE INTERESSIEREN MICH NICHT. IHRE PERSON IST NUR GERÖLL, UNTER DEM SICH DAS VERBIRGT, WAS ICH SUCHE...
RRRRRRRRRRRRR...
LUSTIG, WAS? SIE DACHTEN, SIE WÄREN DAS ZIEL, DABEI SIND SIE SOGAR MIT IHRER REVOLTE NUR EIN MITTEL DESSEN, WAS SIE ANTREIBT UND VERFOLGT UND DAS WIR AUSROTTEN WOLLEN.
RRRRRRRRRRRR
HEEEEEEEEEEEE!!!
WIR TRETEN NUNMEHR IN DIE LETZTE PHASE DES PROTOKOLLS EIN. WIDERSETZEN SIE SICH NICHT, ES IST ZWECKLOS.
BRRRRR
SIE WÜRDEN IHREN LEIDENSWEG NUR UNNÖTIG VERLÄNGERN.
ICH WEISS NICHT, WAS SIE SUCHEN, ABER ICH WERDE ES IHNEN AUF KEINEN FALL LEICHT MACHEN!
CLAC!
ICH TRAUE IHNEN NICHT. WER WEISS, WOZU SIE IHRE ERKENNTNISSE BENUTZEN...

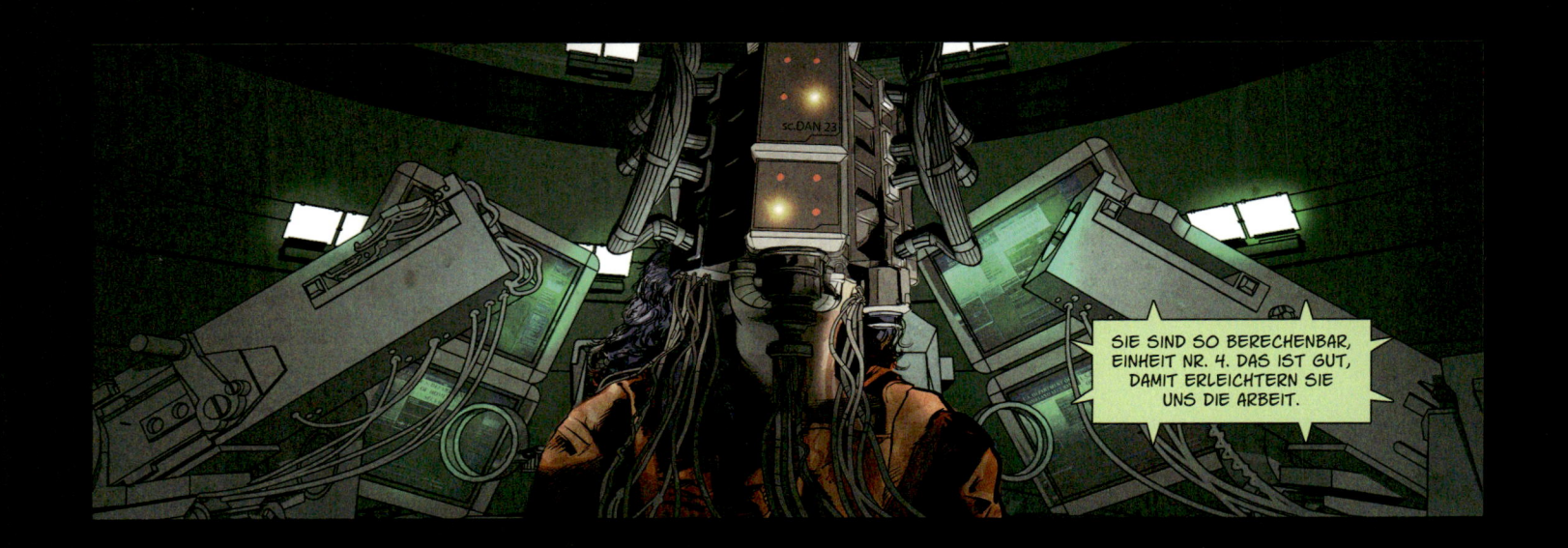

SIE SIND SO BERECHENBAR, EINHEIT NR. 4. DAS IST GUT, DAMIT ERLEICHTERN SIE UNS DIE ARBEIT.

VRRR...CRRRRRRRR TLANK CRANK TUUU

AAAAAAAAHHHHH ---

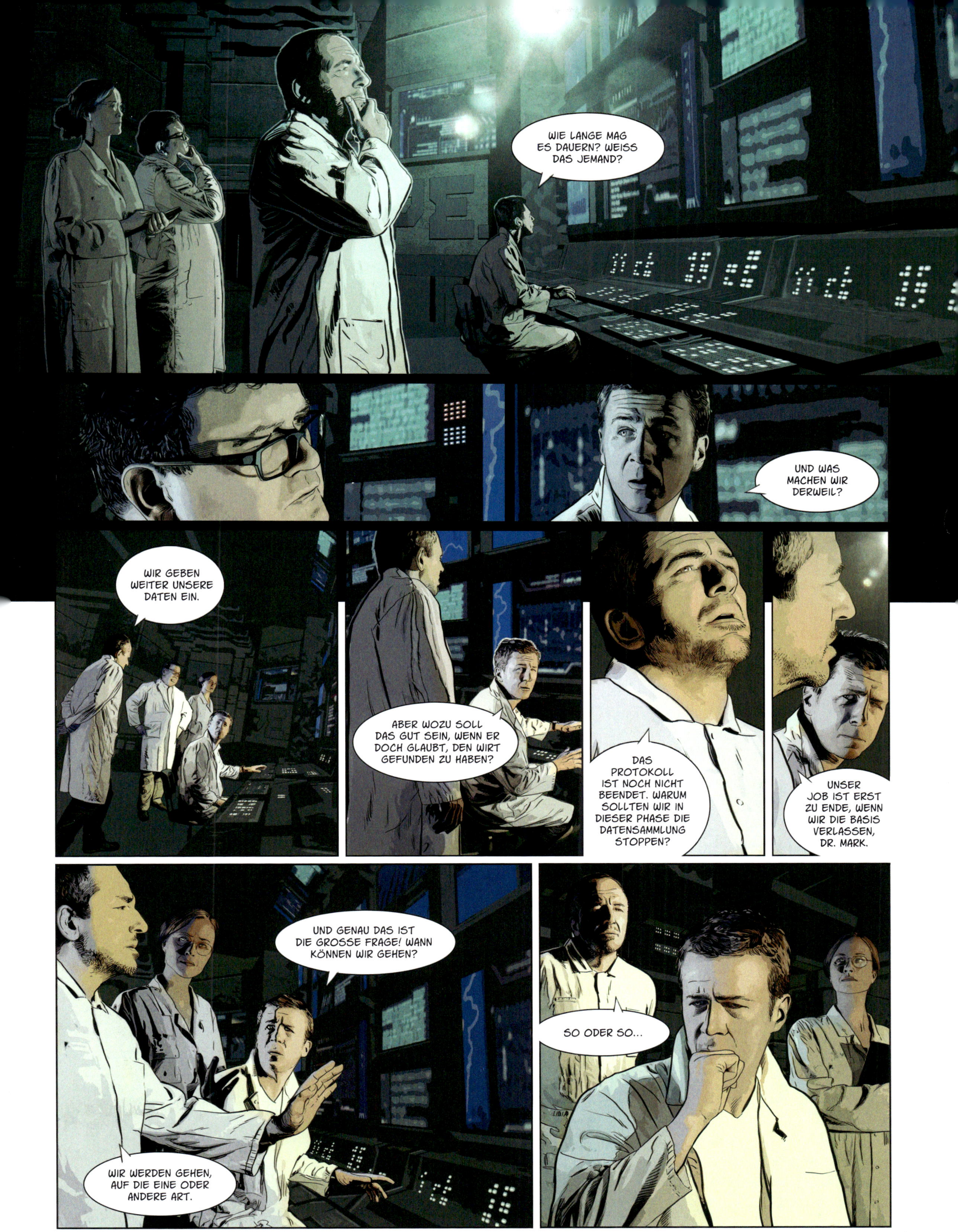
WIE LANGE MAG ES DAUERN? WEISS DAS JEMAND?
UND WAS MACHEN WIR DERWEIL?
WIR GEBEN WEITER UNSERE DATEN EIN.
ABER WOZU SOLL DAS GUT SEIN, WENN ER DOCH GLAUBT, DEN WIRT GEFUNDEN ZU HABEN?
DAS PROTOKOLL IST NOCH NICHT BEENDET. WARUM SOLLTEN WIR IN DIESER PHASE DIE DATENSAMMLUNG STOPPEN?
UNSER JOB IST ERST ZU ENDE, WENN WIR DIE BASIS VERLASSEN, DR. MARK.
UND GENAU DAS IST DIE GROSSE FRAGE! WANN KÖNNEN WIR GEHEN?
WIR WERDEN GEHEN, AUF DIE EINE ODER ANDERE ART.
SO ODER SO...

Panel 1:
(no dialogue)

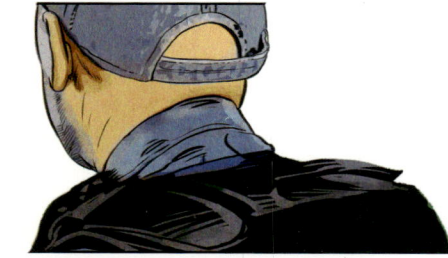

Panel 2:
OSWALD, HAST DU'S FÜR MICH AUFGEHOBEN?

JA, ABER HENRIETT WAR DABEI, ES GING NICHT ANDERS. ICH GLAUBE, ER SCHLIEF SCHON. VIELLEICHT TAT ER ABER AUCH NUR SO...

Panel 3:
EGAL. WIR MÜSSEN EH SO BALD WIE MÖGLICH EIN ANDERES VERSTECK FINDEN.

Panel 4:
ICH HABE DAS GEFÜHL, DASS DEMNÄCHST WAS PASSIERT. ABER KEINE AHNUNG, WANN UND WO...

WAS DIE EINHEITEN ANGEHT, IST ALLES BEREIT.

Panel 5:
DIE, JA. ABER DIE WISSENSCHAFTLER UND DEREN BOSSE... UND WENN SIE KEINE SPUREN VON IHREN AKTIVITÄTEN HINTERLASSEN WOLLEN...

ALLES IST INS WANKEN GERATEN, ALTER. UND WIR STEHEN ZWISCHEN DEN FRONTEN.

Panel 6:
NA JA, UNSERE TASER UND EIN PAAR RESERVEBATTERIEN... DAS MÜSSTE UNS EIN, ZWEI INSASSEN VOM LEIB HALTEN. ABER WENN DIE SITUATION KIPPT...

WIR BRAUCHEN WIRKSAMERE MITTEL.

Panel 7:
UND WAS MACHEN WIR MIT HENRIETT, FALLS DER FISCH VOM KOPF HER STINKT?

Panel 8:
LASS IHN SCHLAFEN, DAS ERLEDIGEN WIR SPÄTER.

Panel 9:
(no dialogue)

MARK! WAS WAR DENN VORHIN LOS MIR DIR?!
OKAY, WIR HABEN DEN BLÖDEN WIRT, UND WAS WEITER? WELCHE FRAGE IST DAMIT BE-ANTWORTET?
MIR WIRD IMMER MULMIGER. MERKST DU NICHT, DASS SIE UNS RAUSDRÄNGEN?
ICH GLAUBE, ICH WEISS HEUTE WENIGER ÜBER DAS VERFLIXTE EXPERIMENT ALS ZU ANFANG.
DAS KÖNNTE STIMMEN, WENN SIE ETWAS WICHTIGES ENTDECKT HABEN. WENN ES UM EINE NEUE WELTSICHT GEHT.
DAS WAR ABER NICHT MEIN PLAN. ICH WOLLTE GRUND-LAGENFORSCHUNG BETREIBEN, UND NUN SOLL ICH FÄLSCHUNGEN ZUSTIMMEN. HIER GEHT ES UM POLITISCHE INTERES-SEN UND NICHT UM WISSENSCHAFT.
SORRY, CLARIS, DA MACHE ICH NICHT MIT!
DAS IST JA DAS PROBLEM. TUT MIR LEID, MARK, ABER ICH HABE MIT KRESSE GESPROCHEN. WIR KÖN-NEN DIR DAS NICHT DURCHGEHEN LASSEN.
WAS?!
GENAUES WEISS ICH ZWAR NICHT, ABER DU KÖNNTEST DAS GANZE PROTOKOLL GEFÄHRDEN, WENN DU SO WEITERMACHST.
VIELLEICHT WIRST DU NACH EIN PAAR TAGEN ISO-LATION WIEDER VERNÜNFTIG.
WA..?! HEY!!
AAAAAHHH!
BRINGT IHN IN DEN BLOCK, IN DEM KRESSE WAR.

WAS IST NUN DAVON ZU HALTEN?
VERGISS ES. DAS HABEN SIE SCHON MAL GEMACHT. ABER MIT MIR NICHT MEHR.
HAHAHA, DIE HALTEN UNS WIRKLICH FÜR BLÖD.
WAS IST DA LOS? WARUM ÄNDERN SIE SCHON WIEDER DAS PROTOKOLL? SIE SOLLTEN DOCH LÄNGST IHRE ERGEBNISSE HABEN, ODER NICHT?
WIR MÜSSEN JA NICHT GLAUBEN, DASS ALLES SO LÄUFT, WIE DAS PROTOKOLL ES WILL...
UND WAS SPRICHT DEINER MEINUNG NACH FÜR DAS GEGENTEIL? SEIT WIR HIER SIND, IST DAS SO.
WENN DAS SO IST, WARUM UNTERNEHMEN WIR DANN ÜBERHAUPT WAS? ISABEL DACHTE, ES IST DIE SACHE WERT...
UND WIR SEHEN DAS RESULTAT. SIE WURDE ZUM OPFER IHRER GEFÜHLE.
UND LETZTEN ENDES SIND ES UNSERE GEFÜHLE, DIE UNS DIE ILLUSION VON FREIHEIT GEBEN.
ILLUSION ODER NICHT, ES KÖNNTE UNS HELFEN...
HE, PHILLIP!
WAS HABT IHR EIGENTLICH GENAU VOR, HM?

PROFESSOR KRESSE, DIE LETZTEN DATEN SIND JETZT ÜBERTRAGEN UND IN DEN RECHNER EINGESPEIST.

WENN WIR NICHT BALD EINE NEUE SERIE VON EXPERIMENTEN STARTEN, HABEN WIR KEIN FUTTER MEHR FÜR IHN.

ICH HABE KEINE ANWEISUNGEN IN DER RICHTUNG, DR. WINNIPEG.

AHA... UND WAS NUN? WIE GEHT ES WEITER?

WIR WARTEN, BIS DER RECHNER UNS SAGT, WAS ER BEI EINHEIT NR. 4 ENTDECKT HAT UND OB ER NOCH MEHR DATEN BRAUCHT. DANN GEBEN WIR SIE IHM.

VIELLEICHT...

DR. CLARIS, MACHEN SIE SICH KEINE GEDANKEN WEGEN DR. MARK. SEINE ARBEIT WAR SEHR WERTVOLL. ICH BIN SICHER, DASS ER BALD WIEDER BEI UNS IST.

DAS IST ES NICHT, HERR PROFESSOR.

DAS DATENSAMMELN HAT MIR DAS GEFÜHL GEGEBEN, EINEN TEIL DES PROTOKOLLS ZU BEHERRSCHEN, WENN DAS EXPERIMENT BEENDET IST. ICH HOFFE, MAN LÄSST UNS WEITER MIT DEN ERGEBNISSEN UNSERER FORSCHUNG ARBEITEN.

MOMENT, HENRIETT!
SIE SIND JA VERRÜCKT! LASSEN SIE MICH!
DRÜCKEN SIE UNS BESEN IN DIE HAND, VERPRÜGELN SIE UNS, WENN SIE WOLLEN, ABER REDEN SIE MIT UNS.
SAGEN SIE UNS, WIE ES ISABEL GEHT.
OKAY. KOMMT MIT.
SEHT NICHT IN DIE KAMERAS UND BEWEGT BEIM SPRECHEN MÖGLICHST WENIG DIE LIPPEN. SCHLIMMSTEN-FALLS MUSS ICH EUCH EINEN SCHOCK VERSETZEN.
DAS WERDEN SIE DOCH NICHT TUN, HENRIETT. DAS KÖNNEN SIE NICHT.
FORDERT MICH NICHT HERAUS, ICH BIN KEIN HELD. SONST HÄTTE ICH MICH GAR NICHT ERST FÜR DIESEN JOB GE-MELDET.
UND WAS EURE FREUNDIN, EINHEIT NR. 4, ANGEHT... DA GIBT ES KEINE GUTEN NACHRICHTEN. SIE HABEN BEI IHR DAS GEFUNDEN, WAS SIE SUCHEN, ABER ES WAR OFFENBAR NICHT GANZ IN IHREM SINN. ICH FÜRCHTE, SIE BEISSEN SICH FEST, UND DAS IST NICHT SO GUT.
SOBALD ICH KONTAKT ZU IHR KRIEGE, ERFAHRT IHR MEHR.
ABER WIR MÜSSEN AUFPASSEN.
GIBT ES NACHRICHTEN VON IHREM BRU-DER? DAS WÄRE SEHR WICHTIG FÜR ISABEL.
ICH WEISS NICHT, WIE ECHT DIE SIND, ABER...
... GUT SIND SIE AUCH NICHT.
ICH WEISS NICHT, WAS IHR VORHABT, ABER SEID VORSICHTIG. HIER IST ALLES IM UMBRUCH.
12
UND NOCH ETWAS: DR. MARK KÖNNT IHR VERTRAUEN. ER IST ANDERS ALS DIE ANDEREN. ER IST AUF EURER SEITE.

VERDAMMT NOCHMAL, WILLST DU WIEDER DEN GANZEN TAG VER-PENNEN, DAVID?
STELL DIR VOR, ICH HAB NACHRICHTEN VON DEINER SCHWESTER!
WAS? ECHT? ICH KOMME!
SORRY, ALTER, ABER ES GING NICHT ANDERS...
HALT! NEIN!
DU HAST DICH JA AUCH NICHT GERADE SOLIDARISCH GEZEIGT, ODER?
NEIN! NICHT!
JETZT HAT DEINE SCHWESTER DICH WIRKLICH REINGERITTEN. EUCH BEIDE.

— Seit Stunden ist Kresse mit ihr eingeschlossen...

— Vorsicht, Winnipeg. Das wird jetzt für alle gefährlich.

— Denkst du, das weiss ich nicht? Ich hatte Kontakt mit dem... Apparat...

— Ich dachte, seine überlegene Intelligenz wäre ein echter Trost hier, eine Antwort zwischen all der Mittelmässigkeit.

— Aber inzwischen macht er auch mir Angst...

— Hör auf damit. Du weisst, was mit Mark passiert ist. Das sollte dir eine Warnung sein.

— Was..?! Ist das eine Drohung? Zweifelst du mein Engagement für die Sache an?!

— Nach allem, was ich aushalten musste, um so weit zu kommen?!

— Ich drohe dir nicht, ich erinnere dich nur an die aktuellen Daten.

— Das Protokoll belastet uns alle, Winnipeg.

— Wir waren lange vor unserer Ankunft hier daran gebunden.

— Für die meisten von uns ist es zugleich Mittel und Zweck.

— WIR SIND DIE LETZTEN ERGEBNISSE NOCH MAL DURCHGEGANGEN. ABER SIE MÖCHTEN ÜBER ETWAS ANDERES SPRECHEN, NICHT WAHR? WARUM HABEN SIE MICH HERBESTELLT, ADAM?

— ICH MUSS IHNEN ETWAS GESTEHEN, PROF. KRESSE.

— ACH JA?

— ODER BESSER... ANVERTRAUEN.

— EINHEIT NR. 4 MACHT UNS GROSSE PROBLEME BEI DER ANALYSE.

— AUCH WENN SIE DER WIRT IST, ENTSPRICHT SIE DENNOCH NICHT DEN KRITERIEN DER VERBREITUNG, DIE WIR ANGENOMMEN HABEN.

— LÄSST SIE FORMEN VON WIDERSTAND ERKENNEN, DIE WIR BISLANG NOCH NICHT IDENTIFIZIERT HABEN?

— DIE FORMEN VON WIDERSTAND, DIE SIE NOCH AUFBIETEN KANN, SIND VÖLLIG UNERHEBLICH. WIR SIND ZUM KERN UNSERER SUCHE VORGESTOSSEN.

— DOCH DIESER KERN SCHEINT SICH STÄNDIG ZU WANDELN. ICH VERMUTE EIN VIEL UMFASSENDERES PARADIGMA.

— EIN ELEMENT, DAS DIE GRUNDLAGEN DES GANZEN PROTOKOLLS ERSCHÜTTERN KANN.

— UND ZWAR?

— ICH KANN ES NOCH NICHT SAGEN.

— ABER ICH BIETE IHNEN EIN SPIELCHEN UNTER UNS AN...

IHR SCHWEINE! SEID IHR ZUFRIEDEN MIT DEM, WAS IHR GEFUNDEN HABT?
PROFESSOR?!
?!
WAS HABEN SIE SICH JETZT WIEDER AUSGEDACHT? WOLLEN SIE MICH ISOLIEREN UND RUND UM DIE UHR FILMEN?
DIE TÜR…
…GEHT AUF!

NEIN... NEIN...
DAS... DAS KANN DOCH NICHT SEIN...
ISABEL!
DAVID?
ISABEL! DA BIST DU JA!
DAVID!
DU WARST ABER LANGE WEG.
DAVID! WENN DU WÜSSTEST, WIE ICH DIES HER-BEIGESEHNT HABE!

– KOMM WEG HIER, SCHNELL!

– WARUM? IST JEMAND HINTER DIR HER?

– SIE KÖNNEN JEDEN MOMENT ZURÜCKKOMMEN!

– ODER SOLL ALLES WIEDER VON VORN LOSGEHEN?

– N... NEIN. WIRKLICH NICHT.

– WAS IST EIGENTLICH LOS? WO SIND WIR HIER ÜBERHAUPT?

– KOMM EINFACH MIT, JA?

BAUSTELLEN ZUFAHRT

– ?

– AB SOFORT MACHST DU GENAU DAS, WAS ICH DIR SAGE. ES IST ENORM WICHTIG, VERSTANDEN?

DU MUSST DIE REGELN BEHERRSCHEN, DANN SCHAFFST DU'S.
MIT DER ZEIT GEWÖHNT MAN SICH DRAN.
IRGEND-WANN ERKENNT MAN DIE KLEINEN RITZEN...
... DURCH DIE WIR DIE WAHRE FREI-HEIT SEHEN.
WAS?
ABER DU DARFST DICH NICHT DARAUF STÜRZEN WIE EIN VERDURSTENDER IN DER WÜSTE.
WAS REDEST DU DA EIGENT-LICH?
DU BIST WIEDER AUF DROGEN, STIMMT'S?
WAS HAST DU GENOMMEN, DAVID?
DU HAST SO VIEL FÜR MICH GE-TAN, JETZT BIN ICH MAL DRAN.
DAVID...
...
LASS DAS, ISABEL! WIR FALLEN SCHON AUF!
DU WARST ZU LANGE WEG. ES GIBT JETZT NEUE REGELN, VERTRAU MIR.
ICH WEISS SEHR GUT, WIE WIR HIER RAUSKOMMEN.

REGEL NR.1: POSITIV DENKEN.
WENN MAN ALLES GUT FINDET, VERMEIDET MAN SCHWARZE GEDANKEN UND NEGATIVES VERHALTEN.
DAS GUTE DABEI IST, DASS ES EINEM IRGENDWANN ZUR GEWOHNHEIT WIRD. MAN DENKT GAR NICHT MEHR DARÜBER NACH, ES WIRD AUTOMATISCH.
SOGAR WIDERSPRÜCHE KANN MAN POSITIV SEHEN.
DU BRAUCHST NUR EINE ANDERE LOGIK.
ES IST GANZ EINFACH. ES GENÜGT, SICH ANZUPASSEN…
ICH FASSE ES NICHT, DAVID… WAS HABEN SIE MIT DIR GEMACHT?!
BITTE, ISABEL! ICH WILL NICHT WIEDER VON DIR GETRENNT WERDEN!
DAVID… DIESER ORT… DIESE WELT… WO SIND WIR?
BEGREIFST DU DENN NICHT? DU SELBST HAST DIESE WELT GESCHAFFEN, ALS DU LOSGELASSEN HAST!
WARUM HAST DU UNS AUFGEGEBEN, ISABEL? WARUM HAST DU LOSGELASSEN?
DAVID!!

HABEN SIE BEI EINHEIT NR. 4 DIESEN TRAUM AUSGELÖST?

JA. AUSGELÖST. SO IST DAS VERFAHREN.

ABER ICH HABE IHN NICHT ERSCHAFFEN. ICH HABE NUR DEN IMPULS GEGEBEN, INDEM ICH DIE RICHTIGEN GEHIRN- REGIONEN VERBUNDEN HABE.

DEN REST HAT IHRE FANTASIE ERLEDIGT.

AUF DIESE WEISE BEKAMEN WIR ZUGANG ZU KAUM GESICHTERTEN ELEMENTEN ZWISCHEN IHREN ERIN- NERUNGEN UND UNBEWUSSTEN INHALTEN.

LEIDER GIBT ES NUNMEHR KEINEN ZWEIFEL...

EINHEIT NR. 4 IST NICHT DIE QUELLE DER INFEKTION. SIE IST NUR EINER DER VIELEN TRÄGER.

WOLLEN SIE DA- MIT SAGEN, DASS SICH NOCH ANDERE ANGE- STECKT HABEN?

DAVON BIN ICH ZUTIEFST ÜBERZEUGT.

SIND SIE NOCH IN FREIHEIT? WERDEN SIE BALD HERGEBRACHT?

VIELLEICHT DER BRUDER...?

NEIN. WIR HABEN JEMANDEN LOSGESCHICKT, DER IN DEM ZUSAMMENHANG EIN PAAR SCHNELLTESTS GEMACHT HAT.

WIR KONNTEN DIE ERGEBNISSE MIT DER TRAUMSEQUENZ VON EINHEIT NR. 4 VERGLEICHEN...

... ABER DAS HAT NICHTS ERBRACHT.

DIE INFEKTION BEI EINHEIT NR. 4 IST VIEL NEUEREN DATUMS, ALS WIR ANGENOMMEN HATTEN.

SIE MUSS SICH HIER ANGESTECKT HABEN, OHNE DASS WIR ES GEMERKT HABEN. VIELLEICHT BEI DER ERSTEN VERNETZUNG.

WIESO HABEN WIR IM LAUF DES PROTOKOLLS NICHT DEN HERD ENTDECKT, SONDERN NUR EINEN DER TRÄGER?

WEIL ES EIN DIFFUSES PHÄNOMEN IST, EINE WAHRSCHEINLICHKEITSWOLKE.

ABER JETZT SIND ZWEIFEL AUSGESCHLOSSEN.

WIR HABEN MEHRERE WIRTE INNERHALB DES PROTOKOLLS.

ES BREITET SICH AUS. WIR HABEN KEINE ANDERE WAHL, PROFESSOR KRESSE...

... UND SIE WISSEN, WAS DAS BEDEUTET, NICHT WAHR?

EINHEIT NR. 4 SOLL SICH NACH IHRER ANKUNFT AUF DER BASIS ANGESTECKT HABEN? WEISS MAN AUCH, WANN?
UNIT 4
ES HÄTTE IRGENDWANN SEIT DER ERSTEN VERNETZUNG PASSIEREN KÖNNEN.
DER COMPUTER NENNT MEHRERE WIRTE. HAT ER KEINE GENAUE ZAHL?
NEIN, DAZU GIBT ES KEINE INFORMATION.
UND DIE ART DER VERBREITUNG?
AUCH DARÜBER SAGT ER NICHTS.
UND WAS IST MIT UNS?! WENN WIR NUN AUCH INFIZIERT SIND!?
DAS WÄRE DURCHAUS MÖGLICH.
PANIK FÜHRT ZU GAR NICHTS, WINNIPEG. WIR SITZEN HIER FEST UND KÖNNEN VORERST NICHTS AUSSCHLIESSEN.

ICH WEISS, WAS IHR VORHABT...
... WEGEN DER GENERATOREN...
UND ICH BIN BEREIT, EUCH ZU HELFEN.
WAS? WER HAT DIR GESAGT...
PHILLIP!
WAS DENN? ICH WAR'S NICHT, ICH HAB NICHTS VERRATEN.
SEIT EINIGER ZEIT... DIE AUFZEICHNUNGEN VON KRESSE... ICH HAB SIE GESEHEN...
IN SEINEN BERICHTEN HAT ER EINIGES WEGGELASSEN, ABER IN SEINEN PRIVATEN DATEIEN STEHT ALLES DRIN.
DASS ICH HIER BIN... VIELLEICHT HOLEN SIE MICH WIEDER REIN, WIE KRESSE.
KRESSE HAT EUCH DIE GENERATOREN GEZEIGT, ABER IN SEINEM BERICHT ERWÄHNT ER SIE NICHT.
VIELLEICHT HAT ER AUCH SEINE ZWEIFEL AM GANZEN. VIELLEICHT WOLLTE ER UNS EINEN AUSWEG ZEIGEN, FÜR DEN NOTFALL...
ICH BIN BEREIT, DIESE TÜR ZU ÖFFNEN.

¡SABEL!
ALEC! PHILLIP! SIE BRINGEN ISABEL ZURÜCK!
WAS HABEN SIE MIT IHR GEMACHT?!
WIEDER EINS VON IHREN GRAUENVOLLEN EXPERIMENTEN... OH, ROSARIO, DAS ARME MÄDCHEN...
SIEH NICHT HIN, MEIN KIND. KOMM WEG VON HIER.
SIE IST RUHIGGESTELLT. IN EIN PAAR STUNDEN GEHT ES IHR WIEDER BESSER.
MACHT EUCH KEINE SORGEN.
WARUM BRINGEN SIE SIE ZURÜCK, WENN SIE INFIZIERT IST?
VIELLEICHT HABEN SIE SICH GEIRRT.
VIELLEICHT FINDEN SIE ES INZWISCHEN AUCH UNWICHTIG.
SIE HABEN GE-FUNDEN, WAS SIE SUCHEN, UND JETZT SIND WIR UNINTE-RESSANT.
SIE SCHLIESSEN UNS HIER EIN, BIS SIE UNS AUCH ANSTECKT!
DANN KÖNNEN SIE UNS NOCH BESSER ANALY-SIEREN.
OH HIMMEL!
MISTKERLE!
SCHEISSE! LOS, OSWALD, WEG HIER! WIR MÜSSEN ABHAUEN!

HERR PROFESSOR! WIR MÜSSEN ETWAS UNTERNEHMEN, ES ENTGLEITET UNS...
RICHTIG, MR. HALIFAX. ICH WUNDERE MICH NUR, DASS ES ERST JETZT DAZU KOMMT.
STELLEN SIE SICH VOR, DAS WÄRE VOR DEM EINSCHLUSS PASSIERT... DRAUS-SEN.
BITTEN SIE IHRE LEUTE, STARKE BERUHIGUNGSMITTEL ZU VERWENDEN. WIR WOLLEN SIE SO LANGE RUHIGSTELLEN, BIS WIR PROBEN GENOMMEN HABEN.
WAS SOLL DAS, PROFESSOR, MÜSSEN WIR SIE WIRKLICH ALLE TOTAL ABSTUMPFEN?
CLARIS, WINNIPEG, HALTEN SIE SICH BEREIT. WIR ERLEBEN GERADE EINE GANZ BESONDERE PHASE DES PROTOKOLLS.
WAS GEHT DA VOR, PROFESSOR?
BETRACHTEN WIR UNSERE KLEINE GEMEINDE ALS KÖRPER: EIN SIMPLER FIEBERSCHUB.
WAS HEISST DAS, WISSENSCHAFTLICH GESEHEN?
DAS KANN NUR EINS BEDEUTEN, DR. WINNIPEG...
WIR HABEN DIE INFEKTION NICHT IM GRIFF. SIE BREITET SICH AUS.

HAAAAAA!
Crzzzzz!
HAAAAAAA!
UND NUN? SOLLEN WIR DIE ZELLEN SCHLIESSEN?
ACH WAS, NICHT NÖTIG. MIT DER BULLENDOSIS, DIE WIR IHNEN VERPASST HABEN, KOMMEN SIE NICHT MEHR HOCH.
LASS SIE RUHIG OFFEN, DAS SPART ZEIT, FALLS WIR NOCH EINMAL KOLLEKTIV NACHLEGEN MÜSSEN.
HE, EDLER RITTER...
... TRÄUM WEITER. BEI DER DOSIS, DIE SIE INTUS HAT, WACHT DEIN KLEINES DORNRÖSCHEN NICHT SO BALD AUF, HEHE...

SIE... SIE GEHORCHEN NICHT MEHR. IST IHNEN KLAR, DASS WIR HAARSCHARF AN DER KATASTROPHE VORBEIGESCHRAMMT SIND?!

UND WOHER WISSEN WIR, DASS WIR NICHT AUCH FIEBER HABEN?

ES GIBT ÜBERHAUPT KEINE GEWISSHEIT MEHR. WAHRSCHEINLICH FÄNGT UNSER JOB JETZT ERST AN.

K... KRESSE...

BEEEEE BEEEEE

BEEEEEEE

BEEEEEEEEEEE

DER RECHNER... ER WILL SIE NOCH MAL SPRECHEN.

TWOOOSH

WIR KÖNNEN LEIDER NICHT MEHR LÄNGER WARTEN, PROFESSOR KRESSE.

DIESE REVOLTE HAT MIR WIEDER EINE FÜLLE VON DATEN GELIEFERT, DIE ICH NICHT EINFACH IGNORIEREN KANN. UND SIE LEGEN EINEN ERSCHRECKENDE PERSPEKTIVE NAHE...

SIE HABEN DEN HERD ENTDECKT, UND EINIGE VON UNS SIND TODGEWEIHT?

REDEN SIE KLARTEXT, ICH RECHNE MIT ALLEM.

VON ANFANG AN.

NEIN, PROFESSOR KRESSE. AUCH WIR HABEN DIESE MÖGLICHKEIT ERWOGEN, WIR WAREN BEREIT, DIE ISOLIERTEN, GEFÄHRLICHEN SUBJEKTE AUSZUSCHALTEN. ALS LETZTES MITTEL.

ABER WIR HABEN ETWAS VIEL SCHLIMMERES ENTDECKT.

DIE HERKUNFT DES VIRUS, SEINEN ERSTEN URSPRUNG... ES STELLT UNSERE GESAMTE MISSION IN FRAGE.

SIE HABEN ES SCHON VOR MIR GEAHNT. DAS PELIKAN-PROTOKOLL WAR ZUM SCHEITERN VERURTEILT.

UND DEM MÜSSEN WIR UNS JETZT STELLEN.

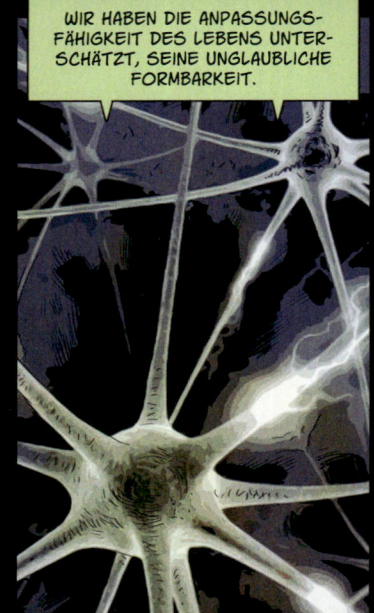

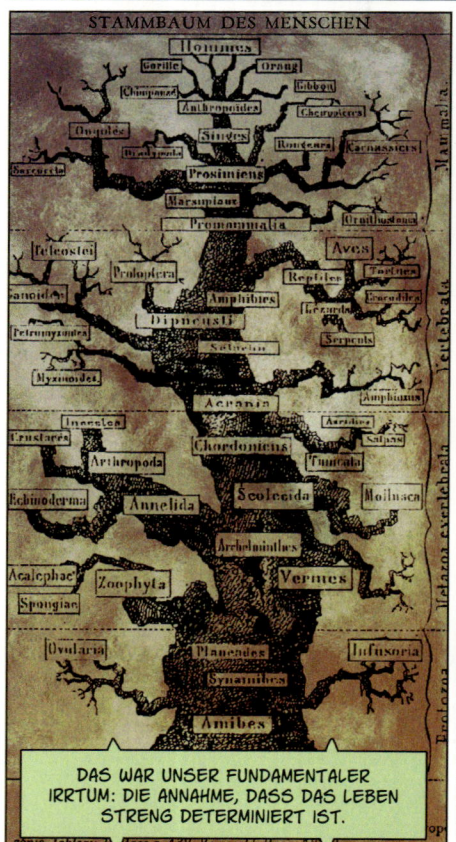

WIR HABEN DIE ANPASSUNGS-FÄHIGKEIT DES LEBENS UNTERSCHÄTZT, SEINE UNGLAUBLICHE FORMBARKEIT.

WIR GLAUBTEN FEST DARAN, DASS ES GELÄNGE.

WIR SIND VON DER EXISTENZ VIRALER IDEEN AUSGEGANGEN, DIE UNSERE GESELLSCHAFT ZUM EINSTURZ BRINGEN KÖNNEN. WIR HABEN UNS ALS UNBETEILIGTE BEOBACHTER GEFÜHLT, WIE IN DER KLASSISCHEN PHYSIK. WIR WOLLTEN NUR BESCHREIBEN UND ANALYSIEREN.

ABER DAS WAR EIN IRRTUM. WIR SIND DAVON AUSGEGANGEN, DASS DER GEGENSTAND UNSERER BETRACHTUNG UNABHÄNGIG VON UNSEREN METHODEN EXISTIERT.

WIR DACHTEN, WIR KÖNNTEN DAS GEFLECHT AUS MILLIONEN VON MENSCHENLEBEN UND IDEEN AUFDRÖSELN. UND SELBST WENN UNS DAS GELUNGEN WÄRE...

WIR SELBST HABEN DIE LEBENSGRUNDLAGE GESCHAFFEN FÜR DAS, WAS WIR AUSMERZEN WOLLTEN.

DAS WAR UNSER FUNDAMENTALER IRRTUM: DIE ANNAHME, DASS DAS LEBEN STRENG DETERMINIERT IST.

... HÄTTEN WIR EINE WESENTLICHE BEDINGUNG AUSSER ACHT GELASSEN: DAS ZUTIEFST UNBESTIMMTE WESEN DESSEN, WAS WIR SUCHEN.

SIE HABEN MICH VERSTANDEN, KRESSE. HÄTTEN WIR DIE EINHEITEN NICHT AUF DIESE BASIS GEBRACHT, WÄRE DIESER VIRALE GEDANKE NIE GEBOREN WORDEN.
WIR SELBST HABEN DAS BEWIRKT, INDEM WIR EINEN ZUSTAND VON VIELEN MÖGLICHEN FIXIEREN WOLLTEN. WIR HABEN ES VON GRUND AUF ERSCHAFFEN.
WIR WOLLTEN DAS LEBEN UNSEREM ORDNUNGSMUSTER UNTERWERFEN UND HABEN DAMIT DIE VORAUSSETZUNGEN FÜR SEIN AUFBÄUMEN GESCHAFFEN.
DIE BEDINGUNGEN SEINER BEFREIUNG, UNSERES SCHEITERNS UND UNSERES UNTERGANGS...
UND DIE BEDINGUNGEN SEINER ENTSTEHUNG...
SIE VERSTEHEN, PROFESSOR KRESSE, DASS EINE SCHLICHTE QUARANTÄNE INZWISCHEN NICHT MEHR GENÜGT. WIR MÜSSEN DEN VIRALEN GEDANKEN MITSAMT SEINEN WIRTEN ZERSTÖREN.
MIR BLEIBT KEINE ANDERE WAHL, ALS DAS PROTOKOLL SOFORT ZU BEENDEN.
ICH HABE ANWEISUNG GEGEBEN, ALLE VERFAHREN ZU STOPPEN.
IN WENIGEN STUNDEN LANDET EIN NEUES TEAM.
ICH BIN SICHER, SIE VERSTEHEN DAS UND SPIELEN IHRE ROLLE ZU ENDE.

ISABEL...
WACH AUF, ISABEL.
HMM...
ALEC!
DU BIST ES, ALEC! UND PHILLIP!
ICH BIN JA SO FROH! MIR IST, ALS WÄRE ICH JAHRELANG WEG GEWESEN!
DIESE ALBTRÄUME... WAS HABEN SIE MIT UNS GE-MACHT?
DENK NICHT MEHR DARAN. DAS ALLES IST VORBEI. ES GIBT NEUE REGELN.
HEUTE IST UNSER LETZTER TAG HIER!
WAS? WAS SOLL DAS HEISSEN, ALEC...?!
HEUTE VERLASSEN WIR DIE VERDAMMTE BASIS, ODER WIR GEHEN MIT IHR UNTER!
ICH VERSTEH'S NICHT!
WIR SOLLTEN IHNEN DOCH NOCH MEHR VERABREICHEN, DANN HÄTTEN WIR WENIGSTENS RUHE...
DU HAST ES JA AUCH GEHÖRT. BEFEHL IST BEFEHL.

— SEID IHR EUCH SICHER, DASS ES KLAPPT?

— BEVOR ICH NEUROCHEMIKER WURDE, HATTE ICH KLASSISCHE CHEMIE.

— WENN DIE BEIDEN FLASCHEN DIE GENERATOREN ERREICHEN, KOMMT ES ZUR REAKTION.

— DANN MUSS ALLES SEHR SCHNELL GEHEN.

— HALIFAX, DIE MÄNNER SOLLEN SICH AUF DIE EVAKUIERUNG VORBEREITEN.

— IN ORDNUNG, PROFESSOR.

— ICH BIN MÜDE, ROSARIO. DIESER TUMULT MACHT MIR ZU SCHAFFEN.

— DANN LEG DICH EIN BISSCHEN HIN, HELGA. ICH HOLE DICH, WENN ES SOWEIT IST.

MEINE HERREN, DER BEFEHL LAUTET: EVAKUIEREN. ICH DENKE, SIE BEGREIFEN, DASS UNSERE MISSION ZU ENDE GEHT.

IN WENIGEN MINUTEN LÖST UNS EIN SPEZIALTEAM AB.

ICH MUSS SIE NICHT AN IHRE AUFGABE ERINNERN.

WENN SIE WIEDER ZU HAUSE SIND, DÜRFEN SIE MIT NIEMANDEM ÜBER DIESEN JOB REDEN.

SIE WISSEN, WELCHES RISIKO SIE SONST EINGEHEN.

ES GEHT UM IHRE ZUKUNFT UND UM DIE IHRER FAMILIEN.

NA, WAS SAGST DU DAZU, HENRIETT? BALD IST FEIERABEND!

DU SCHEINST DICH JA NICHT SEHR ZU FREUEN. HAST DU IRGENDWAS?

NICHTS HABE ICH. NATÜRLICH FREUE ICH MICH.

WIR HABEN DAS HIER DOCH ALLE SATT, ODER?

ICH DACHTE SCHON, DU WÜRDEST DEINE NEUEN FREUNDE VERMISSEN. SCHEIDEN TUT WEH, WAS?

NOCH EIN WORT, DIETER, UND ICH ZAHLE DIR JEDE EINZELNE STICHELEI DER VERGANGENEN MONATE HEIM.

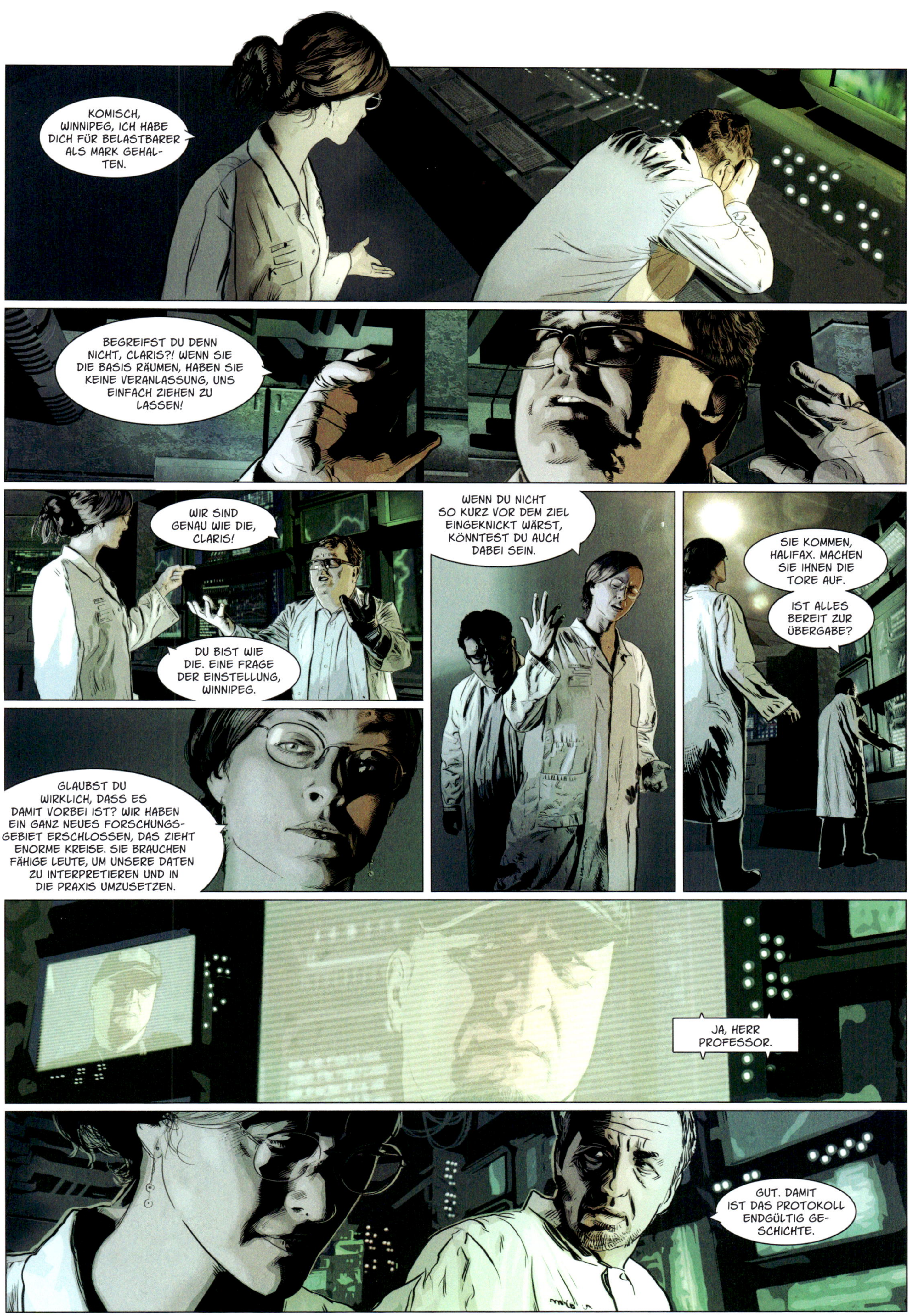
KOMISCH, WINNIPEG, ICH HABE DICH FÜR BELASTBARER ALS MARK GEHALTEN.
BEGREIFST DU DENN NICHT, CLARIS?! WENN SIE DIE BASIS RÄUMEN, HABEN SIE KEINE VERANLASSUNG, UNS EINFACH ZIEHEN ZU LASSEN!
WIR SIND GENAU WIE DIE, CLARIS!
DU BIST WIE DIE. EINE FRAGE DER EINSTELLUNG, WINNIPEG.
GLAUBST DU WIRKLICH, DASS ES DAMIT VORBEI IST? WIR HABEN EIN GANZ NEUES FORSCHUNGSGEBIET ERSCHLOSSEN, DAS ZIEHT ENORME KREISE. SIE BRAUCHEN FÄHIGE LEUTE, UM UNSERE DATEN ZU INTERPRETIEREN UND IN DIE PRAXIS UMZUSETZEN.
WENN DU NICHT SO KURZ VOR DEM ZIEL EINGEKNICKT WÄRST, KÖNNTEST DU AUCH DABEI SEIN.
SIE KOMMEN, HALIFAX. MACHEN SIE IHNEN DIE TORE AUF.
IST ALLES BEREIT ZUR ÜBERGABE?
JA, HERR PROFESSOR.
GUT. DAMIT IST DAS PROTOKOLL ENDGÜLTIG GESCHICHTE.

MOMENT...

IHR WISST, SOBALD ES LOSGEHT, GIBT ES KEIN ZURÜCK MEHR.

UND WIR KÖNNEN NICHT GARANTIEREN, DASS ALLE UNVERSEHRT RAUSKOMMEN...

HALIFAX, ÖFFNEN SIE DIE SCHLEUSE.

?!

HAAAAAA!

BRRRRT BRAAAAPT!

K-POW!

GROSSER GOTT, HALIFAX, EIN ANGRIFF! SCHNELL, DIE SCHLEUSE!

UNIT 4

PROFESSOR KRESSE, W... WAS HAT DAS ZU BEDEUTEN?

HABT IHR DAS GEHÖRT?

OSWALD! WARTE...

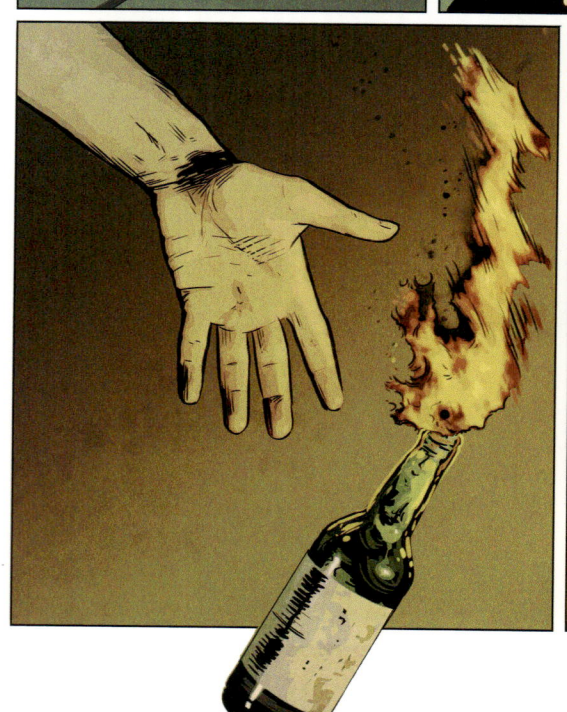

ROSARIO... OH, ROSARIO, WAS WIRD JETZT AUS UNS...?
NICHT, HELGA, BLEIB DRIN. ES IST BESSER SO, GLAUB MIR...
UND ISABEL... UND DIE ANDEREN?
KEINE SORGE, SIE WERDEN SICH SCHON ZU HELFEN WISSEN.
ICH HÄTTE MICH SO GERN VON IHNEN VERABSCHIEDET...
MEINE KATZEN, WEISST DU... ICH WAR IMMER FÜR SIE DA...
ICH BIN SO MÜDE, ROSARIO...
WIR SIND ALLE MÜDE, HELGA. ES WAR EINE LANGE REISE...
BRRRRRRT BRRRAP!!

BROOM
WO BLEIBEN SIE DENN, VERDAMMT? WIR KREPIEREN HIER!
KLAPPE, BABBITS!
DIE GANZE BASIS BRICHT ZUSAMMEN!
SCHNAUZE, MANN! LASS MICH NACHDENKEN!
ICH WILL NICHT HIER STERBEN, ANDRÉ!
SEI ENDLICH STILL, MANN!
CRAC
TUMP!
SEIT MONATEN BIST DU AM JAMMERN, DU IDIOT! WAS SOLL ICH MIT SO EINER HEULSUSE ANFANGEN?!
BRRRRT!
HAAAAAA!
BRRRPT
BRAAAAAT

CLARIS! WINNIPEG!
D... DIE GENERATOREN... DIE BASIS... DIE HALTEN NICHT MEHR LANGE DURCH... WIR MÜSSEN DIE BASIS EVAKUIEREN! WO IST KRESSE?
MARK, WAS HAST DU GETAN?
HAAAA !!!
RRRRRAPPPPP !!!
HIERHER! SCHNELL!
HENRIETT!
DA RUNTER!
DIE TREPPE FÜHRT NACH DRAUSSEN.
BRAPPPPPT
BRRRRRTT !!!

SIND SIE VERRÜCKT?!

CLARIS, DIE...

NEIN... NEIN...

DIE WOLLEN UNS.

BRRRRAPPPP !!! BRRRRRTT !

PHILLIP!

HAAAA !!!

BRRTT !

BROOM

¡ISABEL, SIE KOMMEN!

BRRRRRR

AAHHH

¡ISABEL!

HALT DURCH, ISABEL! DIE WELT MUSS ERFAHREN, WAS SIE MIT UNS GEMACHT HABEN!
DU MUSST IHNEN SAGEN, WAS SIE ERWARTET!

VERPISS, DICH, ALEC!

WANN IMMER DU WILLST, BABY.

¡ISABEL! NEIIIN!

CLAC PAC CLAC

BRRRPPP BRAPP!!!

WIR KÖNNEN WEITER VERSUCHEN, NACH DETERMINANTEN ZU FAHNDEN, ABER WIR ERFAHREN NICHTS ÜBER DIE HERRSCHAFT UNSERER GEFÜHLE UND DAS, WAS UNS ANTREIBT...

ALS KOLLEKTIV SIND WIR VIEL FREIER, ALS WIR DACHTEN, UND ALS INDIVIDUUM FESTGELEGTER, ALS WIR HOFFTEN.

WAS IMMER WIR TUN, WIR UNTERLIEGEN STETS DER ROMANTISCHEN ILLUSION VON FREIHEIT.

LEBEN SIE WOHL, PROFESSOR KRESSE. ICH HABE GERN MIT IHNEN GEARBEITET.

DANKE, ADAM. LEB WOHL.

BRRRRRR

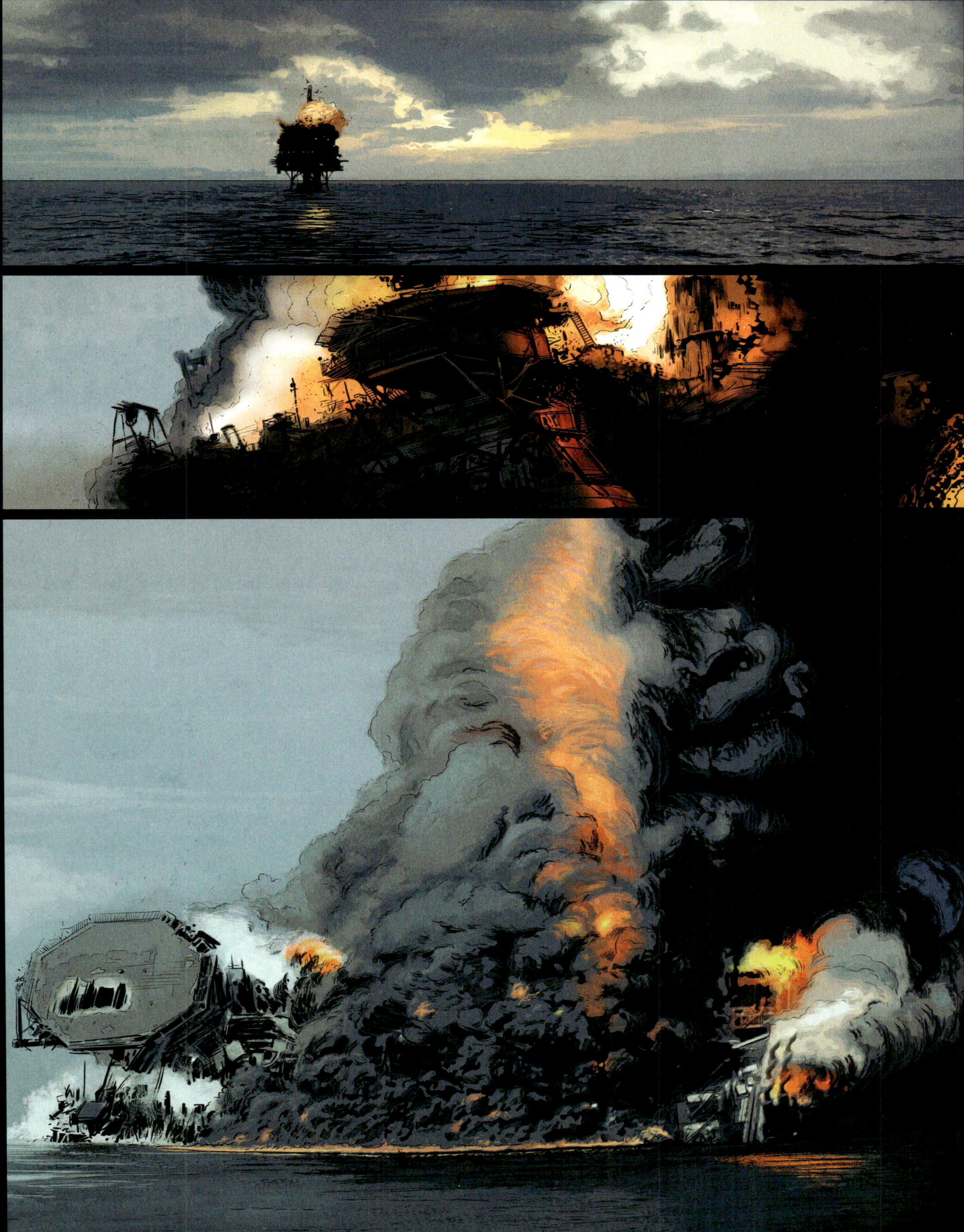

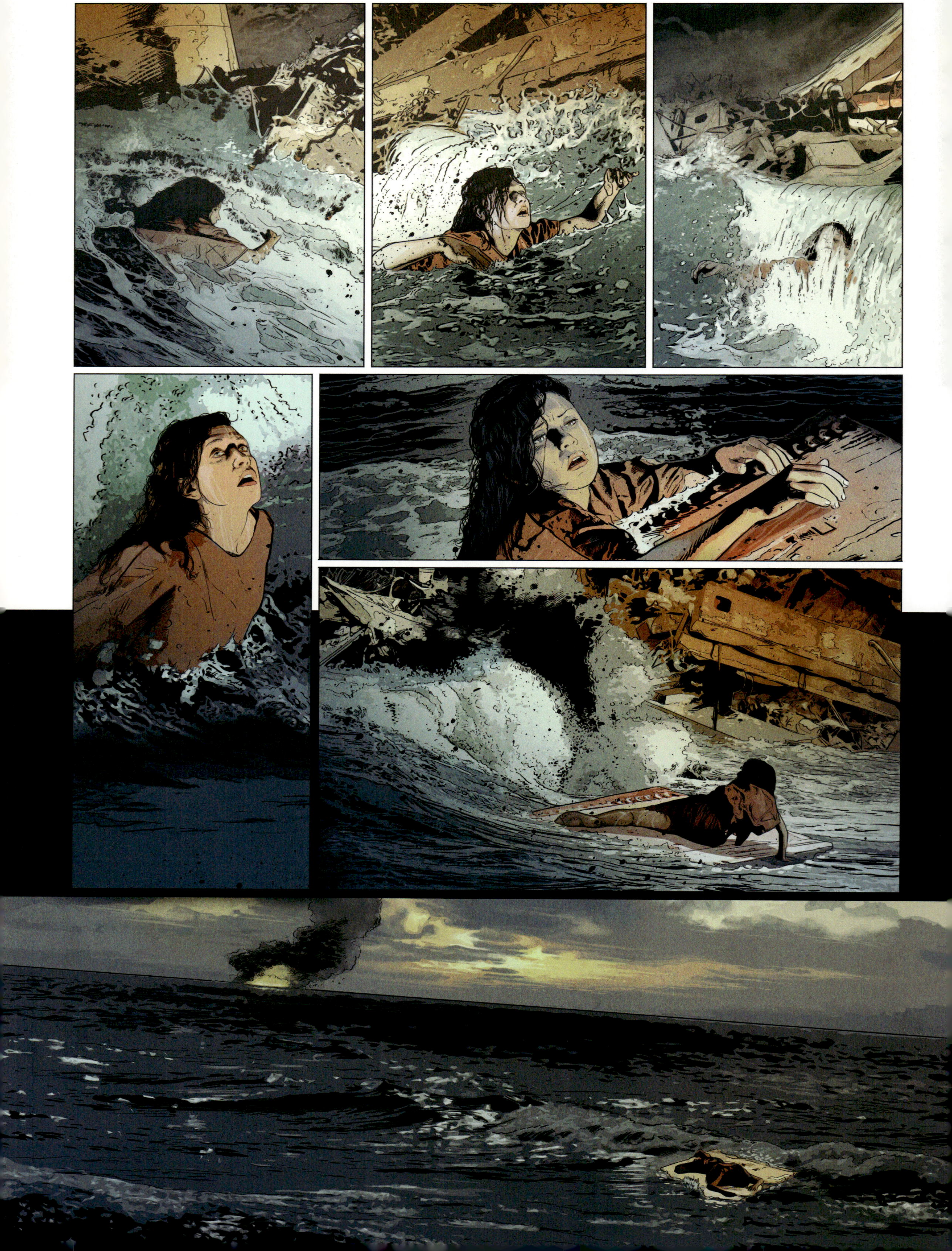

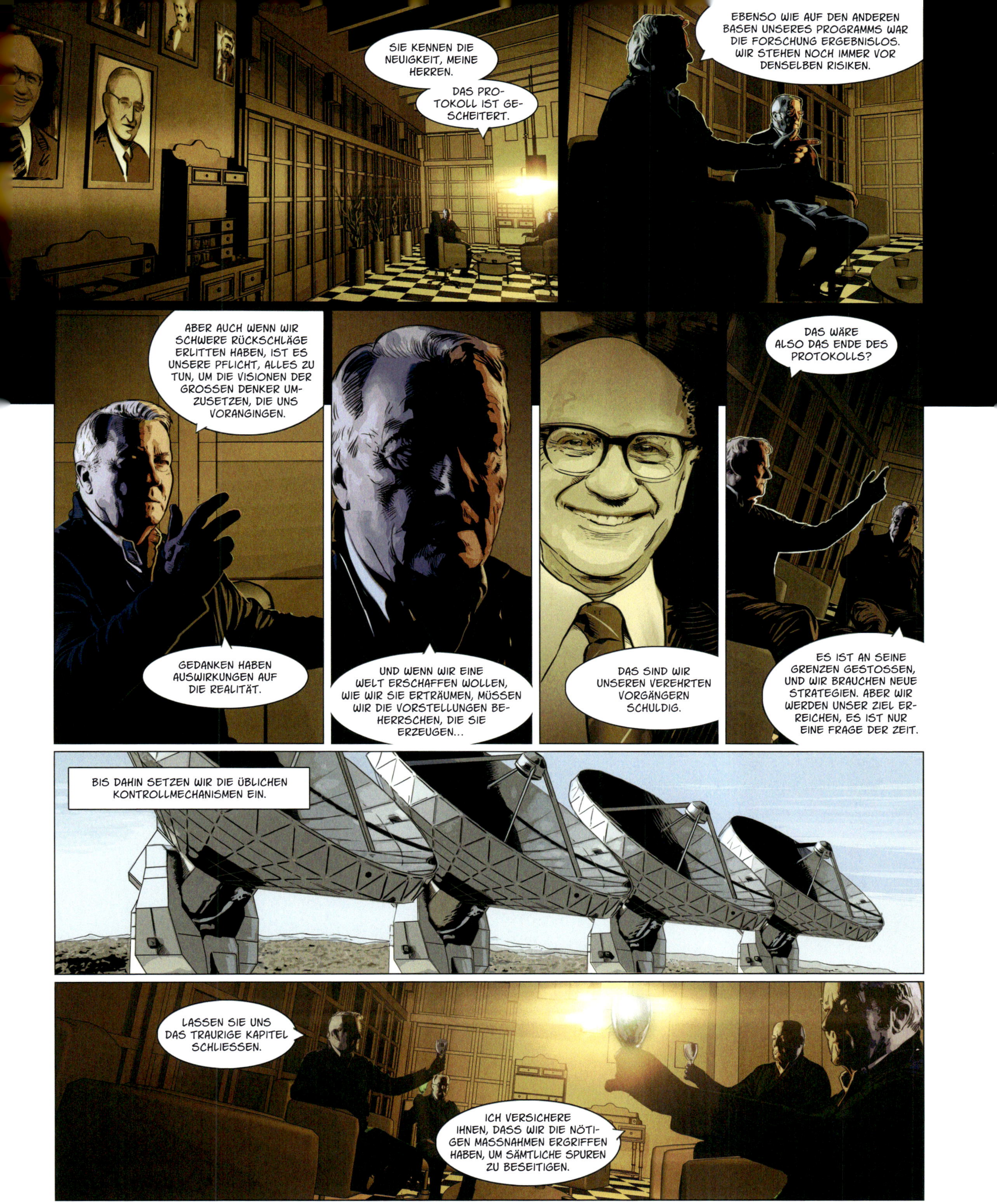
SIE KENNEN DIE NEUIGKEIT, MEINE HERREN.
DAS PROTOKOLL IST GESCHEITERT.
EBENSO WIE AUF DEN ANDEREN BASEN UNSERES PROGRAMMS WAR DIE FORSCHUNG ERGEBNISLOS. WIR STEHEN NOCH IMMER VOR DENSELBEN RISIKEN.
ABER AUCH WENN WIR SCHWERE RÜCKSCHLÄGE ERLITTEN HABEN, IST ES UNSERE PFLICHT, ALLES ZU TUN, UM DIE VISIONEN DER GROSSEN DENKER UMZUSETZEN, DIE UNS VORANGINGEN.
GEDANKEN HABEN AUSWIRKUNGEN AUF DIE REALITÄT.
UND WENN WIR EINE WELT ERSCHAFFEN WOLLEN, WIE WIR SIE ERTRÄUMEN, MÜSSEN WIR DIE VORSTELLUNGEN BEHERRSCHEN, DIE SIE ERZEUGEN...
DAS SIND WIR UNSEREN VEREHRTEN VORGÄNGERN SCHULDIG.
DAS WÄRE ALSO DAS ENDE DES PROTOKOLLS?
ES IST AN SEINE GRENZEN GESTOSSEN, UND WIR BRAUCHEN NEUE STRATEGIEN. ABER WIR WERDEN UNSER ZIEL ERREICHEN, ES IST NUR EINE FRAGE DER ZEIT.
BIS DAHIN SETZEN WIR DIE ÜBLICHEN KONTROLLMECHANISMEN EIN.
LASSEN SIE UNS DAS TRAURIGE KAPITEL SCHLIESSEN.
ICH VERSICHERE IHNEN, DASS WIR DIE NÖTIGEN MASSNAHMEN ERGRIFFEN HABEN, UM SÄMTLICHE SPUREN ZU BESEITIGEN.

TOTAL IDIOTISCH.

SIE IST ER-SCHÖPFT. LASS SIE ESSEN, UND DANN ZEIG IHR EINEN PLATZ ZUM SCHLAFEN.
VIELEN DANK.
ACH WAS. WENN WIR NICHT MAL MEHR EINEM MENSCHEN IN NOT HELFEN KÖNNTEN...
ISS DICH RUHIG SATT. BRAUCHST DICH NICHT ZU BEDANKEN.
HIER, EINE KANTUTA-BLÜTE FÜR DICH...
SO, UND NUN GEHT MAL...
DIES HIER IST DEIN SCHLAFPLATZ. IM HAUS HABEN WIR LEIDER KEIN GÄSTEZIMMER.
ICH HABE DIR WARME DECKEN HINGELEGT.

ICH HATTE EINEN BRUDER... ER MÜSSTE UNGEFÄHR DEIN ALTER HABEN...
WO IST ER DENN?
DAS WEISS ICH NICHT. ICH WILL VERSUCHEN, IHN ZU FINDEN. UND VIELLEICHT NOCH MAL VON VORN ANFANGEN...
UND DANN MUSS ICH DEN MENSCHEN ERZÄHLEN, WAS ICH ERLEBT HABE.
DAS IST ENORM WICHTIG.
ABER ERZÄHL DOCH MAL VON DIR UND DEINER FAMILIE... ICH HABE SO LANGE NICHT MEHR NORMAL MIT JEMANDEM GEREDET.
ICH MUSS MORGEN GANZ FRÜH IN DIE STADT GEHEN UND DIE SACHEN VERKAUFEN, DIE WIR HIER HERSTELLEN.
BIST DU NOCH DA, WENN ICH ZURÜCKKOMME?
ICH GLAUBE NICHT. WAHRSCHEINLICH SOLLTE ICH MICH SOFORT AUF DEN WEG MACHEN. ICH HABE SO VIEL ZU TUN. ICH MUSS DER WELT ALLES ERZÄHLEN...
BITTE, BLEIB NOCH EIN BISSCHEN. ICH BRAUCHE JEMANDEN ZUM REDEN...

VIEL WICHTIGER IST, DASS DIE VERBINDUNG NICHT ABREISST. DASS ETWAS BLEIBT UND SICH WEITER AUSBREITEN KANN.

VIELLEICHT VERGISST DU, WORÜBER WIR HEUTE ABEND GEREDET HABEN. VIELLEICHT VERGISST DU AUCH MICH.

WEISST DU, ES GEHT NICHT DARUM, DASS ALLE ERFAHREN, WAS GENAU DORT PASSIERT IST.

ABER ETWAS WIRD BLEIBEN, DAS WEISS ICH.

IRGENDETWAS...

?!

— WIE VIELE PERSONEN WOHNEN HIER?
— NUR MEINE FRAU UND ICH.
— UND DIE?!
— SIE IST EINE FREMDE, DIE HIER NUR ÜBERNACHTET HAT. WIR WISSEN NICHTS VON IHR.

CRAC!
AHH!

SAG BITTE NICHTS. IN DIESEM HAUS WAR SONST NIEMAND. SAG IHNEN DAS... FÜR UNSEREN SOHN...

SIE WOLLEN MICH. ICH HÄTTE NICHT BEI EUCH ÜBERNACHTEN DÜRFEN. DAS VERZEIHE ICH MIR NIEMALS.

DAZU BLEIBT DIR AUCH KEINE ZEIT MEHR.

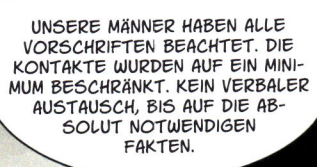

- SIE HAT OFFENBAR BEI DIESEN BAUERN ÜBERNACHTET.

- NEIN. SONST WAR DA NIEMAND.
- UNSERE MÄNNER HABEN ALLE VORSCHRIFTEN BEACHTET. DIE KONTAKTE WURDEN AUF EIN MINIMUM BESCHRÄNKT. KEIN VERBALER AUSTAUSCH, BIS AUF DIE ABSOLUT NOTWENDIGEN FAKTEN.
- WIR SCHALTEN DIE LETZTE INFIZIERTE EINHEIT AUS SOWIE ZWEI SUBJEKTE, MIT DENEN SIE MUTMASSLICH KONTAKT HATTE.

K-POW!

AM SELBEN TAG ZIEHT IN EINEM FERNEN LAND EIN JUNGER MANN SEINES WEGES...

ER HÄNGT ERINNERUNGEN NACH, DIE NICHT SEINE EIGENEN SIND. UND SEIN HERZ IST ERFÜLLT VON EINER GROSSEN HOFFNUNG...

ES IST EIN STARKES UND DENNOCH NICHT GREIFBARES GEFÜHL, DAS ER SICH NICHT ERKLÄREN KANN.

UND ER WIRD DENEN BEGEGNEN, DIE SEINESGLEICHEN SIND.

Band 1
ISBN: 978-3-86869-562-5

Band 2
ISBN: 978-3-86869-563-2

Band 3
ISBN: 978-3-86869-564-9

Und der Abschlussband:
Band 4
ISBN: 978-3-86869-399-7

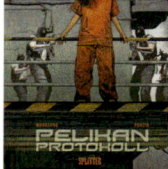

Richard Marazano

Jean-Michel Ponzio

Weitere Veröffentlichungen:

Marazano
Absolute Zero | Splitter
Eco Warriors | Splitter
Der Schimpansenkomplex | Splitter
Cuervos | Glénat
Cutie B | Dargaud
Dusk | Humano
Genetiks | Futuropolis
Jerusalem | Glénat
Le Syndrome d'Abel | Glénat
Tequila Desperados | Soleil

Ponzio
Der Schimpansenkomplex | Splitter
Dernier exil | Carabas
Genetiks | Futuropolis
Kybrilon | Soleil
T'ien Keou | Soleil

SPLITTER Verlag
1. Auflage 04/2015
© Splitter Verlag GmbH & Co. KG · Bielefeld 2015
Aus dem Französischen von Resel Rebiersch
LE PROTOCOLE PÉLICAN
Copyright © Dargaud – Ponzio – Marazano 2014
Bearbeitung: Martin Budde und Delia Wüllner-Schulz
Lettering: Sven Jachmann
Covergestaltung: Dirk Schulz
Herstellung: Horst Gotta
Druck und buchbinderische Verarbeitung:
Himmer AG, Augsburg
Alle deutschen Rechte vorbehalten
Printed in Germany
ISBN: 978-3-86869-399-7

Weitere Infos und den Newsletter zu unserem Verlagsprogramm unter:
www.splitter-verlag.de